Die Zerstörung der EU

19/06

W0172032

PETER MICHAEL LINGENS

Die Zerstörung der EU

Deutschland als Sprengmeister
Österreich als Mitläufer

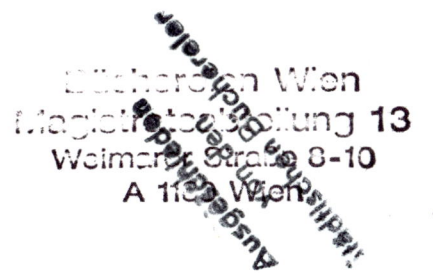
Büchereien Wien
Magistratsabteilung 13
Weimarer Straße 8-10
A 1190 Wien

FALTER VERLAG

Dank an Gottfried Satek

ISBN 978-3-85439-633-8
© 2019 Falter Verlagsgesellschaft m.b.H.
1011 Wien, Marc-Aurel-Straße 9
T: +43/1/536 60-0, F: +43/1/536 60-935
E: bv@falter.at, service@falter.at
W: faltershop.at
Alle Rechte vorbehalten.

Autor: Peter Michael Lingens
Lektorat: Helmut Gutbrunner, Max Mayerhofer
Art Direction: Dirk Merbach
Coverillustration: PM Hoffmann
Grafik und Layout: Marion Großschädl
Infografiken: Andreas Rosenthal
Produktion: Susanne Schwameis
Gedruckt in der EU

Wir haben bei diesem Buch im Sinne der Umwelt auf die
Verpackung mit Plastikfolie verzichtet.

Redaktionsschluss: Jänner 2019

INHALT

Für Anna, Max, Michael, Noah und Ben,
die in einer erfolgreicheren EU leben sollen

DIE THESEN DIESES BUCHES

Umfragen zu Ende des Jahre 2018 bescheinigen der EU die größte Zustimmung der Bevölkerung seit 25 Jahren. Dieses Buch bescheinigt ihr zu Beginn des Jahres 2019 die schwerste Krise ihrer Geschichte. Die Erklärung für dieses Paradoxon ist die mediale Aufbereitung des Brexit: Nachdem die Briten ihn 2016 beschlossen hatten, befassten sich Europas Zeitungen und Fernsehstationen von Monat zu Monate weniger mit dieser dramatischen Schwächung der EU, stattdessen immer intensiver mit den gewaltigen Problemen, die sich Großbritannien mit dem Verlassen der EU angeblich einhandelt. Das hat Leser und Zuhörer entsprechend beeindruckt und sie ziehen daraus den Kurz-Schluss, dass es doch ein entscheidender Vorteil sei, der EU anzugehören. Selbst Heinz-Christian Strache, Marine Le Pen oder Matteo Salvini fordern nicht mehr den Austritt ihrer Heimatländer aus der Europäischen Union, sondern nur ihre Reform.

Das tut auch dieses Buch – wenn auch aus anderer Perspektive. In denkbar ungewollter Gemeinsamkeit mit Matteo Salvini halte auch ich die aktuelle Wirtschaftspolitik der EU, voran der Eurozone, für katastrophal und vertrete in diesem Zusammenhang folgende drei Thesen:

Erstens: Sparen des Staates, wie der Vertrag von Maastricht es fordert, wie Deutschlands vormaliger Finanzminister Wolfgang Schäuble es predigt und wie Kanzlerin Angela Merkel es via Sparpakt der gesamten EU mit Ausnahme Großbritanniens und Tschechiens unter Strafandrohung verordnet hat, ist wirtschaftlich maximal kontraproduktiv. Denn Wirtschaftswachstum kann nur zustande kommen, wenn mehr verkauft wird, und es kann aus Gründen der Mathematik nur mehr verkauft werden, wenn zugleich mehr eingekauft wird. Wenn von den drei großen potenziellen Einkäufern einer Volkswirtschaft – Konsumenten, Unternehmen und Staat – einer, nämlich der Staat, seine Einkäufe zum Zweck des Sparens einschränkt (ohne dass Konsumenten und Unternehmer ihre Einkäufe ausgeweitet hätten), ist es denkunmöglich, dass der Gesamtverkauf wächst. Wenn er es, wie etwa in Deutschland, dennoch tut, dann zulasten anderer Volkswirtschaften, deren Konsumenten, Unternehmen und staatliche Stellen sich an Deutschlands Stelle verschulden. Sofern es

EU-Mitglieder sind, verstoßen sie damit gegen den von Deutschland initiierten Sparpakt. Diese absurde Konstellation ist verantwortlich für die, verglichen mit Großbritannien oder den USA, so schleppende Erholung der Eurozone.

Zweitens: Deutschlands „Lohnzurückhaltung", die seine Unternehmen seit der rot-grünen Regierung Gerhard Schröders im Jahr 2000 üben, verdient die Bezeichnung „Lohndumping": Die Waren deutscher Unternehmen nehmen den Waren aller anderen Volkswirtschaften, voran jenen Norditaliens und Frankreichs, immer mehr Marktanteile weg, ohne dass sich die Qualität deutscher Waren oder die Effizienz ihrer Herstellung erhöht hätte. Vielmehr subventionieren Deutschlands Arbeitnehmer Deutschlands Warenpreise durch real sinkende Löhne. Damit vermindert sich zugleich Deutschlands Kaufkraft, so dass weder deutsche noch gar französische oder italienische Unternehmen auf dem deutschen Markt mit ausreichendem Warenabsatz rechnen können. Das erschüttert Europas Wirtschaftsgefüge gleich doppelt. In den Ländern, die solcherart Marktanteile an Deutschland verlieren, kommt es zwingend zu hohen Arbeitslosenraten und explodierender Jugendarbeitslosigkeit, während in Deutschland Arbeitskräfte-Knappheit eintritt. Das deutsche Verhalten ist unvereinbar mit den Regeln fairen Wettbewerbs auf einem freien Markt und verstößt gegen die in der EU vereinbarte Zielinflation von 1,9 Prozent.

Drittens: Der „Neoliberalismus" als Wirtschaftsideologie begünstigt das in „erstens" und „zweitens" angeführte Fehlverhalten. Er ist voller ökonomischer Missverständnisse bezüglich jener wirtschaftlichen Bedingungen, die er selbst für wirtschaftlich optimal hält. Neoliberale Vorstellungen vom Sinn „betriebsspezifischer" Lohnverhandlungen oder bezüglich der Funktion von Gewerkschaften sind ebenso falsch wie die neoliberale Vorstellung vom maximalen Wohlergehen der Bevölkerung oder vom Entstehen gefährlicher Inflation.

Leider konzentrieren sich alle drei Fehlverhalten in der Politik von deutschen Regierungen, die ich bezüglich ihrer sonstigen Außen-, Innen- und Umweltpolitik durchaus schätze. Angela Merkel ist für mich eine der wenigen Staatschefs, die Wladimir Putin mit der nötigen Reserve begegnen, und ihr Verhalten anlässlich der in Budapest gestrandeten Flüchtlinge habe ich in einem Kommentar für

Profil „ein deutsches Märchen" genannt, auch wenn ich heute erkennen muss, dass das Zusammentreffen des Flüchtlingsproblems mit den Problemen der europäischen Wirtschaft zu einer extrem explosiven Gemengelage geführt hat. Aber diese Gemengelage wäre ungleich weniger explosiv, wenn die Wirtschaftspolitik der EU – in Wahrheit die Wirtschaftspolitik Angela Merkels und Wolfgang Schäubles – keine so katastrophale wäre.

Weil Deutschland eigentlich nie von der D-Mark lassen wollte, war der Euro von Beginn an falsch – ganz anders als der US-Dollar – konstruiert. Aus den gleichen deutschen Missverständnissen heraus wird er von einer von Deutschland angeführten EU so katastrophal verwaltet. Deutschlands Schuldenphobie würgt die Konjunktur der Eurozone ab und behindert ihre nachhaltige Erholung. Die von der SPD mit der Agenda 2010 initiierte deutsche Lohnpolitik verhindert faire unternehmerische Konkurrenz. Voran durch dieses doppelte Fehlverhalten Deutschlands ist die EU akut von der Zerstörung bedroht. Dass das innerhalb der EU voran an der Eurozone liegt, hat damit zu tun, dass dort das Gros der großen „alten" Volkswirtschaften angesiedelt ist, während für neu hinzugestoßene, meist exkommunistische, ein günstigeres Investitions- und Nachfrageverhalten gilt.

Österreich hat sich der deutschen Politik teils zwangsläufig – weil Deutschland sein größter Handelspartner ist –, teils aus Sebastian Kurz' neoliberaler Überzeugung angeschlossen und wird damit als ihr Mitläufer langfristig nicht gut fahren.

Das – in groben Zügen – will ich in diesem Buch belegen. Dazu den mangelnden Widerstand einer Sozialdemokratie, die sich ebenfalls zunehmend neoliberalen Wirtschaftsmissverständnissen hingegeben hat und so ihren Niedergang zementiert. Denn die ökonomischen Missverständnisse des Neoliberalismus sind für die deutsche Politik ebenso verantwortlich wie die schwäbische (protestantische) Überzeugung, dass „Schuld" auf sich lädt, wer Schulden macht. Obwohl diese beiden Ideologien – denn das, und nicht ökonomische Theorien, sind sie – einander vielfach widersprechen, machen sie weltweit Furore und verantworten das auch weltweit größte ökonomische Problem: die immer gewaltigere Konzentration von Vermögen und Macht in einem immer winzigeren Teil der Bevölkerung.

Zur Entstehung dieses Buches

Ein paar Hinweise zur Gedanken- und Datenbasis dieses Buches: Ich nutze gerne fremde Erkenntnisse, denn im Grunde bin ich nicht mehr als ein recherchierender Reporter. Bei allen meinen Überlegungen zum „Sparen des Staates" habe ich der Aussage des emeritierten Professors für Finanzwissenschaften der Universität Wien, Erich W. Streissler, vertraut, der anlässlich eines Seminars erklärte: „In einem hat Keynes sicher recht – in einer Krise darf und kann der Staat nicht sparen." Dem „Traktat" von Richard Winter habe ich Überlegungen zum Unterschied von Betriebswirtschaft und Volkswirtschaft, zur Funktion des Geldes und zur Inflation entnommen. Und Professor Heiner Flassbeck, von 1998 bis 1999 Staatssekretär im deutschen Bundesministerium für Finanzen und von Januar 2003 bis Ende 2012 Chef-Volkswirt der UN-Organisation für Welthandel und Entwicklung, hat mich auf die überragende Bedeutung der deutschen „Lohnzurückhaltung" aufmerksam gemacht. Sein Wirtschafts-Nachrichtendienst *Makroskop* ist zu meiner täglichen Lektüre geworden. Neben der *Frankfurter Allgemeinen Zeitung* als Reibebaum: Ihre Kommentare sagen zwar fast durchwegs das Gegenteil von dem, was ich im *Falter* schreibe – aber man findet dort immer auch Berichte, Analysen, Gastbeiträge und Fakten, die es erleichtern, ihnen zu widersprechen.

Nicht zuletzt ist das meiste dessen, von dem ich in diesem Buch nachweise, dass es leider eigetreten ist, vor zwanzig Jahren vorhergesagt worden: In einer Rede des deutschen PDS-Abgeordneten Gregor Gysi anlässlich der Einführung des Euro. Prophetisch sagte er voraus, dass es unmöglich sei, Europa durch den Euro zu einen – nur ein bereits solidarisch geeintes Europa könne schlussendlich eine gemeinsame Währung beschließen. Ich habe Gysis Rede dem Buch daher als Epilog angehängt.

Soweit ich in meinen Texten Zahlen bezüglich des realen, „kaufkraftbereinigten" BIP pro Kopf (BIP/Kopf PPP), der Arbeitslosigkeit oder der ominösen (wenig sinnvollen) „Staatsschuldenquote" verwende, stammen sie aus der Datenbank der Weltbank, der OECD oder von statista.de. Wenn sie – selten genug – aus einer anderen Quelle stammen, führe ich diese an.

GELBE KARTE FÜR MACRON

Die Situation hätte symbolischer nicht sein können: Emmanuel Macron, Europas „Jupiter", wie Medien ihn getauft hatten, der strahlende „Hoffnungsträger" der Europäischen Union, dem man zugetraut hatte, ihr wieder Kraft zu verleihen, sie wieder mit dem einstigen Geist von Aufbruch in eine bessere Zukunft zu erfüllen, musste sich bei seiner Bevölkerung entschuldigen, ihr eine Erhöhung der Mindestlöhne und Mindestpensionen zugestehen, die nach Ansicht der EU die Defizitgrenzen des Sparpaktes sprengt, und dennoch den „sozialen Notstand" ausrufen.

Nur so konnte er sich gerade noch im Amt halten.

Denn die Proteste hunderttausender „Gelbwesten", die ihn zu diesen Zugeständnissen gezwungen haben, dürften sich zwar, zunehmend von Rowdies und Wirrköpfen gekapert, langsam totlaufen, aber die überwältigende Mehrheit der Franzosen – je nach Umfrage sechzig bis siebzig Prozent – hat sich mit ihren Zielen identifiziert. Zielen, die man, so unterschiedlich, wirr und widersprüchlich sie auch waren – so wurden gleichermaßen höhere und niedrigere Steuern gefordert oder katholische „Gelbwesten" verlangten etwa das Ende der Homo-Ehe –, ökonomisch auf einige wenige simple Ansprüche reduzieren kann: Wir wollen Löhne und Pensionen, von denen wir leben können! Wir wollen nicht täglich Angst um unseren Job haben! Wir brauchen dringendst Arbeit für unsere Jugend! Und wir halten nichts von Macrons Rezepten zur Verbesserung unserer Lage – er ist ein Präsident der Reichen!

Dass so viele der „Gelbwesten" Macrons Kopf fordern, muss ihn besonders nachdenklich stimmen, denn 52 Prozent von ihnen haben ihn ursprünglich gewählt.

In Deutschland glauben Ökonomen die wahren Gründe der Revolte gegen Macron zu kennen: dass Frankreich nämlich wirtschaftliche Reformen, wie sie in Deutschland stattgefunden haben, durch Jahrzehnte versäumt hätte; dass die Bevölkerung nicht verstünde, wie dringend diese Reformen wären; dass die Strukturen Frankreichs eben zu verkrustet wären.

In Zeitungen und Zeitschrift Deutschlands und Österreichs kann man lesen, worin diese Verkrustung besteht: im viel zu großen Zentralismus; in den zu starken kommunistischen Gewerkschaften; in zu vielen versäumten „Hausaufgaben"; im noch immer zu großen Anteil der Landwirtschaft am Bruttoinlandsprodukt; in der mangelnden Flexibilität des Arbeitsmarktes; in der zu großen Kluft zwischen Stadt und Land; in der zu geringen Bereitschaft einer abgehobenen Elite, sich mit den Problemen des „kleinen Mannes" auseinanderzusetzen. Und natürlich auch in der Verschonung dieser Elite vor Strafverfolgung wegen Korruption.

Eine Menge davon ist richtig. Dennoch hatte dieses Frankreich noch 2005, vor nur 13 Jahren, trotz all dieser seiner behaupteten oder wirklichen Fehler ein reales, kaufkraftbereinigtes BIP pro Kopf, das mit 36.505 US-Dollar nur um 1198 US-Dollar unter dem deutschen von 37.703 US-Dollar lag.

2017 lag es mit 38.605 US-Dollar um 6624 US-Dollar unter dem deutschen von 45.229 US-Dollar. Der Abstand hat sich in 13 Jahren mehr als verfünffacht. Dazwischen liegen 18 Jahre deutscher Marktanteilsgewinne dank „Lohnzurückhaltung", die ich, wie ich begründen werde, Lohndumping nenne. Und dazwischen liegt ein Sparpakt, der die deutsche Wirtschaft, aus Gründen, auf die ich eingehen werde, weit weniger Wachstum als alle anderen Volkswirtschaften Europas gekostet hat.

Natürlich ist das kaufkraftbereinigte BIP pro Kopf keine perfekte Kennzahl wirtschaftlicher Leistungsfähigkeit, schon deshalb nicht, weil zum Beispiel eine Feuerkatastrophe, deren Schäden behoben werden müssen, es ebenso erhöht wie Rettungsaktionen für bankrotte Banken. Aber im Großen und Ganzen kennzeichnet das BIP/Kopf PPP diese wirtschaftliche Leistungsfähigkeit sehr wohl.

Frankreich ist keine schwache Volkswirtschaft. Es hat viele gute, ausreichend große Unternehmen, seine Klein- und Mittelbetriebe könnten noch besser – den österreichischen oder deutschen vergleichbarer – sein, aber dafür hat es eine große, nicht konjunkturabhängige Luxusindustrie, und seine Banken sind sehr viel stärker als deutsche Geldinstitute. Frankreich hat gute Patente, sehr gute Schulen und sehr gute Universitäten.

Nur für Deutsche sind Renault-Motoren, trotz zweier Weltmeistertitel für Red Bull in der Formel 1, ganz unvergleichlich schlechtere Motoren als jene von Mercedes oder BMW. Das reale BIP pro Kopf als übliche Kennzahl wirtschaftlicher Leistungsfähigkeit war es im Jahr 2005 jedenfalls nicht – mit seinen 36.505 US-Dollar war es nur um 3,1 Prozent geringer als das deutsche.

Wie fast überall in Europa ist dieses BIP bis 2009 kontinuierlich gewachsen und mit der Wirtschaftskrise ist es in Frankreich beträchtlich, von 37.755 auf 36.324 US-Dollar, in Deutschland wegen seiner Exportabhängigkeit sogar noch stärker, von 40.989 auf 38.784 US-Dollar, eingebrochen. Danach erholten sich die beiden Volkswirtschaften bis 2011 deutlich – in Frankreich auf 37.440 US-Dollar pro Kopf, in Deutschland dank massiver Investitionen im Sinne Keynes sogar auf 42.692 US-Dollar. Danach bremste der Sparpakt beider wirtschaftliche Erholung deutlich ein, aber Deutschland steigerte sein BIP/Kopf dennoch in den folgenden sechs Jahren bis 2017 (dem letzten Jahr, für das bei Redaktionsschluss exakte Zahlen vorliegen) auf 45.229 US-Dollar. Frankreichs BIP hingegen legt nur mehr auf 38.605 US-Dollar zu.

Aus einem Abstand von nur rund 1200 US-Dollar zugunsten Deutschlands im Jahr 2005 ist einer von rund 6600 US-Dollar im Jahr 2017 geworden (siehe Grafik).

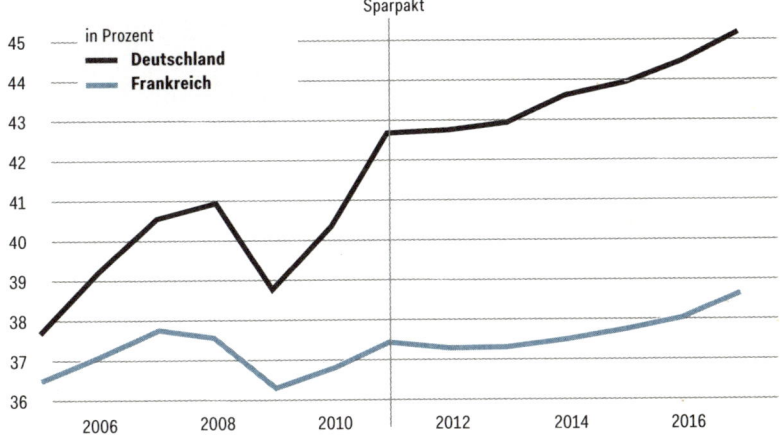

Quelle: The World Bank

Die Entwicklung des deutschen realen BIP pro Kopf im Verhältnis zum französischen: Bei beiden bremst der 2012 beschlossene Sparpakt die Erholung massiv. 2017 ist der Abstand dank Deutschlands Lohnpolitik mehr als fünf Mal so groß wie er 2005 gewesen ist.

Der so dramatisch vergrößerte Abstand hat sicherlich mehrere Gründe, aber zweifelsfrei einen Hauptgrund, der in deutschen und österreichischen Medien so gut wie keine Erwähnung findet: Während Frankreich seine Löhne jedes Jahr um den Produktivitätszuwachs plus Inflation erhöhte und so, wie in der EU vereinbart, eine Inflationsrate von ca. 1,9 Prozent einhielt, tat Deutschland das seit Gerhard Schröder nicht mehr. Daher die Reallohnverluste der deutschen Arbeitnehmer. Daher freilich der gewaltige Konkurrenzvorteil der mit relativ immer weniger Lohnkosten belasteten deutschen Produkte. In acht Jahren hat er sich zu einem Lohnstückkosten-Vorsprung deutscher Waren gegenüber französischen Waren von rund zwanzig Prozent addiert.

Entwicklung der Lohnstückkosten in Deutschland und Frankreich

Im Vergleich zur „Goldenen Lohnregel", wie sie seit Einführung des Euro im Jahr 1999 gilt. Die Goldene Lohnregel drückt aus, dass die Lohnstückkosten in den einzelnen Euroländern um jährlich 1,9 Prozent steigen müssen – das ist die Zielinflation der Europäischen Zentralbank.

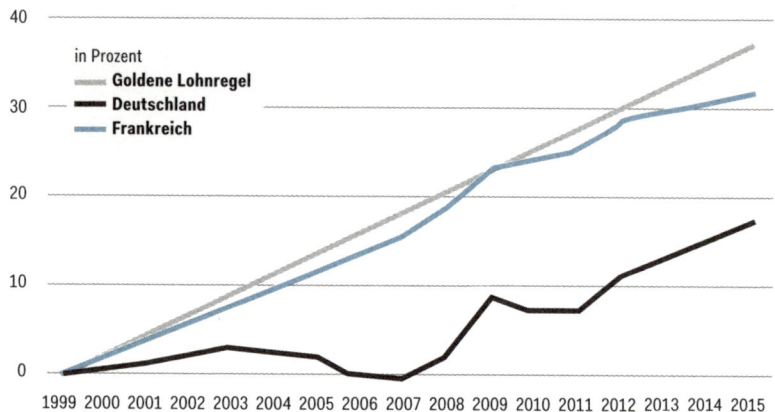

Quelle: iAGS 2017/taz

Die Lohnstückkosten Deutschlands verringerten sich gegenüber jenen Frankreichs ständig – 2017 betrug der Abstand zulasten Frankreichs zwanzig Prozent.

Entsprechend massiv haben französische Unternehmen allenthalben, in der EU, in Russland, den USA, Südamerika oder China, Marktanteile an deutsche Unternehmen verloren. Mit Deutschland selbst wuchs Frankreichs Handelsbilanzdefizit allein zwischen 1998 und 2007 um den Faktor 30 von 1.317.100.000 US-Dollar (1998) auf

40.461.100.000 US-Dollar (2008). Deutschlands Exporte nach Frankreich selbst sind 2017 um 41,04 Milliarden höher als seine Importe aus Frankreich.

Dem entspricht die schlechte Auslastung französischer und die perfekte Auslastung deutscher Unternehmen. Dem entsprechen 3,75 Prozent Arbeitslosigkeit in Deutschland und 9,4 Prozent Arbeitslosigkeit in Frankreich, obwohl dort viele Menschen die Arbeitssuche längst aufgegeben haben. Dem entspricht ein Anteil jugendlicher Arbeitsloser (zwischen 15 und 24 Jahren) von 6,76 Prozent in Deutschland gegenüber 22 Prozent in Frankreich.

Dem entspricht die Stimmung in Frankreich.

Emmanuel Macron hat versucht, bei Angela Merkel gegen Deutschlands durch Lohndumping bedingten Handelsbilanzüberschuss zu argumentieren – erfolglos. Er hat versucht, Deutschland zu einem Milliarden-Investitionsprogramm zu bewegen, das Deutschland selbst, der gesamten EU und natürlich auch dem benachbarten Frankreich durch Aufträge zugutegekommen wäre und gleichzeitig den Lohnstückkosten-Abstand verringert hätte, weil Deutschlands Löhne stärker gestiegen wären. Vergebens. Denn Deutschland produziert lieber Überschüsse oder wenigstens schwarze Nullen, als massiv zu investieren. Zuletzt hat Macron versucht, der EU selbst ein Milliarden-Investitionsprogramm schmackhaft zu machen, das ein eigener EU-Finanzminister (er wird dabei wohl an einen Franzosen gedacht haben) bewilligen könnte und einmal mehr auch Frankreich zugutegekommen wäre. Wieder wegen deutschen, aber auch heftigen österreichischen Einspruchs vergebens. (Kurz wollte das EU-Budget angesichts des Ausscheidens der Briten eher verringert wissen.)[1]

Nur mithilfe massiver Mehrverschuldung Frankreichs könnte Macron die Aufträge bereitstellen, die Frankreichs Unternehmen fehlen, was ihm nicht nur der Sparpakt, sondern auch sein eigenes neoliberales Wirtschaftsverständnis verbietet: Auch Macron selbst glaubt, dass Sparen des Staates ein richtiges Rezept zur Überwindung einer wirtschaftlichen Schwächephase ist.

---

[1] Bei Redaktionsschluss war davon die Rede, dass Deutschland und Frankreich sich auf ein Eurozonen-Budget von circa 25 Milliarden Euro (0,2 Prozent des BIP der betroffenen Länder) geeinigt haben. Macron hatte mehrere Prozent und damit mehrere hundert Milliarden angestrebt.

Die Möglichkeit, Deutschland die verlorenen Marktanteile wieder abzujagen, ist eine rein theoretische. Denn dazu müsste es Macron gelingen, Frankreichs Lohnstückkosten durch „Hartzige" Bestimmungen am Arbeitsmarkt um 25 Prozent abzusenken, weil man Marktanteile nur zurückgewinnen kann, indem man die Preise seines Konkurrenten unterbietet. Frankreich müsste sein Lohnniveau also um mindestens 25 Prozent senken.

Das provozierte eine Revolution, an der gemessen die Revolte der „Gelbwesten" ein harmloser Kinderjausen-Zwischenfall wäre. Gleichzeitig verminderte es Frankreichs Inlandskaufkraft, die die Konjunktur derzeit aufrechthält, in einem Ausmaß, das sie in kürzester Zeit zusammenbrechen ließe.

Ich sehe nicht, wie sich Macron ohne Hilfe Deutschlands – durch massive deutsche Investitionen, die angesichts des dort herrschenden Arbeitskräftemangels die deutschen Löhne deutlich steigerten, zugleich aber auch französischen Anbietern zugutekämen – aus dieser desolaten politischen Lage befreien soll. Zumal Le Pen sehr geschickt agiert: Sie hat die „Gelbwesten" ihrer „unverbrüchlichen Unterstützung" versichert, sich aber, anders als die Führer der linken Opposition, nicht an ihren Demonstrationen beteiligt, so dass sie nicht mit brennenden Autos und eingeschlagenen Scheiben identifiziert wird. Wie Heinz-Christian Strache, der sich nie mit den braunen Ausrutschern seiner Funktionäre identifiziert, wirkt sie auf diese Weise „staatsmännisch" und wurde auch schon von Macron ins Elysée geladen.

Ich sehe sie nach den nächsten Wahlen dort residieren.

DAS DRAMA ITALIENS

Im Fokus des Interesses an der EU stand bis zu den französischen Feuerzeichen zweifellos Italien. Voran die Daten seines Niederganges:

• Italiens reales BIP pro Kopf, das zwischen 2003 und 2005 gleichauf mit dem deutschen lag, verringerte sich mit dem Sparpakt drastisch und liegt dank Marktanteilsverlusten im Export heute 8,7 Prozent unter dem Vorkrisenniveau. Von Deutschlands BIP ist es dank Marktanteilsverlusten 10.000 US-Dollar pro Kopf entfernt.

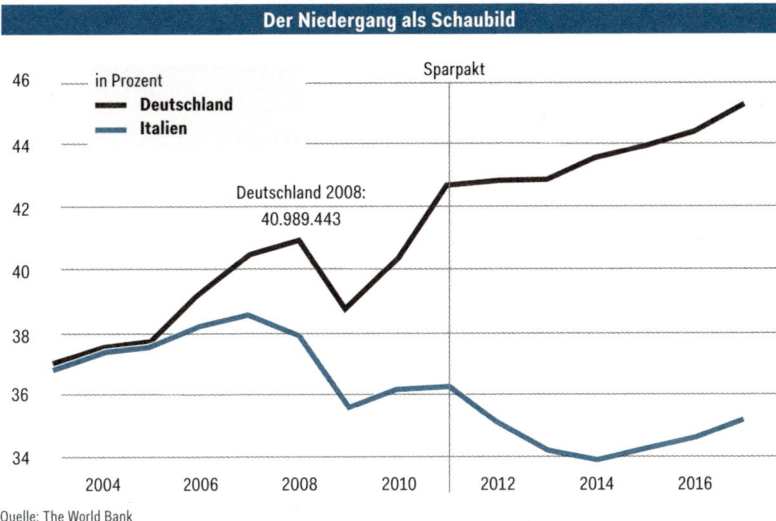

Der Niedergang als Schaubild

in Prozent
— Deutschland
— Italien

Sparpakt

Deutschland 2008:
40.989.443

46

44

42

40

38

36

34

2004   2006   2008   2010   2012   2014   2016

Quelle: The World Bank

- Dieser Entwicklung des BIP entsprechend haben sich die Realeinkommen der Italiener vermindert. Wie überall bei den Geringverdienern mit Abstand am stärksten – ihre Einkommen liegen durchwegs an der Armutsschwelle – bei den Superreichen vergleichsweise unerheblich.
- Italiens Staatsschuld stieg während des „Sparens" von 1671,4 Milliarden Euro im Jahr 2008 bis 2017 um rund ein Drittel auf 2256 Milliarden. Die berühmte Staatsschuldenquote (Schulden pro BIP), die sowohl diesen Anstieg der Schulden wie den Absturz des BIP zu verkraften hatte, schnellte von 102,4 Prozent auf 131,8 Prozent hoch.
- Die Arbeitslosigkeit hat sich von 6,7 Prozent im Jahr 2008 auf 11,2 Prozent im Jahr 2017 fast verdoppelt. Die Jugendarbeitslosigkeit liegt um die zwanzig, im Süden um die fünfzig Prozent. Einmal mehr trotz Abwanderung vieler Arbeitssuchender und obwohl viele Langzeitarbeitslose das Suchen aufgegeben haben. Italiens Bevölkerung ist extrem unterbeschäftigt: Frauen arbeiten besonders selten, prekäre, Minimal- und Teilzeitbeschäftigung sind besonders weit verbreitet.

In dieser ernüchternden wirtschaftlichen Situation erhielten, exakt wie zuvor in Griechenland, die linksanarchische Fünf-Sterne-Bewegung und die rechtsextreme Lega Nord extremen Zulauf. Nachdem sie mit dem Schlachtruf „Die Sparpolitik muss ein Ende haben" in den Wahlkampf gezogen waren, errangen sie bei den Wahlen im März 2018 den fast unvermeidlichen Erdrutschsieg. Wieder ganz nach dem Muster Griechenlands, wo die linke Syriza Alexis Tsipras' mit der weit rechten Goldenen Morgenröte koaliert, einigten sich die linksanarchische Fünf-Sterne-Bewegung unter Luigi Di Maio und die neofaschistische Lega Nord Matteo Salvinis auf eine ähnlich seltsame Koalition, bei der die gegenseitigen Sympathien etwa der von Mäusen für Schlangen entsprechen.

Einzige inhaltliche Klammer: die Verzweiflung am Sparpakt.

Nachdem Salvini den fachlich angesehenen, aber politisch umstrittenen Ökonomen Paolo Savona als Lega-Wunschkandidaten für das Amt des Finanzministers durch den Ökonomen Giovanni Tria ersetzt hatte, weil Savona als überaus EU-kritisch gilt, durfte der Elder Statesman Guiseppe Conte mit dem zähneknirschenden Einverständnis der EU eine Fünf-Sterne-Lega-Nord-Regierung bilden, denn anders als Savona gilt Tria nicht als ein Mann, der den Euro-Austritt Italiens für eine mögliche Alternative hält. Allerdings hätten sich Lega und Fünf Sterne auch mit Savona nicht für den Euro-Austritt ausgesprochen, sondern nur die Lockerung des Sparpaktes gefordert.

Dabei ist es geblieben: Im Herbst 2018 legte Italien der EU, wie vom Sparpakt vorgeschrieben, einen Haushaltsentwurf mit folgenden Eckpunkten zur Kenntnisnahme und Begutachtung vor:
• Sie beantragte (und beschloss mittlerweile), eine „Notstandshilfe" von 780 Euro einzuführen, die sie „Grundgehalt" nennt, obwohl sie daran gebunden ist, zumindest den dritten angebotenen Job anzunehmen. Der Ökonom Alexander Grasse durfte das in der *Frankfurter Allgemeinen Zeitung* entgegen der Blattlinie „sinnvoll", ja „sozial überfällig" nennen. Ökonomisch stellte es de facto eine Art Mindestlohn dar, den Arbeitgeber schwer unterbieten können.
• Mit dem Ziel, dem Bürger mehr Geld in der Tasche zu lassen, will die Regierung die Lohn- und Einkommenssteuern, aber auch die Unternehmenssteuern als Flat Tax gestalten und deutlich senken. Denn wenn selbst Geringverdienern mehr Geld in der Tasche bleibt, so hofft sie, werden sie mehr Waren kaufen und Italiens Wirtschaft damit Auftrieb geben. Auch in Österreich hat sich das Wachstum

sofort verbessert, nachdem Hans Jörg Schelling die von Michael Spindelegger immer wieder hinausgeschobene steuerliche Entlastung der Bevölkerung endlich durchgeführt hat.

- Aus den gleichen Gründen hat die Regierung auch eine Mindestpension von 680 Euro beschlossen, die Grasse gleichfalls „überfällig" nennen durfte.
- Schließlich plante die Regierung Steueramnestien, die dazu führen sollten, dass die Italiener in der Schweiz gebunkertes Geld wieder nach Hause bringen. Auch das ist nicht abwegig, aber Beobachter fürchten (nicht zu Unecht), dass die vorzeitige Ankündigung dieser Möglichkeit dazu führte, dass vorerst noch mehr hinterzogen wurde.

Die Kommission hat diesen Haushaltsentwurf wie erwartet erst einmal entrüstet zurückgewiesen, weil er dem Sparpakt – meines Erachtens auf mäßig sinnvolle, wenn auch halb so dramatische Weise – widerspricht. Aber beide Seiten setzten auf drastische Rhetorik: Matteo Salvini erklärte sofort, auf dem Entwurf beharren zu wollen, die EU ihrerseits auf dessen Zurückweisung.

Das eröffnete folgende Szenarien:
- Das in meinen Augen mit Abstand vernünftigste hätte darin bestanden, den Sparpakt aufzugeben. Aber es war nicht zu erwarten, dass Angela Merkel, Jean-Claude Juncker oder auch nur Sebastian Kurz dem zustimmen.
- Das zweite bestand darin, dass sich die Konfrontation zuspitzt: dass die Lega Nord dank immer wilderer Anti-EU-Rhetorik bei Neuwahlen stärkste Kraft wird und entsprechend glaubwürdig mit dem Austritt aus dem Euro droht, was einem Scheitern des Euro denkbar nahe käme.
- Drittens konnte die EU damit spekulieren, Italiens Regierung in die Knie zu zwingen. Vor allem in der deutschen und österreichischen Regierung war man der Überzeugung, die „Märkte" würden das besorgen: die Zinsen, zu denen Italien sich Geld leiht, dozierten Kurz und Löger, würden derart steigen, dass Salvini gar nichts anderes übrig bliebe als einzulenken. Sie sind tatsächlich etwas gestiegen, weil die EZB es nicht verhindert hat: Man hätte es dem Italiener Mario Draghi zweifellos als Parteilichkeit ausgelegt, hätte er einen entsprechenden Versuch unternommen. Dennoch liegt darin ein

grundsätzliches Problem: Liegt doch normalerweise der Sinn von Eingriffen der Zentralbank darin, die wirtschaftliche Situation eines Landes maximal abzustützen.

Doch zu Italiens Glück reagierten „die Finanzmärkte" nicht so entrüstet wie die EU-Kommission auf Salvinis Absage an den Sparpakt: Italien konnte – wenn auch zu verschlechterten Bedingungen – erfolgreich eine größere Zahl neuer Staatsanleihen platzieren. Nicht einmal die Ratingagenturen stuften die Bonität italienischer Anleihen vorerst herab.

Hätten die „Märkte" Italiens Staatsschuldenquote so ernst wie Kurz, Löger, Deutschlands Finanzminister Olaf Scholz und die EU-Kommission genommen, so hätte die Kommission Italien nicht nur eine Milliardenstrafe androhen, sondern es in der Folge wie Griechenland unter Kuratel stellen und „sanieren" – durch gekürzte Staatsausgaben, gekürzte Beamtengehälter, gekürzte Pensionen und Sozialleistungen –, zum Schuldenabbau zwingen müssen. Das wäre, so meine Behauptung, exakt wie in Griechenland ausgegangen: Auch Italien wäre im Eilzugstempo restlos ruiniert gewesen. (Siehe „Das geleugnete Fiasko", S. 27)

Die „Märkte" waren also einsichtiger als die genannten Politiker und der Kommission und Italien blieb ein sofortiges Fiasko durch die EU-Wirtschaftspolitik erspart. Somit kann die Kommission ohne Gesichtsverlust weiterwursteln: Der Sparpakt wurde zwar nicht aufgegeben, aber Italien braucht sich auch nicht wirklich daran zu halten. Man akzeptierte ein paar unerhebliche Veränderungen gegenüber dem Ur-Entwurf, die angeblich nicht zu einem Defizit von 2,4, sondern nur von 2,04 Prozent führen werden, und hofft aufs Beste – denn schlechter kann es, im Gegensatz zu den Warnungen Jean-Claude Junckers, nicht werden.

Die gleiche Geschichte, anders erzählt

Weil Italien damit aber zweifellos keineswegs saniert ist, möchte ich hier ausführen, was ich selbst für die Ursache der Probleme des Landes halte. Dabei unterscheide ich so weit wie möglich zwischen aktuellen und permanenten Ursachen.

Die permanenten sind altbekannt: überschießende Korruption; eine Justiz, die ihr nicht gewachsen ist, weil die Politik sie nicht unterstützt; ein desolates Steuersystem, das die Steuerhinterziehung zur Norm gemacht hat; eine viel zu große, schlecht geführte, verlustreiche staatliche Industrie; und vor allem ein kaum zu überwindendes, weil gesellschaftlich bedingtes Nord-Süd-Gefälle.

Aber trotz dieser seit jeher vorhandenen Hürden ist Italiens reales BIP pro Kopf bis 1991 auf beachtliche 31.599 US-Dollar gestiegen und lag damit, trotz des zurückgebliebenen Südens, kaum messbar unter Österreichs 32.098 US-Dollar. Denn das Land besitzt – auch heute noch – hervorragende Wissenschaftler und Techniker und sein Norden ist hoch industrialisiert; italienische Produkte zeichnen sich durch besondere Schönheit aus; und die Italiener sind auch in keiner Weise faul – pro Jahr arbeiten sie mehr als Deutsche oder Österreicher.

Der Euro-Beitritt, so war man im In- wie im Ausland überzeugt, würde Italiens Aufstieg weiter fördern. Zumal es sich in der Vorbereitung darauf als Musterschüler erwies: Ganz im Sinne des Maastricht-Vertrages produziert sein Staatshaushalt bereits seit 1995 ständig – Hartwig Löger müsste in Standing Ovations ausbrechen – „Primärüberschüsse".

In Wirklichkeit entzogen diese Überschüsse des Staates – wie das auch Österreichs aktuelle Überschüsse tun werden – der Wirtschaft nötige Investitionen: Bis zum Jahr 2000 hatte sich der Pro-Kopf-Abstand zu Österreich, wo Hannes Androsch in den 1970er-Jahren als Finanzminister Schulden statt Überschüsse produzierte, auf 2491 US-Dollar erhöht. Der gewaltig intensivierte EU-interne Handel ließ es bis 2007 zwar auf die angeführten 38.610 US-Dollar steigen, der Abstand zu Österreich aber war zu diesem Zeitpunkt bereits auf 6831 US-Dollar angewachsen und ist bis 2017 auf 10.216 US-Dollar hochgeschnellt.

Dem entsprechen die Gefühle von Italienern, wenn sie sich mit den benachbarten Österreichern vergleichen.

Dass Italien derart litt, liegt, abseits der miserablen, hyperkorrupten Wirtschaftspolitik unter Silvio Berlusconi und des widersinnigen Sparpaktes, exakt wie in Frankreich an der dramatisch verschärften industriellen Konkurrenz durch Deutschland. Wieder am deutsch-italienischen Handel selbst demonstriert: Zwischen 1998 und 2007 stieg Italiens Handelsbilanzdefizit gegenüber Deutschland um den Faktor 38 von 585.570.000 US-Dollar auf 22.637.560.000 US-Dollar. Der ebenso populäre wie einflussreiche deutsche Ökonom

Hans-Werner Sinn kritisiert zu Recht, dass Italien seine Löhne schon seit 1995 wesentlich stärker als der EU-Durchschnitt (und stärker als seinen Zuwachs an Produktivität) anhob und damit gegenüber Deutschland massiv an Konkurrenzfähigkeit einbüßte. Was er nicht kritisiert, ist, dass der Abstand nur deshalb so unüberbrückbar groß geworden ist, weil Deutschland gleichzeitig „Lohnzurückhaltung" übte, so dass seine Lohnstückkosten 2017 um dreißig Prozent unter den italienischen lagen. Das ließ die italienische Industrie sowohl im eigenen Land wie auch innerhalb und außerhalb der EU entsprechend Marktanteile verlieren und ist auch für Italien so desaströs wie für Frankreich. (Auch Österreichs Lohnstückkosten lagen dank „Lohn-zurückhaltung" um circa zwanzig Prozent unter den italienischen, was eine nicht ganz so rühmliche Erklärung für seinen mittlerweile beinahe „deutschen" Vorsprung beim realen BIP pro Kopf ist.)

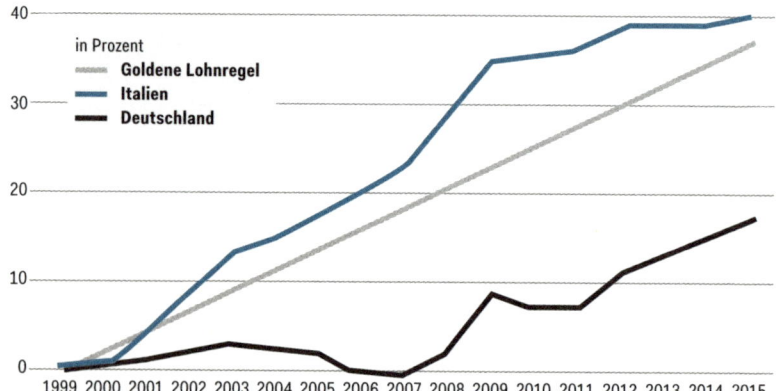

Entwicklung der Lohnstückkosten in Deutschland und Italien

Im Vergleich zur „Goldenen Lohnregel", wie sie seit Einführung des Euro im Jahr 1999 gilt. Die Goldene Lohnregel drückt aus, dass die Lohnstückkosten in den einzelnen Euroländern um jährlich 1,9 Prozent steigen müssen – das ist die Zielinflation der Europäischen Zentralbank.

in Prozent
Goldene Lohnregel
Italien
Deutschland

Quelle: iAGS 2017/taz

Deutschlands Lohnstückkosten lagen um bis zu dreißig Prozent (jene Österreichs um bis zu zwanzig Prozent) unter den italienischen – entsprechend stark litt Italiens Industrie.

Italien hat zwar nach wie vor einen Handelsbilanzüberschuss – aber nicht, weil seine Exporte so hoch, sondern weil seine Importe so gering geworden sind; die unterbeschäftigte italienische Bevölkerung hat für ihre Einkäufe immer weniger Geld in der Tasche.

Das wieder war einer der Gründe, warum der Haushaltsentwurf der Regierung so sehr die Kaufkraft der Bevölkerung steigern wollte, indem er vorsah, die Lohnsteuer zu senken, eine Mindestpension und eine Mindestsicherung einzuführen, die freilich daran gebunden sein sollte, angebotene Jobs anzunehmen.

Darin lag allerdings schon wieder ein Problem dieser Maßnahme: Im zurückgebliebenen Süden wird man Arbeitsuchenden keine Jobs anbieten können, die sie nicht annähmen, obwohl sie zumutbar wären, einfach aus dem Grund, weil es keine gibt – daher wäre es schwer argumentierbar, ihnen keine Mindestsicherung auszuzahlen, noch dazu, wenn man sie „Grundgehalt" nennt – entsprechend schwer ist es aus gängiger Sicht, diese Mindestsicherung zu finanzieren.

Auch die sozial berechtigte Erhöhung der Mindestpension wird gleich wieder zu einem sehr ernsthaften Problem, wenn man gleichzeitig die von der Vorregierung verfügte Anpassung ans Lebensalter rückgängig macht. Denn wenn eine eher schrumpfende Zahl von arbeitenden Menschen das immer längere Leben alter Menschen finanzieren soll, entsteht ein reales Problem: Die Pensionskasse kann beides zusammen schwer leisten.

Eine sinnvolle Verbesserung hätte allenfalls Umverteilung durch die Einführung einer ernsthaften Vermögenssteuer mit sich gebracht, aber die hatte Salvini so wenig im Programm wie die Österreichische Volkspartei.

Trotzdem könnte die insgesamt geplante bessere finanzielle Absicherung der Bevölkerung durch Mindestpension und Mindestsicherung im Verein mit der „Flattax" den Konsum und damit Italiens Wirtschaft beleben.

Aber kaum in ausreichendem Maß und kaum „nachhaltig".

Nachhaltig belebt würde Italiens Wirtschaft nur durch massive Investitionen in die Infrastruktur – von Verkehrsverbindungen (z. B. sicheren Autobahnbrücken) über Digitalisierung bis zur Errichtung erdbebensicherer Bauwerke von der Toskana bis Sizilien. Von verbesserten Schulen im ganzen Süden bis zu endlich höheren Investitionen in Forschung und Entwicklung, um Norditaliens Industrie durch neue Entdeckungen neue Chancen zu eröffnen.

Nur solche Investitionen könnten dauerhaft Arbeitsplätze schaffen. Um zu verhindern, dass die Bevölkerung revoltiert, bevor sie überhaupt in Angriff genommen werden, ist es aber dennoch nicht absurd, ihr eine „überfällige" (Grasse) Mindestsicherung und Mindestpension zuzugestehen.

„Nachhaltige" Investitionen des Staates im vorhin angeführten Sinn fehlten im Entwurf aber so gut wie vollständig. Ob aus Angst vor einer noch größeren Überschreitung des Defizits oder aus Unverstand, kann ich nicht eruieren. (Schon weil nicht klar ist, welche Infrastruktur-Investitionen der mittlerweile gelockerte Sparpakt nicht mehr dem Defizit zurechnet und damit zulässt.)

Für Hans-Werner Sinn ist es (erwartungsgemäß) klar, dass Italien auf keinen Fall zusätzliche Schulden machen darf. Für mich ist unklar, wie seine Wirtschaft dann wachsen soll. Aber ich gebe sofort zu, dass Italiens Sanierung sehr viel einfacher wäre, wenn das vor Geld strotzende Deutschland diese Schulden machte und Großaufträge vergäbe, die zum Beispiel u. a. von der italienischen Industrie wahrgenommen werden könnten.

Die Möglichkeit, die an Deutschland verlorenen Marktanteile wieder zurückzugewinnen, was das Problem an der Wurzel löste, sind in Italien nämlich noch theoretischer als in Frankreich: Es müsste sein Lohnniveau um 35 Prozent absenken, um deutsche Preise zu unterbieten. Die Kaufkraft, und mit ihr die Inlandskonjunktur, bräche in der Sekunde zusammen – der Aufstand folgte in der Sekunde.

Aber in Deutschland ist man sich leider keine Sekunde bewusst, was man im Nachbarland mit seinem Lohndumping und seinem Sparpakt angerichtet hat.

Deshalb kann ich für Italien nicht optimistisch sein. Ich kann im Moment nicht sehen, wie eine inkongruente italienische Regierung mit der Summe aus Marktanteilsverlusten aufgrund einer wahnwitzigen deutschen Lohnpolitik, Wachstumsschwächen aufgrund einer verfehlten EU-Sparpolitik und der zusätzlichen Belastung durch eine nicht funktionierende EU-Flüchtlingspolitik zurande kommen soll.

Hans-Werner Sinn sieht die einzige realistische Möglichkeit im Austritt aus dem Euro. Wenn er recht hat, ist der Euro Geschichte.

DAS GELEUGNETE FIASKO

Weil ich meine, dass sich das Wesen der EU-Wirtschaftspolitik am deutlichsten bereits ganz zu Beginn, bei der Griechenland-Krise, gezeigt hat, möchte ich auf sie zurückkommen, obwohl sie angeblich überwunden ist.

Denn genau das stimmt in keiner Weise – sie ist so akut wie eh und je. Die Ruhe, die sie begleitet, ist allenfalls eine Friedhofsruhe und böte Stoff für eine tragische Komödie: Wie man ein Fiasko unwidersprochen und ungeniert in einen Erfolg verkehrt.

So hat die EU-Kommission im Sommer 2018 stolz verkündet, dass Griechenland mit 1,2 Prozent das zu diesem Zeitpunkt höchste Wirtschaftswachstum der EU ausweise. Das trifft zu und ist dennoch, was Griechenlands wirtschaftlichen Zustand betrifft, das absolute Gegenteil der Wahrheit.

Griechenland ist am Boden zerstört.

In der Physik kennt man das sogenannte Experimentum Crucis: eine möglichst eindeutige, zugespitzte Versuchsanordnung, die es erlaubt, eine Theorie auf ihre Brauchbarkeit zu prüfen. Bewährt sie sich, dann ist sie mit einer gewissen Wahrscheinlichkeit richtig, bewährt sie sich nicht, dann ist sie mit Sicherheit falsch („falsifiziert"). Griechenland war das Experimentum Crucis der EU-Wirtschaftspolitik – dort vermochte man zu prüfen, ob diese Politik sich bewährt.

Worin bestand die Versuchsanordnung? Der griechische Staat war bekanntlich aus unterschiedlichsten Gründen – Misswirtschaft, Korruption, Betrug, ein Kaufrausch im Zuge der Euro-Euphorie – in eine Lage geraten, in der seine Zahlungsunfähigkeit befürchtet wurde. Aus dieser Lage sollte er sich auf der Basis der wirtschaftspolitischen Thesen der EU – die ihn zu diesem Zweck unter Kuratel stellte – befreien.

Im Sommer 2018 verkündete EU-Finanzkommissar Pierre Moscovici den erfolgreichen Abschluss des Experiments: „Die griechische Krise ist heute Abend vorbei." „Mit dem Ende der Hilfe für Griechenland beweist die Europäische Union, dass sie Krisen überwinden kann", resümierte der *Stern* für das breite deutschsprachige Publikum. Das war zu diesem Zeitpunkt für deutsche Leser deshalb so wichtig, weil sie befürchteten, dass demnächst Italien geholfen werden muss, und weil Deutschlands Medien vom *Stern* bis zur *Frankfurter Allge-*

meinen Zeitung klarstellen wollten, dass diese Hilfe selbstverständlich wieder nur nach bewährtem deutschem Rezept erfolgen kann: indem dem italienischen Staat befohlen wird, zu „sparen" und „endlich seine Hausaufgaben zu machen".

Das deutsche Rezept und sein Erfolg

In Wirklichkeit gibt es kein krasseres Beispiel für das völlige Versagen dieses deutschen Rezeptes als Griechenland. In nüchternen Zahlen: Um es zu „retten" wurde seit 2010 von der EU und vom Internationalen Währungsfonds in mehreren Tranchen die gewaltige Summe von 298 Milliarden Euro vergünstigter Kredite aufgewendet; unter der befohlenen bzw. faktischen Aufsicht einer EU-„Troika" machte Griechenland im Gegenzug die ihm abverlangten „Hausaufgaben".

Wie ist es nunmehr um das solcherart „gerettete" Land bestellt?

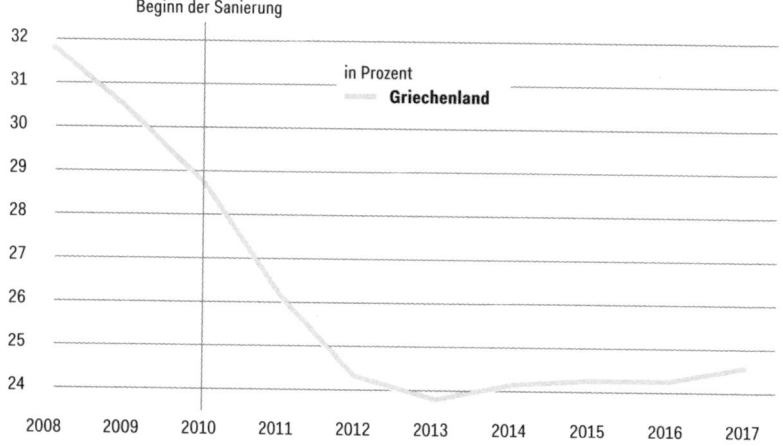

Quelle: The World Bank

Griechenlands reales BIP pro Kopf, das 2007 bei 32.073 US-Dollar gelegen war, ist bis 2010 im Rahmen der Krise auf 28.726 US-Dollar abgestürzt. Zu diesem Zeitpunkt begann die „Sanierung". Im Jahr 2013, dem Jahr, in dem für die gesamte EU der Sparpakt voll wirksam geworden war und Griechenland bereits 3,5 Milliarden Euro Kredit erhalten hatte, erreichte sein BIP/Kopf mit 23.746 US-Dollar seinen Tiefpunkt. Um sich seither unter Erhalt der angeführten fast 300 Milliarden seitwärts zu bewegen und bis 2017 auf nur gerade 24.574 US-Dollar zu erholen. Das ist – nach 300 aufgewendeten Milliarden – ein Minus von 23,4 Prozent gegenüber der Zeit vor der Krise.

- Griechenlands Staatsschuldenquote (die Staatsschuld pro BIP), deren Höhe der Anlass zur „Rettung" gewesen ist, stieg im Zuge des „Sparens" von 146,25 Prozent im Jahr 2010 auf 181,91 Prozent im Jahr 2017. Die „Quote" selbst ist zwar – entgegen ihrer ständigen Zitierung in den Medien – keine relevante Zahl (wie ich später eingehend begründen werde), aber ihr derart dramatischer Anstieg in so kurzer Zeit ist es insofern, als er den dramatischen Einbruch des BIP im Nenner des zughörigen Bruches signalisiert. (Griechenlands Staatsschuld selbst ist nämlich so gut wie unverändert hoch geblieben.)
- Griechenlands Arbeitslosenrate, die noch 2010 bei 12,73 Prozent lag, schnellte bis 2017 auf 21,45 Prozent hoch, obwohl seit 2009 mindestens 400.000 von 11,12 Millionen Griechen das Land auf der Suche nach Arbeit verlassen haben. Wären sie geblieben, so hätten sie die Arbeitslosenrate auf dreißig Prozent gesteigert. Die Jugendarbeitslosigkeit (Arbeitslosigkeit der 15- bis 24-Jährigen) liegt bei gespenstischen 43 Prozent. Was in Griechenland auf dem Arbeitsmarkt wirklich passiert ist, illustriert am besten die Zahl der Beschäftigten: Von 4,53 Millionen im Jahr 2006 ist sie bis heute auf 3,68 Millionen gesunken.
- Das Realeinkommen der Griechen ist zwischen 2010 und 2017 um mehr als ein Viertel, um 26,5 Prozent, zurückgegangen. Um es etwas hautnäher zu beschreiben: Stellen Sie sich vor, Sie hätten als Geringverdiener nur mehr drei Viertel des zuvor schon knappen Geldes in der Tasche.

In diesem niederschmetternden wirtschaftlichen Zustand befindet sich Griechenland auf der Basis seiner „gelungenen Rettung" durch neun Jahre EU-Wirtschaftspolitik gemäß deutscher Rezeptur und unter deutscher Anleitung und Aufsicht.

Dass im Jahr 2017 tatsächlich ein Wirtschaftswachstum von 1,2 Prozent eingesetzt hat, ändert nichts an diesem niederschmetternden Befund, denn selbstverständlich ist irgendwann nach Jahren des Schrumpfens – das ist fast immer und fast überall so – selbst bei der schlechtesten Wirtschaftspolitik eine Talsohle erreicht, von der aus es wieder aufwärtsgeht. Die konkrete Talsohle – ich muss mich wiederholen – liegt, trotz 298-Milliarden-Kredits, um 23,4 Prozent unter dem Vorkrisenniveau.

Wo liegen demgegenüber die Verbesserungen dank erledigter „Hausaufgaben"?

Möglicherweise ist zwischen 2010 und 2017 so etwas wie ein griechisches Grundbuch entstanden (ich vermag es nicht zu überprüfen) und ist die Steuerbehörde besser organisiert – auch wenn sich die Steuereinnahmen drastisch verringert haben. Wahrscheinlich vergibt der griechische Staat auch Konzessionen für Lkw-Transporte oder Apotheken nicht mehr ausschließlich an eine bevorzugte Klientel – auch wenn sich die Versorgung mit Medikamenten lebensgefährlich verschlechtert hat.

Ich will nicht behaupten, dass sich in den beschriebenen neun Jahren unter den angeführten Leiden der griechischen Bevölkerung gar nichts verbessert hätte. Sparen übt stets eine gewisse „reinigende" Wirkung aus – mäßig nützliche Staatsausgaben werden in Richtung zu nützlicheren umgeschichtet –, aber angesichts der hier wiedergegebenen Zahlen von „gelungener Überwindung einer Krise" zu sprechen ist ein unverschämter Witz.

In der EU rechtfertigt man diese Unverschämtheit mit dem Hinweis, dass Griechenland sich jetzt am Finanzmarkt refinanzieren könne – wovon sich der einzelne Grieche freilich noch lange nichts kaufen kann. Vor allem hätte Griechenland sich immer am Finanzmarkt refinanzieren können, wenn 2010 nicht über seine Pleite spekuliert worden wäre, sondern die EZB schon damals sofort klargestellt hätte, dass sie einem deutlichen Anstieg der Zinsen, zu denen Griechenland sich Geld leiht, „mit allen Mitteln" entgegentreten wird. Dass die EZB diese Ansage unterlassen hat – und auf der Basis ihrer gesetzlichen Konstruktion nach Ansicht des deutschen Bundesverfassungsgerichts auch gar nicht machen hätte dürfen –, ist eine eigene, wesentliche EU-Problematik, auf die ich später genauer eingehen werde. Hier nur so viel: Eine sinnvoll konstruierte Europäische Zentralbank muss, wie die amerikanische, zwingend und zu jedem Zeitpunkt ohne Einschränkung hinter allen, gerade auch den schwächelnden, EU-Ländern und ihren Banken stehen.

Die Begleitmusik einer „Rettung"

Vorerst möchte ich nur noch ein paar charakteristische Begleiter-
scheinungen der „Griechenland-Rettung" festhalten: Angela Merkel
verhängte die Sparauflagen und bewilligte die Rettungsmilliarden
unmittelbar nachdem ein umfangreicher Waffeneinkauf Griechenlands (zu allen Zeiten die Hauptursache seiner Defizite) in Deutschland unter Dach und Fach gebracht worden war.

Die 298 Rettungsmilliarden kamen voran deutschen und französischen Banken zugute. Die nämlich hatten griechischen Banken
bedenkenlos Geld geliehen, das diese ebenso bedenkenlos dem griechischen Staat zum Zweck seiner Waffenkäufe – voran in Deutschland – und den griechischen Bürgern zum Zweck von Warenkäufen –
voran deutschen Autos – weiterliehen. Für diese Ausleihungen haben
die deutschen Banken angesichts der umstrittenen Bonität Griechenlands satte Zinsen kassiert und entsprechend fette Gewinne gemacht.
Der mögliche zugehörige Verlust, den die Zahlungsunfähigkeit Griechenlands mit sich gebracht hätte, blieb ihnen dank der Rettungsmilliarden erspart.

Eine britische Studie, deren Seriosität ich nicht beurteilen kann,
will 2015 ermittelt haben, dass von den überwiesenen Milliarden
nicht einmal ein Zehntel tatsächlich bei den Menschen in Griechenland angekommen ist. Der wirtschaftliche Zustand des Landes lässt
das nicht ausgeschlossen erscheinen.

Nicht zuletzt hat die mit der Griechenland-Rettung einherge-
hende Ermäßigung des allgemeinen Zinsniveaus dem deutschen Staat
bei der Rückzahlung seiner eigenen Kredite zwischen 2008 und 2018
gemäß Schätzung der *Frankfurter Allgemeinen Zeitung* 370 Milliarden
Euro erspart, wenn man es mit den Rückzahlungsbedingungen vor
Griechenland vergleicht. Dem steht ein theoretischer Anteil eines all-
fälligen Verlusts der 298 griechischen Rettungsmilliarden gegenüber
– wovon jedoch nicht die Rede sein kann, weil Griechenland diese
Summe (zusätzlich zu den schon zuvor vorhandenen Schulden rund
350 Milliarden Euro) weiterhin schuldet.

So unfair es ist, dass griechische Karikaturen Angela Merkel mit
Hitlerbärtchen zeigen – ganz unverständlich ist es nicht. Man hat dieses Land so weit wie möglich ruiniert und davon de facto profitiert.

DIE EINZIGARTIGE RETTUNG
DER IBERISCHEN HALBINSEL

Es gibt noch zwei Länder, auf deren aktuelles Wachstum die EU hinweist, wenn sie begründen will, wie sehr ihre Politik staatlichen Sparens sich bewährt: Spanien und Portugal. (Irland ist als wichtigste verbliebene EU-Steueroase ein extremer Sonderfall, den man nicht einmal seitens der EU fürs Gegenteil reklamiert, weil klar ist, dass sich jedes Land sanieren kann, indem es andere Volkswirtschaften um Steuereinnahmen bringt.)

Wie Griechenland lag Spanien, das ich auch persönlich recht gut kenne, in seiner wirtschaftlichen Entwicklung deutlich hinter den Staaten Mitteleuropas zurück. Nicht weil seine Bevölkerung faul oder untüchtig wäre, sondern weil es bis 1975 unter Francisco Franco eine ziemlich abgeschottete Diktatur gewesen ist. Als es 1986 der EU beitrat, waren die industriellen Branchen, in denen sich große wirtschaftliche Erfolge erzielen ließen – von der Metall- über die Automobil- bis zur chemischen Industrie –, bereits von deutschen, englischen, französischen, Schweizer oder italienischen Unternehmen besetzt. Und selbst in den „Nischen" hatten bereits etwa Betriebe aus Österreich die besten Plätze inne.

Spanien musste sich mit dem zufrieden geben, was übrig blieb. Seine wichtigste Industrie besteht aus Automobil-Produktionsanlagen, die ausländischen Konzernen (Volkswagen, Ford usw.) gehören. Dazu gibt es eine höchst erfolgreiche Bekleidungsindustrie (Zara, Mango, Desigual, Massimo Dutti), die freilich fast nur im Ausland produziert. Neben dem Tourismus ist seine Landwirtschaft für einen bis heute viel zu großen Teil des BIP verantwortlich. Das aber ist ein grundsätzliches Problem: In der Landwirtschaft gab es sehr viel geringere Produktivitätsfortschritte als in der Industrie, so dass sie den Wohlstand sehr viel weniger steigern konnte..

Eigenständig hat sich neben der Bekleidungsindustrie aus dem Tourismus heraus nur eine auch im europäischen Vergleich starke Bauindustrie entwickelt, der relativ starke, auch in Lateinamerika erfolgreiche Banken zur Seite standen. Als Spaniens Beitritt zum Euro Kredite für Spanier wesentlich verbilligte, führte das im Verein mit billigem Baugrund zu einem extremen Bauboom. Viele Spanier meinten, voran Andalusien würde zum Florida Europas und seine Küsten wurden aufs Grässlichste verbaut. Jeder zweite Spanier glaubte, reich zu werden, indem er in Ferienwohnungen investierte.

Es entstand – anders als in den USA, aber ähnlich gefährlich – eine Immobilienblase, die dafür sorgte, dass die bis dahin hohe Arbeitslosigkeit massiv zurückging und die Löhne sich über Gebühr erhöhten: Sie stiegen – freilich von einem niedrigen Niveau ausgehend – bis 2007 fünf Mal stärker als die Produktivität.

Das Platzen dieser Immobilienblase, das mit der „Finanzkrise" eher zufällig einherging, musste daher für Spanien zu einem gewaltigen Problem werden: Allein die Beschäftigung sank um eine Million Arbeitskräfte.

Allerdings – und das ist bei der Beurteilung der Ausgangslage des Landes mit zu bedenken – war es, im Gegensatz zu Nord-, West- und Mitteleuropa, kaum von den direkten Auswirkungen der Finanzkrise betroffen: Seine Banken hatten fast keine der toxischen US-Wertpapiere in ihren Tresoren, die deutsche, englische, französische oder österreichische Banken so sehr in Schwierigkeiten brachten, dass sie „gerettet" werden mussten.

Die platzende Immobilienblase

Dennoch: Ein sehr großer Teil der spanischen Bankmisere war hausgemacht. Wenn auch einmal mehr mit gewaltiger deutscher Unterstützung: Nicht zuletzt deutsche Banken liehen, ähnlich wie in Griechenland, spanischen Banken Geld für deren viel zu leichtfertig vergebene Kredite. Und die spanische Bevölkerung investierte nicht nur in viel zu viel Beton, sondern sie verschuldete sich auch viel zu hoch, um voran deutsche Autos zu kaufen.

Als die Finanzkrise die Zinsen steigen ließ, vermochten die privat viel zu hoch verschuldeten Spanier ihre Hypothekarkredite nicht mehr zu bedienen; die Immobilienblase platzte und viele Banken gerieten nun wie in den USA massiv ins Wanken, so dass sie trotz des Fehlens toxischer Wertpapiere gerettet werden mussten.

Wie sieht es nun mit der Erholung Spaniens durch „Sparen" und „Strukturreformen" aus?

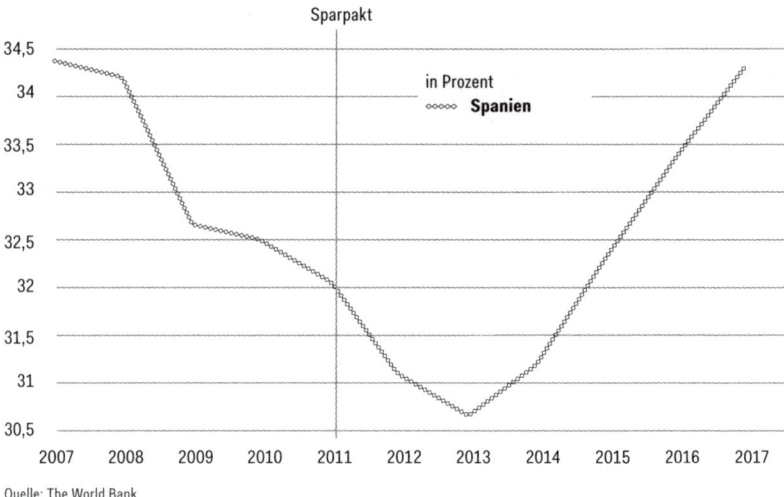

Spaniens Entwicklung als grafisches Schaubild

Sparpakt

in Prozent
∞∞∞ **Spanien**

2007 2008 2009 2010 2011 2012 2013 2014 2015 2016 2017

Quelle: The World Bank

Spaniens reales BIP pro Kopf, das 2007 dank des unnatürlichen Baubooms bei
34.329 US-Dollar lag, stürzte trotz des sparenden Staates (in Wirklichkeit wegen
des sparenden Staates) bis 2013 ungebremst auf 30.679 US-Dollar ab, ehe es sich
bis 2017 mit 34.272 US-Dollar wieder auf sein Ausgangsniveau erhöhte.

- Am stärksten hat sich, wie überall in den sparenden Staaten, die
  Arbeitslosigkeit erhöht: Lag sie 2006 aufgrund des Baubooms bei bis
  dahin rekordniedrigen 8,4 Prozent, so schnellte sie 2013 auf rekord-
  hohe 26 Prozent hoch – lag aber 2017 bei immer noch dramatischen
  17,2 Prozent. Die Jugendarbeitslosigkeit erreichte gespenstische
  38 Prozent. Die Zahl der Erwerbstätigen, die aussagekräftiger als die
  der Arbeitslosen ist, sank von 20,58 Millionen im Jahr 2007 auf 18,86
  im Jahr 2017.
- Am Rande stieg, wie in allen sparenden Ländern mit Ausnahme
  Deutschlands, die Staatsschuldenquote von 69,5 Prozent noch im
  Jahr 2011 auf 100,37 Prozent im Jahr 2014 und liegt auch heute noch
  bei 98,4 Prozent, obwohl Spanien unverändert viel zu wenig für Forschung und Entwicklung ausgibt und kaum in die Zukunft investiert.

Der wahre Grund der Erholung

Der ab 2014 einsetzende eindrucksvolle Wiederanstieg des BIP hat leider fast ausschließlich eine Ursache: Spaniens Tourismus erlebte einen einzigartigen Boom. Weil alle Sonne-Meer-Destinationen Afrikas, aber auch jene der Türkei von Terror heimgesucht wurden, erreichte die Iberische Halbinsel nie dagewesene Nächtigungszahlen. Und weil der Tourismus in Spanien (anders als in Italien) nicht weniger als 14,9 Prozent des BIP bedingt, konnte es entsprechend zulegen. Ähnliches gilt für die Arbeitslosigkeit: Weil Tourismus die mit Abstand beschäftigungsintensivste aller Branchen ist, schnellte die Zahl der dort Beschäftigen in den letzten drei Jahren von 1,9 auf 2,2 Millionen hoch. Dennoch sind immer noch 17 Prozent aller Spanier und ist ein Drittel der 15- bis 24-Jährigen arbeitslos. Und wie in Griechenland sind selbst diese Horrorzahlen noch geschönt, da sie die Auswanderung viel zu wenig berücksichtigen: Während die Regierung 2015 offiziell z. B. die Auswanderung von 9792 Personen nach Großbritannien bekanntgab, meldeten sich dort 50.260 Spanier zur Arbeit bereit.

Die Industrieproduktion, die alleine echte Erholung und vielleicht einen positiven Strukturwandel signalisiert hätte, lag 2017 hingegen um ein Viertel unter dem Wert von 2008.

Dennoch hat Spanien aus der Krise gelernt: Die zu allen Zeiten habsburgisch ausufernde Bürokratie wurde ein wenig abgebaut. Der extrem unflexible Arbeitsmarkt, der Abfertigungen von bis zu zwei Jahresgehältern vorsah, wurde schon unter dem Sozialdemokraten José Luis Zapatero so weit reformiert, dass Unternehmen es wieder riskierten, jemanden anzustellen; die Löhne sanken um 15 Prozent und liegen der Produktivität wieder etwas näher, vermindern freilich die Kaufkraft. Aber das alles ist schon vor dem Beschluss des Sparpaktes passiert – er selbst hat auch Spaniens Erholung einmal mehr nur gebremst.

Portugal spart etwas weniger – und fährt etwas besser

Recht ähnlich wie Spaniens Wirtschaftsgeschichte verlief auch die Portugals. Auch dieser Teil der Iberischen Halbinsel war bis 1975 eine Diktatur und industriell entsprechend zurückgeblieben. Auch dort bedingen Landwirtschaft und Tourismus einen viel zu großen Teil des BIP. Auch dort gab es kaum toxische Wertpapiere bei den Banken und einen etwas zu heftigen Bau- und Autokaufboom angesichts der Euro-Einführung, auch wenn die Fehlinvestitionen in Beton nie spanisches Niveau erreichten.

Dementsprechend fiel auch die Krise etwas sanfter aus. Von 27.575 US-Dollar im Jahr 2007 ging das reale BIP pro Kopf „nur" auf 26.743 US-Dollar im Jahr 2009 zurück, erholte sich bis 2011 auf 27.238 US-Dollar, um dann wegen des Sparpaktes bis 2013 auf 25.654 US-Dollar abzusacken, ehe auch dort die Erholung dank Tourismus einsetzte und es 2017 mit 27.936 US-Dollar sogar über die Ausgangshöhe steigen ließ.

Denn anders als die spanische Rechtsregierung Mariano Rajoys hat Portugals Linksregierung ab 2015 den Sparpakt gegen alle Warnungen der EU-Kommission und Deutschlands in aller Stille missachtet, indem sie die Lohnsteuern gesenkt und ihre Beamten höher entlohnt hat – was auch den privaten Betrieben Anstoß zu Lohnerhöhungen gewesen ist. Prompt beendete nicht nur das BIP seinen Sinkflug deutlicher als in Spanien, sondern halbierte sich die Arbeitslosigkeit sogar von 16 auf acht Prozent. Dennoch sagt einmal mehr die Zahl der Beschäftigten mehr über den wirtschaftlichen Zustand des Landes aus: von 5,1 Millionen sank sie auf 4,8 Millionen.

Der Sparpakt hat somit in Spanien und Portugal nicht zu einer raschen Erholung, sondern, im Gegenteil, zu einer besonders langsamen Erholung geführt. Nur das Tourismus-Wunder hat beide Länder gerettet.

Nun werden Sie vielleicht dennoch einwenden, dass es unfair ist, den Extremfall Griechenlands, Italiens oder selbst Frankreichs als beispielhaft für die Wirtschaftspolitik der Eurozone anzuführen, obwohl es – siehe Experimentum Crucis – in der Wissenschaft die Norm ist, eine These unter den extremsten Voraussetzungen zu überprüfen. Aber der Einwand hat in jedem Fall keine ziffernmäßige Basis. Die zentrale Erfahrung aus Griechenland trifft nämlich auf die gesamte Eurozone zu – bei allen Mitgliedern, selbst in Deutschland und sehr wohl auch in Österreich, hat das intensivierte Sparen des Staates, welches im Jänner 2012 auf Initiative Angela Merkels mit dem Sparpakt zementiert wurde, das bereits wieder kräftige Wachstum des BIP massiv eingebremst. Die Staatsschuldenquoten stiegen ab 2014 aufgrund der Wachstumsschwäche fast durchwegs – mit Ausnahme Deutschlands, worauf ich später ausführlich eingehe – um ein paar Prozentpunkte an. Ich greife die Niederlande als eines von vielen Beispielen heraus; 2011, vor dem Sparpakt, hatte seine Staatsschuldenquote 61,6 Prozent betragen, 2014, nach zwei Jahren Sparens, betrug sie 68 Prozent. In Österreich stieg sie im gleichen Zeitraum von 82,4 auf 84 Prozent. Selbst in Deutschland war sie 2012 höher als 2011. Christian Ortner (siehe www.ortneronline.at, „Das Zentralorgan des Neoliberalismus") meint, der dürftige Erfolg des Sparens beruhe darauf, dass die genannten südlichen Staaten gar nicht wirklich – ihre Budgets zeigten es – gespart hätten. In Wirklichkeit bestätigte sich, was der österreichische Nationalökonom Erich W. Streissler behauptet hatte: „In der Krise kann der Staat nicht sparen." Die Budgetansätze, die jeweils sehr wohl Einsparungen vorsahen, konnten nie eingehalten werden, weil die wegen Sparens schlechter funktionierende Wirtschaft relativ geringere Steuereinnahmen bedingte und die steigende Arbeitslosigkeit gleichzeitig zu höheren Ausgaben für Arbeitslosengeld bzw. Sozialhilfe führte. Ich werde später ausführen, warum das mathematisch zwingend so sein muss und denkunmöglich anders sein kann.

WIE DER SPARPAKT ÖSTERREICH SCHADET

Wahrscheinlich ist Österreich das anschaulichste Beispiel dafür, wie Sparen des Staates auch einer sehr starken, sehr gut strukturierten Wirtschaft schadet und wie nicht einmal Österreich, das ebenfalls „Lohnzurückhaltung", wenn auch nicht im deutschen Ausmaß, geübt hat, diesen Nachteil ganz wegstecken kann. Das Schaubild sagt mehr als alle Worte:

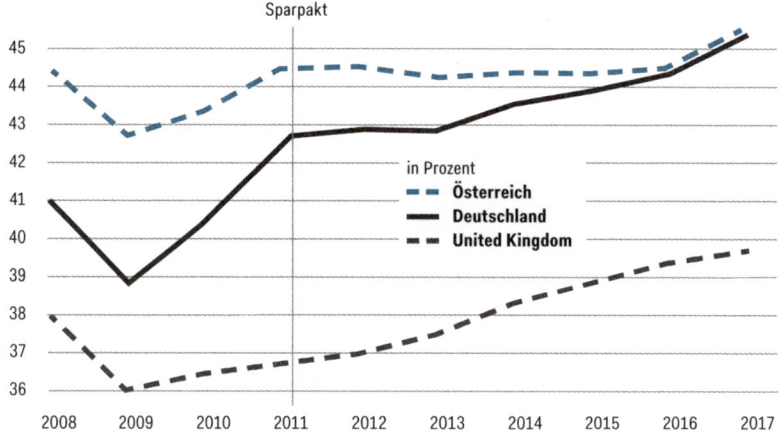

Sparpakt

in Prozent
- - Österreich
— Deutschland
- - United Kingdom

Quelle: The World Bank

Auch in Österreich ist das reale BIP pro Kopf des Jahres 2008 von stolzen 44.441 US-Dollar 2009 deutlich um 1790 US-Dollar zurückgegangen. Aber schon 2011 hatte es dank eines von den Sozialpartnern besonders geschickt geschnürten Investitionspakets mit 44.452 US-Dollar wieder die alte Höhe erreicht. Danach wurde der im Jänner 2012 beschlossene Sparpakt wirksam und der Aufstieg war zu Ende und ging, anders als in Großbritannien, das den Sparpakt verweigerte, bis 2016 in eine abwärts gerichtete Seitwärtsbewegung über, ehe die rundum etwas bessere Konjunktur im Verein mit Exporterfolgen dank „Lohnzurückhaltung" 2017 eine Steigerung auf 45.436 US-Dollar mit sich brachte. Deutschland freilich, das noch 2008 mit 40.989 US-Dollar pro Kopf klar hinter Österreich lag, hat dank seines so exzessiven Lohndumpings bis 2017 mit 45.229 US-Dollar pro Kopf so gut wie gleichgezogen. Das United Kingdom, das dem Sparpakt nicht beitrat und durch Lohndumping keine Marktanteile verlor, entwickelt sich wesentlich kontinuierlicher.

Die Deutschen halten grundsätzlich das für optimale Wirtschaftspolitik, was ihnen nutzt, andere einzuholen und demnächst zu überholen, auch wenn es andere Länder, die sich, wie Frankreich, korrekt und vereinbarungsgemäß verhalten, die größten Probleme bereitet und Italien an den Rand des Zusammenbruchs führt.

Österreich hat einen halben Anschluss an Deutschlands Politik vollzogen – daher ist der Schaden noch nicht so spürbar, wie er es in zehn Jahren sein wird. Es hat noch keinen Salvini und es steht noch keine Marine Le Pen vor der Tür. Allerdings sitzt die Strache-FPÖ in der Regierung, wird aber vorerst von einer neoliberalen ÖVP in Schach gehalten. Wenn die Regierung aber ihre derzeitige Wirtschaftspolitik fortsetzt, könnte der Vorsprung in absehbarer Zeit schmelzen: Sparen des Staates ist wirtschaftlich schlichtweg dumm. Ich werde nach den empirischen Belegen den mathematischen Beweis dafür liefern.

Es ist allerdings möglich, dass die Deutschen den Wahnsinn ihrer Wirtschaftspolitik früher, als von mir erwartet, am eigenen Leib zu spüren bekommen. Es ist zwar noch nicht sicher, aber durchaus möglich, dass eine Delle in der deutschen Konjunktur, die im November 2018 erstmals sichtbar wurde, sich zur innerdeutschen Rezession ausweitet, weil die Wachstumsschwäche aller anderen EU-Volkswirtschaften auch Deutschlands eigene Wirtschaft nicht mehr wachsen lässt.

Wird die Delle der deutschen Konjunktur zur gemeinsamen Rezession?

„Die fetten Jahre sind vorbei", verkündete Finanzminister Olaf Scholz und bezog sich damit zweifellos auf Deutschland – denn für Frankreich, Italien oder Spanien konnte von „fetten Jahren" schwerlich die Rede sein. Wenn seine Aussage stimmt, gilt sie jedoch sehr wohl für Österreich, denn Deutschland ist sein mit Abstand größter Handelspartner: Wenn Deutschlands Industrie zu boomen aufhört, schwächelt Österreichs Zulieferindustrie zwingend mit.

Scholz Sorge liegen folgende Zahlen zugrunde: Auch im November 2018 ist die Produktion der deutschen Industrie entgegen der Erwartung von Fachleuten – nicht entgegen meinen Erwartungen – geschrumpft: Deutsche Unternehmen haben 1,9 Prozent weniger als im Vormonat hergestellt. Das ist, was die Industrie betrifft, bereits der dritte Rückgang in Folge, doch davor war davon öffentlich kaum die Rede. Diesmal aber sah auch die *Frankfurter Allgemeine Zeitung* darin „mehr als eine Randnotiz, weil die gesamte deutsche Wirtschaft im dritten Quartal 2018 um 0,2 Prozent geschrumpft ist. Die neuen Zahlen der Industrie lassen auch deshalb hellhörig werden, weil nicht nur die Autoindustrie, die noch immer unter der Umstellung auf neue Abgastests leidet, schlechte Ergebnisse lieferte. Der Rückgang betrifft vielmehr sämtliche Bereiche: Bauproduktion, Maschinenbau sowie Konsumgüterhersteller."

Ich war hier schon etwas früher hellhörig: Schon als Deutschlands Medien die leise Delle in Deutschlands Konjunktur mit Donald Trumps „Protektionismus" begründeten, meldete ich Zweifel an: Sein Zoll auf Aluminium und Stahl hat Deutschland höchstens hinterm Komma getroffen. Ich erwartete die Delle vielmehr grundsätzlich: weil es nicht möglich ist, dauerhaft gegen die Saldenmechanik zu verstoßen. Selbst wenn sich Scholz' Sorge im kommenden Quartal noch einmal als unbegründet erweisen sollte, ist sie früher oder später unabwendbar: Man kann einer großen volkswirtschaftlichen Zone wie der EU denkunmöglich „Sparen des Staates" verordnen, ohne dass irgendwann auch die Konjunktur des Landes leidet, das diese Politik initiiert hat und bisher nur deshalb von ihren Folgen verschont blieb, weil es durch seine gleichzeitige Lohnpolitik anderen Volkswirtschaften Marktanteile abgejagt hat und die Stagnation innerhalb der EU zudem durch Mehrverkäufe in die USA, nach Russland oder China mehr als wettmachen konnte.

Wenn einer der drei großen Einkäufer jeder Volkswirtschaft – Endverbraucher, Unternehmen oder Staat – aufgrund eines Sparpaktes weniger einkauft, ist Mehrverkauf denkunmöglich, sofern man nicht einen neuen zusätzlichen Einkäufer bzw. Schuldner findet. China, Russland, die USA waren für eine Weile diese zusätzlichen Einkäufer. Aber irgendwann ist dort nicht mehr so viel zu holen, wie der Sparpakt die EU an Einkäufen kostet.

Dass es vielleicht schon jetzt im Frühjahr 2019 so weit ist, hängt einmal mehr mit Deutschlands Politik zusammen: Donald Trumps Auto-Zoll-Pläne, die zweifellos auf Deutschlands Konjunktur drücken, sind ja nichts als die Reaktion auf Deutschlands abenteuerlichen Zahlungsbilanzüberschuss gegenüber den USA. Und dass deutsche

Exporte nach China nicht mehr wie zuvor wachsen, hat natürlich vor allem damit zu tun, dass auch Chinas Exporte in die sparende EU nicht mehr wie zuvor wachsen.

Ich gebe die Hoffnung nicht völlig auf, dass das irgendwann auch Olaf Scholz und Angela Merkel, Hartwig Löger und Sebastian Kurz begreifen: Es ist die dumme deutsche Sparpolitik und sadomasochistische Lohnpolitik, die die Rezession herbeiführt, die vielleicht schon 2019 in Deutschland Wirklichkeit wird.

Wie können intelligente Menschen glauben, dass es die Konjunktur dauerhaft befördert, wenn ein großer Teil der Arbeitnehmer des größten europäischen Marktes – Deutschland – dank „Lohnzurückhaltung" Reallohnverluste erleiden? Wie können intelligente Menschen glauben, dass „Überschüsse" im Staatshaushalt – also Gelder, die Staaten sparen, statt sie zu investieren – die Konjunktur befördern?

Zum Leidwesen der Euro-Zone, der ich das schwierigste Jahr ihrer Geschichte prophezeie, ist der angerichtete Schaden nur unendlich schwer zu reparieren: Den Sparpakt kann man noch relativ einfach ad acta legen, so dass er zumindest keinen weiteren Schaden anrichtet – aber der bereits angerichtete bleibt bestehen und wirkt fort. Doch fast unmöglich scheint es mir, die wirtschaftliche Zerstörung zu revidieren, die Deutschlands „Lohnzurückhaltung" in Frankreich oder in Italien angerichtet hat: Um die verlorenen Marktanteile zurückzugewinnen, müssten die betroffenen Länder ihr Lohnniveau, wie ausgeführt, um 25 (Frankreich) bis 35 (Italien) Prozent absenken. Das aber ließe die Inlandskonjunktur in der Sekunde zusammenbrechen und wäre von Revolutionen begleitet, neben denen sich die Proteste der „Gelbwesten" zahm und geordnet ausnähmen.

Ich weiß jedenfalls nicht, was Marine Le Pen und Matteo Salvini daran hindern soll, in ihrer Heimat endgültig an die Macht zu gelangen. Wahrscheinlich ist die rechte EU-kritische Fraktion, die FP-Mandatar Harald Vilimsky im EU-Parlament zu einen versucht, dort schon nach der EU-Wahl im Mai vor den Sozialdemokraten zweitstärkste Fraktion und kann zumindest jeden Fortschritt verhindern.

Es kann Deutschland bereits gelungen sein, die EU zu ruinieren.

DER VERSCHWIEGENE VORTEIL DER BRITEN

Den überzeugendsten empirischen Beweis für die katastrophale, von Deutschland initiierte Wirtschaftspolitik der EU liefert das Land, dem man eine Katastrophe vorhersagt, weil es die EU verlässt: Großbritannien.

Die wirtschaftliche Entwicklung Großbritanniens beweist nämlich, wie vorteilhat es ist, sich so weit wie möglich von der EU-Wirtschaftspolitik abzukoppeln. Denn eben das hat Großbritannien getan: Es ist dem Sparpakt nicht beigetreten. Und es hat seine eigene Währung und seine eigene Zentralbank beibehalten. Indem es so gehandelt hat, hat es sich das Missmanagement des Euro durch Merkels Sparpakt ebenso erspart wie dessen Missbrauch durch Deutschlands Lohndumping. Das hat den Briten eine wirtschaftliche Entwicklung beschert, die, anders als die der beiden anderen großen „alten" EU-Volkswirtschaften Frankreich und Italien, eine vergleichsweise hervorragende war.

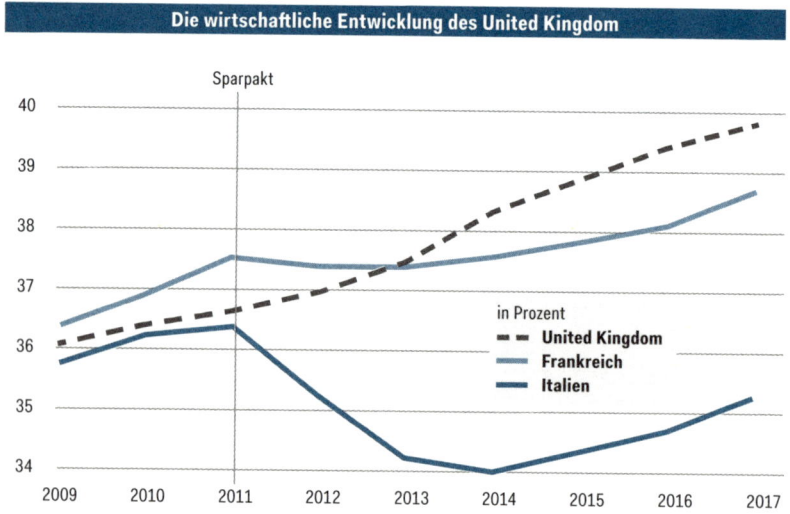

Die wirtschaftliche Entwicklung des United Kingdom

Quelle: The World Bank

42

2009, nach dem Absturz durch die Krise, lagen die realen BIP pro Kopf von Frankreich (36.324 USD), United Kingdom (36.042 USD) und Italien (35.710 USD) noch relativ nahe beisammen. Aber ab 2009 bewegte sich das britische BIP kontinuierlich nach oben und überholt 2013 das ursprünglich knapp höhere BIP Frankreichs, das durch Sparpakt und Marktanteilsverluste an Deutschland gebremst wird. Bis 2017 wächst der britische Vorsprung auf 1148 US-Dollar, obwohl die Diskussion um den Brexit die britische Wirtschaft zweifellos in Mitleidenschaft gezogen hat. Der Abstand des United Kingdom zu Italien vergrößerte sich von nur 332 US-Dollar im Jahr 2009 gar auf gewaltige 4533 US-Dollar pro Kopf im Jahr 2017. Als einziges Land der EU erholt sich das „United Kingdom" nach der Finanzkrise sogar kontinuierlicher als Deutschland, das fortgesetzt von seinem Lohndumping profitiert, aber vom Sparpakt gebremst wurde.

Es scheint mir angebracht, an dieser Stelle kurz zu resümieren. Ich glaube anhand überprüfbarer Daten bisher Folgendes nachgewiesen zu haben:

1. Die Erholung Frankreichs, Italiens oder Österreichs wurde durch den Sparpakt jeweils massiv eingebremst.

2. Griechenland beweist nicht den Erfolg, sondern den totalen Misserfolg des deutschen Rezeptes wirtschaftlicher Sanierung.

3. Deutschlands wirtschaftliche Entwicklung war jeweils deutlich besser als die aller anderen EU-Volkswirtschaften, insbesondere der hier genannten. Dafür bieten Marktanteilsgewinne durch verringerte Lohnstückkosten deutscher Unternehmen dank der seit Gerhard Schröder geübten „Lohnzurückhaltung" die mit Abstand plausibelste Erklärung.

4. Großbritannien, das beide Entwicklungen vermied, indem es sich dem Sparpakt nicht anschloss und indem es seine eigene Währung und Nationalbank behielt, so dass es sich durch Abwertung des Pfund gegen das deutsche Lohndumping wehren konnte, bestätigt 1. und 2. indem es sich wirtschaftlich ungleich besser, ja um nichts schlechter als selbst das lohndumpende Deutschland entwickelt hat. Die Abkoppelung von der Wirtschaftspolitik der EU hat Großbritannien also zumindest vorerst gewaltige mess- und nachprüfbare Vorteile beschert. (Und könnte dem Land in Zukunft noch weitere bescheren, weil sich Theresa Mays neuer Schatzkanzler Philip Anthony Hammond für mehr Investitionen des Staates und eine Erhöhung der Mindestlöhne entschieden hat und damit noch

deutlicher gegen die kontraproduktiven, von Deutschland vorgegebenen Maximen der Euro-Wirtschaftspolitik verstößt.)

Für die Thesen meines Buches sind dies die entscheidenden Ergebnisse.

Was wird aus dem Brexit?

Darüber, wie es mit dem Brexit weitergeht, kann und will ich hier nur spekulieren. Entschieden ist so lange nichts, als man eine Volksabstimmung über den „Exit aus dem Brexit" nicht ausschließen kann, und bei Redaktionsschluss dieses Buches (am 20. Jänner 2018) konnte man das nicht.

Für mich ist britisches Verhalten am besten aus einer angeblich wahren (vielleicht auch nur gut erfundenen) Überschrift der Londoner *Times* zu erahnen: "Terrible fog on the channel – the continent has been separated."

Im Hinterkopf britischer Politiker wohnt unverändert das Bewusstsein, ein „Weltreich" zu vertreten, das allen anderen Weltreichen der Geschichte wirtschaftlich wie politisch weit überlegen war. Aus Brüssel auch nur mitregiert zu werden war für die Briten daher immer schwierig und sie haben sich der EWG entsprechend lange nicht angeschlossen. Die Tories deshalb nicht, weil man den Hinterkopf bei gesteiften Krägen besonders hoch trägt, und Labour, weil unter ihren Führern stets auch sehr „linke" waren, die in der Europäischen Gemeinschaft, wie heute Jeremy Corbyn, eine Gemeinschaft der „Konzerne" sehen. (Abseits der vom Kreml geforderten „Neutralität" führte auch Bruno Kreisky Österreich deshalb nicht in die EWG, sondern zog es vor, der EFTA als bloßer Freihandelszone beizutreten.)

Dass die EFTA-Mitglieder England, Österreich oder Schweden letztlich doch zur EWG wollten, hatte einen einzigen Grund: Die EWG erwies sich als wirtschaftlich ungleich erfolgreicher.

Ich kann leider nicht behaupten, dass auch die aktuelle EU ein wirtschaftlich besonders erfolgreiches Modell ist: Auf den bisherigen Seiten habe ich begründet, warum ihr Sparpakt und die deutsche „Lohnzurückhaltung" ökonomisch denkbar kontraproduktiv sind. Großbritannien hat aber – siehe oben – beide Fehler vermeiden können: Anders als Frankreich oder Italien war es in der aktuellen EU daher wirtschaftlich vergleichsweise gut aufgehoben. Es profitierte vom gewaltig vergrößerten Markt und genoss darüber hinaus bei seinen Beitragszahlungen zum EU-Budget den von Margaret Thatcher abgepressten „Britenrabatt", der sicherstellte, dass diese Zahlungen stets relativ niedriger als die anderer Nettozahler waren. Gleichzeitig erschloss die EU-Mitgliedschaft der einzigen wirklich starken britischen Industrie, der Geldindustrie, einzigartige Gewinne auf einzigartiger Basis: Die City of London untersteht dank eines historischen Vorrechts nicht in allen Bereichen der britischen Steuergesetzgebung, und so konnte sich dort mittels eine Geflechts von Steueroasen, die von den Caymaninseln über Bermuda bis Gibraltar reichen, die größte Steuervermeidungszone der Welt etablieren.

Es kann die Briten daher einen nicht unerheblichen Teil der aus dieser gigantischen Steuerfreizone resultierenden alljährlichen Milliardengewinne kosten, wenn es wirklich zum totalen, ungeordneten Austritt aus der EU kommt – das ist in Wahrheit ihr entscheidendes Risiko. (Großbritanniens sonstige Industrie wird auf längere Sicht im einstigen Empire genügend neue Absatzmärkte finden.)

Aus der City of London kommt denn auch begreiflicherweise der mit Abstand größte Widerstand gegen den Brexit. Dieser geballte Widerstand der „City" ist es, der mich unverändert an einen geordneten, nicht so totalen Austritt Großbritanniens aus der EU glauben und eine Volksabstimmung für den Exit aus dem Brexit zumindest weiterhin für möglich halten lässt.

Im Gegensatz zu Theresa May und diversen politischen Beobachtern hielte ich diese neuerliche Abstimmung in keiner Weise für demokratiepolitisch bedenklich, sondern bin genau umgekehrt der Ansicht, dass jede Volksabstimmung ein zweites Mal stattfinden sollte, die nicht mit einem Abstand von mindestens zehn Prozent entschieden wurde. Denn gerade Volksabstimmungen über „große" Fragen tragen – selbst bei den Schweizern, die sie gewohnt sind – die Gefahr großer Emotionalität in sich. Es ist nicht demokratiefeindlich, sondern demokratiefreundlich, das Volk nach einer Abkühlungsphase zu fragen: Nun kennt ihr die Konsequenzen eures Votums – wollt ihr die wirklich? Wenn das wiederholte Votum diese Frage bejaht, trifft das den Volkswillen mit wesentlich größerer Sicherheit. Die Kosten eines solchen zweiten Wahlganges sind unerheblich neben den Unkosten einer falschen Entscheidung.

Es gab in der Zeitschrift *Profil* ein Statut, das dieses Problem illustriert: Der Herausgeber sollte seinen Abschied nehmen müssen, wenn ihm die Redaktion das Misstrauen ausspricht. Obwohl ich nicht in die Lage eines solchen negativen Votums gekommen bin, habe ich das Statut in dieser Form immer für ungeeignet gehalten: Selbst erwachsene, politisch geschulte Redakteure sind nicht erhaben über die Emotion, die eine bestimmte Entscheidung ihres Chefs in einem bestimmten Moment hervorgerufen hat und sie wünschen lässt, ihm einen „Denkzettel" zu verpassen. Jeder Einzelne kann bei diesem Denkzettel keineswegs gewollt haben, ihn damit zu stürzen – aber am Ende können sich diese Voten zu aller Bestürzung sehr wohl zu seinem Sturz addieren. *Profil* hat so einen seiner besten Herausgeber – Peter Rabl – per Mitarbeiterabstimmung verloren und ich weiß, dass es danach „britische" Katerstimmung gab.

Auch die Briten könnten also nach erfolgter Abkühlungsphase und in besserer Kenntnis möglicher Konsequenzen zu neuen Einsichten gelangen. Am Exit aus dem Brexit zweifle ich aus folgenden Gründen:
• Boris Johnson, der Anführer der Fundamentalisten unter den Brexitiers, ist ein Politiker vom Schlage Nigel Farrages: Er nimmt jedes Problem Großbritanniens und schon gar Nordirlands in Kauf, wenn er bei dieser Gelegenheit nur Theresa May beerben und Premierminister werden kann.
• Jeremy Corbyn, auf den Theresa May jetzt zugeht, wünscht zwar, wie die meisten Labour-Abgeordneten, einen „weichen", geordneten Brexit, will aber nichtsdestotrotz in erster Linie den Sturz der Regierung und steht Brüssel unverändert skeptisch gegenüber. Den Exit vom Brexit unterstützt er daher kaum.

Für das Wahrscheinlichste halte ich daher, dass die EU nicht bei ihrer starren Haltung – entweder der von Michel Barnier ausgehandelte Scheidungsvertrag oder gar keiner – bleiben wird. Vielmehr spekuliere ich mit einer Ergänzung des Scheidungsvertrags durch ein Papier, das den „Backstopp" neu und anders regelt.

Es ist zwar emotional wie realpolitisch verständlich, dass alle EU-Akteure im Hinterkopf das intensive Bedürfnis hatten und haben, den Briten zu beweisen, dass sie mit der Scheidung einen Fehler machen. Auch dass Parlamentspräsident Antonio Tajani für unumstößlich hält, „dass es mit ihnen keine Vereinbarung geben kann, die besser als eine

Mitgliedschaft in der EU ist", ist aus ihrer Warte verständlich, und der Barnier-Vertrag trägt dem auch vollauf Rechnung: Die Briten unterstünden, wenn sie ihn akzeptierten, weiterhin den Regelungen der EU, hätten diese aber nicht mehr mitzubestimmen.

Nur darf man sich in der EU dann nicht wirklich wundern, dass das britische Parlament diesen Vertrag nicht und nicht akzeptieren will.

Wenn die EU also auch eigennützig Wert auf einen geordneten Brexit legt, wird sie ihn daher meines Erachtens entgegen ihren Schwüren („daran kann kein Wort geändert werden") zwar nicht aufschnüren, aber eben ergänzen müssen. Das geballte Interesse der deutschen Autoindustrie, die um ihren zollfreien Zugang zu Großbritannien bangt, könnte Angela Merkel diesbezüglich erstaunlich weltoffen stimmen. Denn natürlich ist es möglich, mit Großbritannien ähnliche Freihandelsabkommen wie mit Kanada, der Türkei oder Norwegen zu schließen und auch durch sie eine „harte" Grenze mit Zollkontrollen zwischen Irland und Nordirland zu vermeiden, statt auf Großbritanniens fortgesetzter Mitgliedschaft in einer EU-Zollunion zu beharren.

Ich halte also einen Kompromiss dieser Art nach erfolgter Fristverlängerung für den endgültigen Zeitpunkt des britischen Austritts für die wahrscheinlichste und jedenfalls für beide Seiten beste Lösung des Problems.

Dass die EU ökonomisch wie politisch auch nach einer solchen Lösung eine gewaltige Baustelle bliebe, ist ein anderes Kapitel.

FLÜCHTLINGE ALS FATALE VERSCHÄRFUNG

Griechenland, Italien oder Frankreich sind leider eindringliche Beispiele dafür, wie fatal es sein kann, der Wirtschaftspolitik der EU Vertrauen entgegenzubringen, und auch Österreich, die Niederlande, Spanien oder Portugal haben unter ihr mehr oder minder gelitten. (Nicht den Profit erzielt, der bei einer besseren Politik möglich gewesen wäre.)

Alle haben unter dem Sparpakt gelitten, bei allen hat Deutschlands Lohndumping Spuren hinterlassen, die bei den Industrieländern Frankreich und Italien am spürbarsten und gefährlichsten sind. (Österreich oder die Niederlande, die selbst „Lohnzurückhaltung" übten, kamen entsprechend glimpflicher davon.)

Wie verhindert werden kann, dass die gefährlichen Entwicklungen zulasten der Europäischen Gemeinschaft in Italien und Frankreich fortschreiten, ist für mich derzeit leider nicht zu erkennen.

Entgegen den zitierten Umfragen, die der EU die höchste Zustimmung seit 25 Jahren bescheinigen, ist sie wirtschaftlich wie politisch wie nie zuvor gefährdet.

Die zentrale Ursache für ihre auch politisch so große Fragilität ist aber der Zusammenfall der beschriebenen wirtschaftlichen Probleme mit dem „Flüchtlingsproblem". Denn in allen Ländern mit zunehmend neoliberaler Wirtschaftsordnung ist im Verein mit Deutschlands Sparwahn und seiner so sadistischen wie masochistischen Lohnpolitik eine immer größere Schicht „Abgehängter" entstanden, die Flüchtlinge und Migranten als gefährliche Konkurrenten um Jobs, Wohnraum und Sozialleistungen empfinden und deshalb Lega Nord, Front national, AfD, Vox oder FPÖ wählen. Und das, obwohl diese Parteien gegenüber der EU die größten Reserven hegen, immer wieder mit dem Gedanken eines Austritts aus ihr gespielt haben und mittlerweile so viele Abgeordnete ins EU-Parlament entsenden, dass sie die Union auch von innen heraus aushöhlen können.

„It's the economy, stupid!", behaupte ich mit Bill Clinton.

Nicht einmal der ubiquitäre Antisemitismus hätte wahrscheinlich ausgereicht, Hitler an die Macht zu bringen – es war die enorm hohe Arbeitslosigkeit, die ihm diese Chance verschaffte, und es waren die immer mehr auch bürgerlichen „Abgehängten", die ihn neben arbeitslosen Arbeitern wählten.

Auch das „Flüchtlingsproblem" hätte alleine nicht für einen gefährlichen Rechtsruck in Europa gereicht – es sind die Arbeitslosen, die wirtschaftlich „Abgehängten" und um ihren Job Bangenden, die ihn herbeiführen.

Weil ich es leider für ausgeschlossen halte, dass sich die Haltung der Europäer zum „Flüchtlingsproblem" unter den gegenwärtigen wirtschaftlichen Bedingungen entscheidend ändert – sie werden die umfangreiche Zuwanderung „Fremder" noch lange mehrheitlich ablehnen –, bedürfte es daher einer Wendung um 180 Grad in der Wirtschaftspolitik, wenn wir uns die künftige Herrschaft der Le Pens, Salvinis oder Straches ersparen wollen – und die müsste Deutschland vollziehen.

Trotz des Wechsels von Angela Merkel zu Annegret Kramp-Karrenbauer halte ich das leider für nicht wirklich wahrscheinlich. Die selbstgewisse Überzeugung der Deutschen, das Richtige zu tun, scheint sich in Verbindung mit neoliberalem Missverstehen der Wirtschaft und nationalem Egoismus als unantastbar zu erweisen.

DAS NEUE DEUTSCHLAND

Deutschland nach dem Zweiten Weltkrieg war ein Land ohne Beispiel. Es trug die Alleinverantwortung für mindestens sechzig Millionen Kriegstote, darunter sechs Millionen Ermordete. Dennoch haben die Siegermächte, anders als nach dem Ersten Weltkrieg, an dem Deutschland keine Alleinschuld traf, unglaublich besonnen reagiert. Mit den Nürnberger Prozessen – von Hardcore-Nazis bis heute als „Siegerjustiz" diffamiert – traten sie sofort jeder „Kollektivschuld" entgegen, indem sie die politisch und militärisch Hauptverantwortlichen verurteilten. Aber auch mit jedem folgenden Strafprozess gegen Kriegsverbrecher trennte die Justiz Verbrecher von der Masse derer, die Hitler, aus welchen Gründen immer, nur gefolgt waren.

Die Erziehung in Fragen der Demokratie und des Rechtsstaates, die vor allem die Amerikaner der Ära Eisenhower den Deutschen zuteilwerden ließen, führte in der Folge zu einem „Grundgesetz", das heute eine der besten Barrieren gegen neuerliche Verbrechen darstellt.

Nicht zuletzt aber haben die Siegermächte jene wirtschaftlichen Sanktionen vermieden, die John M. Keynes nach dem Ersten Weltkrieg als Basis eines weiteren Weltkriegs bezeichnete: Deutschland musste den USA, England und Frankreich keine „Reparationen" zahlen, sondern erhielt wie Österreich entscheidende wirtschaftliche Hilfe im Wege des Marshallplanes.

Dieselben Amerikaner, deren Söhne im Krieg gegen Hitler-Deutschland gefallen waren, brachten 12,4 Milliarden US-Dollar (vier Prozent ihres BIP) zur Dotierung dieses genialen Hilfsprogrammes auf.

Das Wirtschaftswunder

Damit gelangte Deutschland schon nach erstaunlich wenigen Jahren in eine wirtschaftliche Lage, die sich als unerwartet günstig erwies. Es zeigte sich nämlich, dass der Umstand, dass die meisten seiner Produktionsanlagen in Trümmern lagen, sehr schnell kein Nach-, sondern ein Vorteil war: Die hochmodernen neuen Anlagen waren um vieles leistungsfähiger. Es erwies sich, dass Patente, technisches Know-how und die gute Ausbildung der Bevölkerung das viel wichtigere Kapital einer Volkswirtschaft darstellen: Deutsche Unternehmer konnten in völlig neuen, modernsten Produktionsanlagen sehr bald mehr und Besseres als etwa Engländer oder Franzosen in den ihnen verbliebenen alten Produktionsanlagen herstellen.

Dazu kam die Sehnsucht der deutschen Bevölkerung nach privatem Wohlstand: Hatten sie sich lange genug dem von Hitler geprägten völkischen Ideal eines „Sieges der deutschen Rasse" unterworfen, so wollte sie jetzt nichts dringender als ein eigenes Haus mit Garten, und statt in einen Panzer wollte der deutsche Mann so schnell wie möglich, wie ein siegreicher Amerikaner, ins eigen Auto steigen. „Wohlstand" hatte den „Endsieg" als Ideal abgelöst.

Diese neue Gesinnung im Verein mit den neuen Produktionsanlagen war – bei unverändertem Fleiß, unveränderter Begabung und unveränderter Disziplin – die Basis des deutschen wie des österreichischen „Wirtschaftswunders".

Dazu kam mit Wirtschaftsminister Ludwig Erhard die Popularisierung der „sozialen Marktwirtschaft" als veritable soziale Revolution: Die unglaubliche Erhöhung des BIP sollte nicht nur einer Elite, sondern möglichst vielen zugutekommen. „Umverteilung" und „Ausbau des Sozialstaates" wurden nicht, wie heute unter neoliberalen Gesichtspunkten, als wirtschaftliche Hemmnisse, sondern als Voraussetzung sowie erstrebenswerte Vollendung erfolgreichen Wirtschaftens angesehen. Wie die USA in ihren besten Zeiten strebte Deutschland nach dem größtmöglichen Glück der größtmöglichen Zahl.

Auch Deutschlands Unternehmer sahen sich vielfach diesem neuen Geist verpflichtet, der nicht zuletzt zu deutlich besserem Einvernehmen mit den Gewerkschaften führte: Sie teilten in beträchtlicher Zahl die Überlegung des ersten Henry Ford: „Ich muss meine Arbeiter gut bezahlen, damit sie meine Autos kaufen können."

Es ist kein Wunder, dass das deutsche Wirtschaftswunder bei den einstigen Siegern – von Holland bis Italien, von Frankreich bis England – mit Respekt, Bewunderung, ja Neid verfolgt wurde. Bewunderung und Neid, in die sich zu Beginn der Sechzigerjahre die damals viel weniger als heute begründete Sorge mischte, das neue Deutschland könnte Europa nunmehr wirtschaftlich statt militärisch dominieren oder, wie manche schrieben, „erobern".

Das jedenfalls war in etwa die Stimmung, die, von rein wirtschaftlicher Seite her, der Gründung eines gemeinsamen Europas zugrunde lag: Deutschland sollte wirtschaftlich „eingebunden" werden. Zumal

das die optimale Ergänzung des „Friedensprojekts Europa" darstellte:
Natürlich befördert es den Frieden, wenn ein Land nicht alleine über
die kriegswichtigen Rohstoffe Kohle und Stahl verfügt, natürlich vermindert es die Lust, deutsche Bomben auf Coventry oder Guernica
abzuwerfen, wenn dort auch deutsche Unternehmen ihre Betriebs-
stätten und ihre Kunden haben. Natürlich nützt es dem Frieden, wenn
junge Franzosen, Engländer, Schweden, Deutsche oder Österreicher
einander dank fallender Grenzen persönlich kennen.

Das gemeinsame Europa war auf einem guten Weg.

WIE DIE DEUTSCHEN DEN US-DOLLAR MISSVERESTEHEN

Was Europa von seimem guten Weg abkommen ließ, hängt leider aufs
Engste mit Deutschland und dem Euro zusammen: England und vor
allem Frankreich wollten mit seiner Einführung verhindern, dass
die deutsche Währung D-Mark Europas Finanzmärkte dominiert.
Deutschland hingegen wollte die D-Mark ganz und gar nicht aufgeben: sie war für die Deutschen Symbol des eigenen Wiederaufstiegs
und untrennbar mit ihrem „Wirtschaftswunder" verbunden.

Fast genauso bewunderten die Österreicher die harte D-Mark:
Deutschlands Wirtschaftswunder war dem ihren ein scheinbar uner-
reichbares Vorbild. Als das Währungssystem von Bretton Woods 1971
zusammenbrach, weil der US-Dollar nicht mehr gegen eine Unze
Gold getauscht werden konnte, war es daher das Vernünftigste, den
Schilling fest mit der D-Mark zu verbinden, denn die große deutsche
Volkswirtschaft, der alle Welt vertraute, gewährte der so viel kleine-
ren österreichischen Schutz vor Spekulation.

Dennoch vermochte Hannes Androsch diese feste Verbindung
erst nach einem längeren Lernprozess und gegen den Widerstand der
Industriellenvereinigung und des ÖGB durchzusetzen, denn beide
fürchteten, dass die daraus resultierende Härte des Schillings österreichische Produkte zu teuer für den Export machen würde. Es gab daher
seitens der Industriellenvereinigung immer wieder Anläufe, diese
strikte Bindung wieder zu lösen und kurzfristig hatte sie damit sogar

Erfolg und schien ihn neuerlich zu haben, als auch Bruno Kreisky sich im Zuge einer Delle in der Weltkonjunktur mit ihrer Forderung identifizierte und die Bindung aufheben wollte, weil Österreich sich aufgrund seines „harten", an die D-Mark gebunden Schillings im Export schwerer und schwerer tat. Die Aufhebung der Bindung, so die dahinterstehende Überlegung, würde sofort zu einer Abwertung des Schillings führen und den Export entsprechend erleichtern.

Doch Hannes Androsch war stark genug, die Aufhebung der Bindung an die D-Mark zu verhindern, indem er sich mit dem Professor für Finanzwirtschaft Stephan Koren verbündete, den Kreisky zum Gouverneur der Nationalbank gemacht hatte. Gemeinsam leisteten die beiden Männer Österreich damit einen unschätzbaren Dienst: Um trotz des teuren Schillings Exporterfolge zu erzielen, verbesserten Österreichs Unternehmen energisch die Qualität ihrer Produkte und die Effizienz ihrer Herstellung. Es entstanden jene hervorragenden Klein- und Mittelbetriebe, die bis heute als oftmals weltweite Marktführer ihrer Branchen unser wirtschaftliches Atout sind. Österreichs Wirtschaftsstruktur nähert sich der besseren westdeutschen an, zog mit ihr gleich, ja übertraf sie, als Deutschland die zurückgebliebene DDR integrieren musste.

Ich beschreibe diese Entwicklung so ausführlich, weil sie lehrreich bezüglich der Einführung des Euro ist: Auch daran wurde die Hoffnung geknüpft, dass Länder wie Italien, die einst auf eine weiche Währung vertrauten, durch den Übergang zum „harten" Euro zu einer Verbesserung ihrer Wirtschaftsstruktur gezwungen sein würden, und diese Hoffnung war nicht abwegig.

Allerdings hatte Österreich, als es diesen heiklen Nachholprozess vollzog, einen wesentlichen Vorteil gegenüber Griechenland, Spanien, Portugal oder Italien, den die Österreicher natürlich ausschließlich in ihrer überlegenen Begabung und ihrem überlegenen Fleiß sehen. Ich meine, dass beides als wirtschaftliche Kultur auch tatsächlich eine Rolle gespielt hat – entscheidend aber war meines Erachtens etwas anderes: Es gab keine „Finanzmärkte", die angesichts der österreichischen Schwächephase gegen den Schilling spekulierten. Vielleicht, weil Österreich ob seiner Kleinheit nicht wahrgenommen wurde, wahrscheinlicher, weil niemand an der mit ihm verbundenen D-Mark zweifelte.

Erfolgreiche Spekulation gegen eine Währung oder die Anleihen eines Landes, die in dieser Währung begeben werden, setzt Mangel an Vertrauen in ihren Wert oder gar ihr Fortbestehen voraus. Wenn die EU nie zugelassen hätte, dass über eine Pleite Griechenlands und nun auch Italiens diskutiert wird, sondern dass immer die gesamte EU oder zumindest die gesamte Eurozone mit ihrer Wirtschaftskraft vollstes Vertrauen in den Wert und das Überleben des Euro haben, dann hätten sich Kredite für Italien und selbst Griechenland nie in einem kritischen Ausmaß verteuert und beide Volkswirtschaften hätten ihre Strukturen wie seinerzeit Österreich in sehr viel größerer Ruhe langsam verbessern können.

Es gibt ja keinen logischen wirtschaftlichen Grund dafür, dass ein gutes griechisches oder italienisches Unternehmen, dessen Zahlen man einsehen, dessen Produkte man ansehen und dessen Anlagen man aufsuchen kann, für seinen Kredit mehr zahlen muss als ein gutes österreichisches Unternehmen, das die kreditierende Bank auf die gleiche Weise überprüfen kann.

Dieser Unterschied ergibt sich nur, sobald gegen ein bestimmtes Land spekuliert werden kann, weil es nicht mehr absolut sicher ist, ob die EZB noch genauso hinter ihm steht wie hinter Österreich.

Niemand, so Österreichs Glück, hatte Zweifel an der D-Mark, niemand hatte je Zweifel am US-Dollar, obwohl diverse US-Bundesstaaten immer wieder am Rande einer Pleite standen und stehen – niemand brauchte sie bezüglich des Euro zu haben, wenn er wie der US-Dollar beschaffen wäre und wie der US-Dollar verwaltet würde.

Das aber ist leider nicht der Fall, und die Ursache dafür ist die Haltung Deutschlands.

Die unvergessene D-Mark

Weil die Deutschen ihre D-Mark derart ins Herz geschlossen hatten, bemühten sie sich gar nicht erst darum, mit dem Kopf zu verstehen, was die Stärke des US-Dollar ausmacht bzw. wie eine Währung beschaffen sein muss, damit sie nicht nur Deutschland, sondern den unterschiedlichsten Staaten erfolgreich als Zahlungsmittel dienen kann. (Es gibt diesbezüglich auch international erstaunlich wenig wissenschaftliche Literatur.)

Während EU-enthusiastische Deutsche vom Euro die Vollendung des europäischen Einigungsprozesses erträumten, brachte die Masse der Deutschen – darunter nicht zuletzt viele Ökonomen – dem Euro statt Vertrauen nur gerade Duldung entgegen: Der US-Dollar als Währung der riesigen USA schien keine schlechte Sache, also würde er es auch für die riesige EU nicht sein. Freilich nur insofern, als er deutschen Ansprüchen genügte.

Ich habe damals als wirtschaftlich mäßig gebildeter Chefredakteur der *Wochenpresse/Wirtschaftswoche* zumindest eine Problemzone zutreffend erkannt: Wenn ein Land sich wirtschaftlich deutlich schlechter als ein anderes entwickelt, so stand ihm bisher die Möglichkeit der „Abwertung" zur Verfügung, um seine Konkurrenzfähigkeit zu erhalten. Bei einem gemeinsamen Euro muss es hingegen womöglich seine Löhne senken. Eine solche Lohnkürzung, so schrieb ich, würde nur sehr schwer durchzuführen sein, weil sowohl die Arbeitskräfte wie die Gewerkschaften ihr wenig Verständnis entgegenbrächten.

Trotzdem habe ich letztlich für die Einführung des Euro plädiert, weil auch ich das amerikanische Beispiel überzeugend fand – nur dass ich mittlerweile weiß, wie sehr sich der Euro vom US-Dollar unterscheidet, weil Deutschland ihn unbedingt wie die D-Mark konstruiert und abgesichert wissen wollte

Die Deutschen – Durchschnittsbürger wie Ökonomen – haben die D-Mark dem Euro innerlich bis zuletzt vorgezogen. Sie waren der Meinung, ein Opfer zu bringen, indem sie ihn akzeptieren, bzw. in Sorge, dabei von den anderen Teilnehmern über den Tisch gezogen zu werden. Das hat sich entscheidend – und in meinen Augen höchst nachteilig – von den Emotionen unterschieden, die den US-Dollar zu einer so erfolgreichen Gemeinschaftswährung der USA gemacht haben.

So zählt es zu den besonderen Stärken des US-Dollar, dass selbstverständlich nicht die einzelnen Bundesstaaten, sondern eben die riesigen USA in ihrer Gesamtheit mit ihrer gesamten gewaltigen Wirtschaftskraft für ihn haften. Eben dem hat Deutschland sich beim Euro energisch widersetzt. In der Terminologie des Stammtisches: „Wir fleißigen, sparsamen, disziplinierten Deutschen werden doch nicht für Schulden haften, die diese faulen, untüchtigen, verschwenderischen, undisziplinierten (an dieser Stelle kann fast jede andere Bevölkerung eingesetzt werden) womöglich auftürmen. In der Terminologie deutscher Ökonomen: „Es muss unbedingt verhindert werden, dass andere Volkswirtschaften sich bei ihrer Gebarung auf die Wirtschaftskraft und Budgetdisziplin Deutschlands verlassen."

Deshalb wurden im Vertrag von Maastricht strengste (sinnlos einschränkende) Budgetkriterien – voran ein Budgetdefizit von maximal drei Prozent und eine maximale Staatsschuldenquote von sechzig Prozent – vorgegeben. Dass Deutschland dieses Kriterium als erstes Land nicht einhielt, weil die Wiedervereinigung zwingend eine andere, expansive Budgetpolitik nötig machte, wird verdrängt; statt dass man bei dieser Gelegenheit begriffen hätte, dass die Drei-Prozent-Grenze die richtige Reaktion auf größere wirtschaftliche Schwierigkeiten (wie sie zum Beispiel auch eine Finanzkrise mit sich bringen kann) blödsinniger Weise ausschließt. Dass die USA ihren Bundesstaaten keine vergleichbaren Budgetkriterien vorschreiben und dennoch erfolgreich für deren Kredite haften, fiel ebenfalls niemandem auf.

Der Euro befand sich angesichts der Sturheit, mit der deutsche Politiker und Ökonomen den Grundsatz getrennter Haftung verteidigten, 2012 bereits unmittelbar vor dem Exitus, als EZB-Chef Mario Draghi ihn gegen heftigste Kritik seitens Schäuble und Co. gerade noch zu retten vermochte, indem er erklärte, ihn „mit allen Mitteln" (also auch denen Deutschlands) zu verteidigen. Deutschlands Oberster Gerichtshof hält das freilich bis heute für unzulässig. Und Merkel wie Schäuble lehnen es innerlich unverändert ab, obwohl der EuGH mittlerweile zu Recht entschieden hat, dass die gemeinsame Haftung zum Wesen einer gemeinsamen Währung gehört. Deutschlands Regierung versteht bis heute nicht, dass eine gemeinsame Währung nur dann funktionieren kann, wenn die Volkswirtschaften, die sie nutzen, durch gegenseitiges Vertrauen, gegenseitigen Respekt und gegenseitige Solidarität geeint sind, weil Vertrauen die in Wahrheit einzige Deckung einer Währung darstellt.

WAS DEN EURO VOM US-DOLLAR TRENNT

Deutschlands Haltung zu dieser Frage hatte sehr konkrete praktische Folgen: So hat sie verhindert, dass sich schwächere oder schwächelnde EU-Mitglieder günstige Kredite im Wege von Eurobonds verschaffen, was ganz ungleich billiger gewesen wäre als ihre fortgesetzte „Rettung".

Schwächere oder schwächelnde US-Bundesstaaten profitieren demgegenüber bei ihren Krediten selbstverständlich von der Bonität der USA. Ja die Regierung zahlt ihnen zur Linderung der dennoch verbleibenden Zinsdifferenzen Zinszuschüsse.

Das führt zu einem zweiten grundlegenden Unterschied in der Handhabung von US-Dollar und Euro: In den USA gibt es nicht nur eine selbstverständliche gemeinsame Haftung, sondern auch eine gemeinsame solidarische Abfederung von Risiken.

So übernimmt die US-Regierung neben der Finanzierung der Landesverteidigung auch die Finanzierung der Arbeitslosigkeit und der Gesundheitsprogramme aller Bundesstaaten – eine Lösung, die man sich in Deutschland nicht einmal ansatzweise vorstellen kann. Jede gegenseitige finanzielle Unterstützung wird als kontraproduktiv energisch zurückgewiesen. Am Stammtisch wie unter deutschen Ökonomen mit dem gleichen Argument, dass diese Unterstützung ausschließlich dazu diente bzw. dazu führte, auf finanzielle Disziplin zu verzichten und notwendige Strukturreformen zu unterlassen.

Unabhängige Ökonomen schätzen, dass die Abfederung von Risiken durch die von der US-Regierung verteilten Transferleistungen um die dreißig Prozent des Budgets ausmacht und entsprechend erfolgreich für den notwendigsten internen Ausgleich zwischen den ärmeren und den reicheren Bundesstaaten sorgt. Dass dieser Ausgleich in der EU so weitgehend fehlt, ist ein entscheidender Grund dafür, dass sie so viel leichter zerfallen könnte.

Eine gemeinsame Arbeitslosenversicherung[2] stößt in Deutschland ebenso auf Ablehnung wie selbst die gemeinsame Haftung für private

---

[2] Olaf Scholz hat diesbezüglich immerhin einen positiven Anlauf genommen: Er konnte sich eine Art Rückversicherung der nationalen Arbeitslosenversicherungen vorstellen, stieß damit jedoch sofort auf heftigen Widerstand.

Bankguthaben bis hunderttausend Euro in allen Banken innerhalb einer gemeinsamen „Bankenunion".

In Deutschland sieht man den Geburtsfehler des Euro nicht in diesem Mangel an Gemeinsinn und Solidarität, sondern fürchtet genau umgekehrt nichts so sehr wie eine „Transferunion".

Den Geburtsfehler des Euro sieht man vielmehr ausschließlich darin, dass so unterschiedlich starke Volkswirtschaften ihn verwenden dürfen. In Wirklichkeit unterscheiden sich Mississippi, Kalifornien und Delaware in ihrer wirtschaftlichen Stärke (im realen BIP pro Kopf) exakt im gleichen Ausmaß wie Portugal, Deutschland und Luxemburg, und kein US-Ökonom sieht darin einen Geburtsfehler des US-Dollar.

Der viel eher relevante Unterschied ist der in der Mobilität: Ein Einwohner Mississippis, der dort zu wenig verdient oder keinen Job findet, übersiedelt ungleich leichter nach Kalifornien, als ein Portugiese nach Deutschland, denn für den Portugiesen ist die Sprache und die Kultur dort eine andere und er findet sehr viel schwerer eine passende Wohnung.

In Europa müssten statt der Arbeitskräfte wenigstens die Unternehmen mobiler sein. Der Umstand, dass die Löhne in manchen Regionen weit geringer als etwa in Österreich oder Deutschland sind, müsste dazu führen, dass neue Betriebe fast nur in diesen Niedriglohnregionen gegründet werden. Aber das stößt begreiflicherweise auf massiven nationalen Widerstand der Ausgangsstaaten und funktioniert zumindest sehr viel langsamer als in den USA. Jedenfalls müssen sich die Arbeitskräfte in der EU ziemlich lange mit höchst unterschiedlichen Lohnniveaus zufriedengeben, was in den USA abermals auf wesentlich weniger Widerstand trifft.

In jedem Fall brauchte Europa aufgrund dieser geringeren Mobilität nicht weniger, sondern sehr viel mehr internen Ausgleich. Deutschland ist zwar bereit, diesen nötigen Ausgleich zwischen dem armen Sachsen-Anhalt und dem reichen Bayern herzustellen, so wie Österreich ihn zwischen Kärnten und Salzburg herstellt, aber wenn es um Portugal oder gar Griechenland geht, hat diese Bereitschaft engste Grenzen. Es gibt keinen Satz, den man aus dem Munde deutscher Spitzenpolitiker häufiger hört als diesen: „Es muss unter allen Umständen vermieden werden, dass die EU zur Transferunion verkommt."

Es fehlt völlig die Einsicht, dass die USA wirtschaftlich stark sind, obwohl sie eine Transferunion sind und Mississippi oder Louisiana weit überproportional von Mitteln der US-Bundesregierung profitieren. (In beiden Bundesstaaten machen sie mehr als die Hälfte des Budgets aus.)

Um ihren Transfer-Horror zu rechtfertigen, wird von deutschen wie österreichischen Journalisten/Ökonomen darauf hingewiesen, dass die US-Bundesregierung einzelnen Bundesstaaten, die in wirtschaftliche Probleme geraten – etliche sind immer wieder dem Bankrott nahe – keineswegs rettend unter die Arme greift, sondern erwartet, dass sie ihre Probleme selber lösen. Aber man löst sie eben ungleich leichter, wenn Militärausgaben, Zahlungen an Arbeitslose und die Kosten aller Gesundheitsprogramme durch die US-Bundesregierung abgedeckt sind; darüber hinaus erhalten die US-Bundesstaaten Bundeszuschüsse für die im Problemfall doch etwas erhöhten Zinsen; und drittens sind diese Zinsen eben immer nur sehr mäßig erhöht, weil völlig unbestritten ist, dass die ganzen USA „mit allen Mitteln" für den US-Dollar haften, man ihm also zu Recht ungebrochenes Vertrauen entgegenbringt.

Alle Versuche, die EU mit einem größeren gemeinsamen Budget auszustatten, das ihr eine bessere Abfederung von Risiken ermöglicht, treffen nicht nur auf heftigsten deutschen, sondern insbesondere auch auf heftigsten österreichischen Widerstand unter Sebastian Kurz, sind bei ihm aber natürlich mit einem „klaren Bekenntnis zur Europäischen Gemeinschaft" verbunden.

Dass Gemeinschaft nicht ohne Gemeinsinn geht, geht ihm nicht ein.

DIE DEUTSCHE FÜHRUNGSROLLE NACH DER KRISE

Als die Finanzkrise die Eurozone und die EU heimsuchte, hat Deutschland gleich aus mehreren Gründen die Führungsrolle bei ihrer Überwindung übernommen. Erstens, weil es diese Führungsrolle dank seiner Größe und wirtschaftlichen Stärke sowieso schon seit Jahrzehnten innehatte und niemand sie ihm ernsthaft streitig machte. Zweitens, weil es in Angela Merkel eine Kanzlerin besaß, die, im Gegensatz zu ihrer heutigen innerdeutschen Abwertung, nicht nur innerhalb Deutschlands, sondern EU-weit und weltweit ob ihrer Durchsetzungsfähigkeit, Anständigkeit und Klugheit höchstes Vertrauen genoss.

Nur hatte sie leider die falschen ökonomischen Berater.

Ökonomisch ungebildet und vielleicht auch als Pastorentochter emotional dazu neigend, sprach sie aus tiefer Überzeugung und in tiefer Übereinstimmung mit ihrem nicht minder angesehenen Finanzminister Wolfgang Schäuble einen Satz aus, der voran Hausfrauen evident schien: „Eine Krise, die durch Schulden entstanden ist, kann man doch nicht durch noch mehr Schulden überwinden!" Der von ihr Ende 2011 initiierte, im März 2012 beschlossene Stabilitätspakt, ob seines Inhalts nur Sparpakt genannt, wurde rundum als logische Konsequenz aus diesem Satz akzeptiert. Man glaubte Merkel wie Schäuble, dass der rasche Abbau der Staatsschulden das vordringlichste aller Ziele sei.

Das Vertrauen in Merkel färbte im ersten Moment, unmittelbar nach Verkündung des Sparpaktes, vielleicht sogar tatsächlich positiv auf den Euro ab und hat vielleicht in den ersten Stunden geholfen, ihn zu stabilisieren.

Aber unmittelbar nach dieser „ersten Stunde" bremste er die Wirtschaft nur mehr und wurde dennoch vorangetrieben.

Denn von den ersten Tagen an hatten sich auch neoliberale Wirtschaftsfunktionäre des Themas bemächtigt: Sie hatten das Gerücht gestreut – und es später als Gewissheit verkauft –, dass die immer höhere Staatsverschuldung aller Volkswirtschaften der EU die eigentliche Ursache der Wirtschaftskrise sei und selbst kluge Kollegen wie Christian Ortner (www.ortneronline.at) vertraten diese Überzeugung.

Der „ausufernde Sozialstaat", so der neoliberale Tenor, habe alles Unheil herbeigeführt.

Nichts davon ist wahr: Alle EU-Staaten, ausgenommen Griechenland, haben ihre Staatsschulden zwischen 1994 und 2007 reduziert.

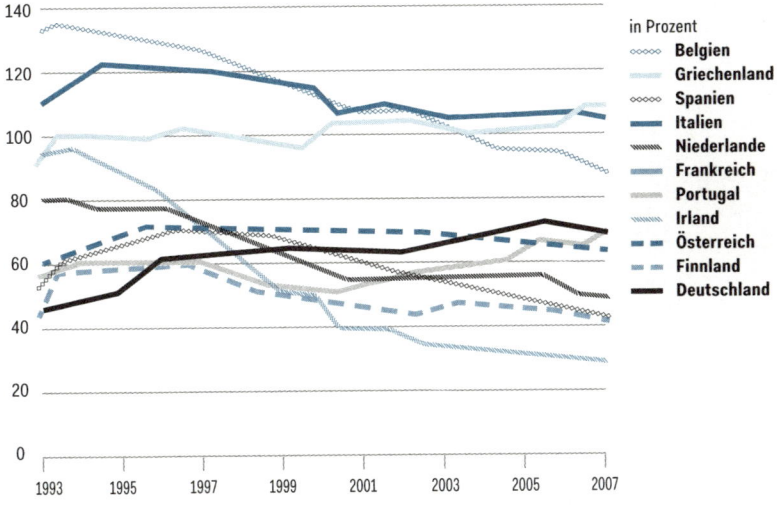

Staatsschuldenquoten ausgewählter Euroländer 1993–2007

In den Achtzigerjahren war die Staatsschuldenquote der Euroländer durchwegs gestiegen. Anfang der Neunzigerjahre setzte jedoch eine Konsolidierung ein, die erst durch die Finanzkrise unterbrochen wurde.

Quelle: AMECO Database, European Economic Forecast, 2011
Prof. Engelbert Dockner/WU

Doch aus der noch so falschen neoliberalen Einschätzung der Ursache der Krise, schien sich plötzlich die zwingende Notwendigkeit staatlichen Sparens zu ergeben, was sich nahtlos in Angela Merkels Überzeugung einfügte, dass eine Finanzkrise, die durch Schulden entstanden ist, nicht durch mehr Schulden überwunden werden kann, und in Wolfgang Schäubles Überzeugung, dass Sparen gottgefällig ist.

Dabei ist Merkels These erwiesenermaßen falsch: Die bisher schwerste Krise, die Weltwirtschaft, die Krise der Dreißigerjahre, wurde sehr wohl durch Mehrverschuldung, und zwar ausschließlich jene des Staates, überwunden: Nachdem das Defizit-Spending des New Deal die Erholung eingeleitet hatte, hat sich der Aufschwung in dem Moment massiv beschleunigt – das BIP der USA wuchs zweistellig – und schließlich verfestigt, in dem die USA ohne jede Rücksicht auf Verschuldung quasi „Geld gedruckt" haben, um ihre Aufrüstung gegen Hitler zu finanzieren.

Das Problem ist, dass leider fast nur die Angst vor einem Angriff Bevölkerung wie Politiker eines Staates zu massiver Mehrverschuldung bewegt.

Auch die Wiedervereinigung wurde natürlich zu Recht durch Mehrverschuldung bewältigt. Ebenso die aktuelle Krise: Sofort abgefangen wurde sie, indem der Staat zulasten größerer Verschuldung die gefährdeten Banken am Leben hielt. Und der stattgehabte Wachstumseinbruch wurde einmal mehr durch Verschuldung, nämlich Defizit-Spending, abgefangen.

Die beginnende Erholung fing leider prompt der Sparpakt ab.

Seit dem Euro ist die EU deutsch

Es wird immer wieder behauptet, dass ein großes Problem der EU darin bestünde, keinen Finanzminister zu haben, der die wirtschaftliche Linie vorgibt – vor allem Frankreichs Emmanuel Macron erhebt diesen Vorwurf und hat sich vergeblich einen gewünscht.

In Wirklichkeit hat die EU seit der Einführung des Euro immer einen Finanzminister gehabt – den deutschen.

Der Euro wurde so anders als der US-Dollar konstruiert, um den deutschen Vorstellungen von einer Gemeinschaftswährung entgegenzukommen, und der Schwabe Wolfgang Schäuble bestimmte, wie er verwaltet wird.

Das ist in meinen Augen die Katastrophe, obwohl oder gerade weil Wolfgang Schäuble ein besonders anständiger, besonders sympathischer Politiker ist – er ist von seinem Standpunkt überzeugt und vertritt ihn für Deutsche überzeugend.

Die wichtigste wirtschaftliche Tugend, so predigte er mit Erfolg, ist „Sparen des Staates". Das entspricht seinem schwäbischen Naturell und es entspricht vor allem der Erfahrung jeder Hausfrau: Wenn in einem privaten Haushalt zu viel ausgegeben wurde, musste gespart werden. Sparen passt aber mindestens ebenso sehr ins schwäbisch-protestantisch dominierte deutsche Weltbild: Rechtschaffen – „Schaffe, schaffe, Häusle baue" – verhält sich, wer nicht nur fleißig ist, sondern auch möglichst sparsam lebt. Und das Sparen des Staates passt nicht zuletzt zum ökonomischen Weltbild des Neoliberalismus deutscher Prägung, auch wenn es dessen Thesen von den siegreichen USA übernommen hat: Je weniger Macht und Einfluss der Staat auf die Wirtschaft besitzt, desto besser funktioniert sie angeblich – indem er weniger Geld ausgibt, reduziert sich sein Einfluss automatisch.

Das eigene wirtschaftliche Credo – Sparen des Staates ist dessen höchste Tugend – allen anderen Staaten zu verordnen, entspricht wiedergewonnener deutschen Selbstgewissheit: Am deutschen Wesen möge die Welt genesen.

Dass Sparen des Staates im Widerspruch zur Saldenmechanik des deutschen Ökonomen Wolfgang Stützel steht, kommt gegen so viel semireligiöse Gesinnung, Selbstgewissheit und deutsch-neoliberales Missverstehen ökonomischer Vorgänge nicht auf.

„Austerity" hat nirgendwo und zu keinem Zeitpunkt den Niedergang der Wirtschaft beendet – sie hat ihn vielmehr in allen betroffenen Ländern verstärkt. Das einzige angebliche Gegenbeispiel – die Erholung Schwedens im Jahr 1993 – trifft nicht zu: Nicht Sparen des Staates, sondern die Abwertung der Schwedenkrone und ein gleichzeitiges Lohnstillhalteabkommen zwischen Unternehmen und Gewerkschaften hat Schwedens Krise beendet.

WAS PRIVATE SCHULDEN VON STAATSSCHULDEN TRENNT

Dennoch hatte die aktuelle Finanz- und Wirtschaftskrise zweifellos mit „Schulden" zu tun. Wenn auch – wie ich zeigen werde – nicht mit den von Merkel und Schäuble beargwöhnten Schulden des Staates, sondern so gut wie ausschließlich mit Schulden privater Bürger und Geldinstitute – die im Übrigen keineswegs in Europa, sondern in den USA angefallen sind.

Ich möchte daher vorerst deren Anwachsen darstellen – und kann dabei hoffentlich begreiflich machen, warum man zwischen den Schulden des Staates und privaten Schulden einen so gewaltigen Unterschied machen muss.

Die Staatsschulden der USA steigen seit Ronald Reagan, der in den Siebzigerjahren von Europas Konservativen dafür gefeiert wurde, dass er die deutliche Verringerung der Staatsausgaben und die Deregulierung staatlicher Auflagen predigte. Er wäre damit 2018 wieder absolut zeitgemäß, denn wie Deutschlands Wolfgang Schäuble oder Olaf Scholz, wie Österreichs Hartwig Löger oder Hollands Jeroen Dijsselbloem stand er dabei unter dem Einfluss der in den USA entstandenen ökonomischen Schule des „Neoliberalismus", den vor allem der Professor für Volkswirtschaftslehre der Universität Chicago und spätere Nobelpreisträger Milton Friedman lehrte, so dass er auch als „Chicagoer Schule" firmiert. Neoliberale sind zwar nicht mehr, wie die Ur-Liberalen, der Ansicht, dass der Staat sich überhaupt nicht einzumengen habe und die Wirtschaft einfach nur geschehen lassen solle – dieses „Laisser-fair" hat mit der Weltwirtschaftskrise zu eindeutig in einer Katastrophe geendet –, wohl aber, dass der Staat sich so weit wie möglich zurückziehen möge und nur die nötigsten Eingriffe vornehmen solle. Eine typische Fehlsteuerung durch den Staat sah Friedman insbesondere in der Geldpolitik als erwiesen an: In seinem Hauptwerk „A Monetary History of the United States" vertritt er (zu Recht) die Ansicht, dass die Krise der Dreißigerjahre dadurch zur lebensgefährlichen Weltwirtschaftskrise wurde, weil die Zentralbank FED die Geldmenge massiv reduzierte – ein Beitrag zu ihrer Verschärfung, an dem bis heute niemand zweifelt.

Wohl aber gibt es mittlerweile heftige Zweifel an Friedmans „Monetarismus" genannter Überzeugung, dass man die Wirtschaft auf einem konstanten Wachstumspfad halten kann, indem die Zentralbank die Geldmenge erfolgreich steuert.

Man kann sie zwar zweifellos durch die Erhöhung oder Verminderung der Geldmenge und vor allem des Leitzinses, zu dem Geld zur Verfügung gestellt wird, beeinflussen – steuern kann man sie nach allen bisherigen Erfahrungen sehr viel schwererer. Schon weil die Geldmenge keineswegs nur von der jeweiligen Zentralbank, sondern von der gesamten Geldindustrie abhängt: Jede Bank kann mit ihren Krediten Geld schöpfen. Vor allem aber, weil niemand so genau weiß, welche Menge Geldes die Wirtschaft zu ihrem optimalen Funktionieren braucht. Zu viel Geld hat sich zuletzt jedenfalls als ungleich harmloser erwiesen als zu wenig Geld, denn es stimmt nicht, dass „zu viel Geld" die entscheidende Ursache von Inflation ist – ich gehe darauf später noch einmal ein. „Monetarismus" gilt Ökonomen, die die letzten dreißig Jahre im Auge haben, daher heute als überholt.

Was nicht heißt, dass er – voran unter Journalisten – nicht weiterhin seine Jünger hat. Die behaupten dann zum Beispiel, wie Franz Schellhorn in der *Presse*, dass die Inflation „durch die Decke schießen" müsse, weil die Europäische Zentralbank (EZB) die Geldmenge mittels Quantitative Easing (QE) ab 2017 gewaltig erhöht hat – denn Friedman hat Ähnliches für jede massive Erhöhung der Geldmenge vorhergesagt. In Wirklichkeit hat QE nur mit Mühe Deflation – das Gegenteil von Inflation – verhindert. Heftig gestiegen sind ausschließlich die Preise nicht vermehrbarer Güter: Per definitionem die Preise von Aktien, für eine Weile von Gold und bis heute von City-Immobilien. (Ich widme der Auseinandersetzung um QE später ein eigenes Kapitel.)

Ein Neoliberaler endet als Hyper-Keynesianer

Ronald Reagan begann seine Regierungszeit jedenfalls völlig unter dem Einfluss des Neoliberalismus wie des Monetarismus. Als Notenbankgouverneur – FED-Präsidenten – verließ er sich, wie sein Vorgänger Jimmy Carter, vorerst auf Paul A. Volcker Jr., der – ein Geistesverwandter aller deutschen Notenbankchefs – nichts so wichtig nahm wie die Bekämpfung der Inflation. Zu diesem Zweck sah er für die USA den beträchtlichen Leitzinssatz von acht Prozent vor. Mit dem Erfolg, dass die Wirtschaft nicht und nicht wachsen wollte.

Nur dass Reagan kein Dogmatiker, sondern ein Pragmatiker war. Schon im Rahmen seiner ersten Amtsperiode warf er die von Europas Konservativen so gefeierte These über Bord, dass der Staat dringend „sparen" müsse, und leitete das Gegenteil ein: Er verordnete jene gewaltigen Investitionen in Amerikas Rüstung, die letztlich dazu führten, dass die Sowjetunion zerbrach, weil sie dem Rüstungswettlauf nicht gewachsen war.

Nun sind Rüstungsausgaben abseits dieses geopolitischen Vorteils zwar die Staatsausgaben, die dem Bürger die relativ geringsten Vorteile bringen – aber Vorteile sind es allemal. Denn eine auf hohen Touren laufende Rüstungsindustrie kurbelt natürlich die gesamte Wirtschaft kräftig an, weil jede Menge Zulieferbetriebe der unterschiedlichsten Branchen von ihrem Boom profitiert und sich rundum die Löhne kräftig erhöhen.

Hinzu kam, dass Reagan auch die Kaufkraft der Bevölkerung erhöhte: Er ermöglichte durch eine Gesetzesänderung, dass man höhere Hypotheken auf den Wert des eigenen Hauses aufnehmen und sich damit höher verschulden und mehr einkaufen konnte.

1987 ersetzte er FED-Chef Volcker auch noch durch Alan Greenspan, der die Wirtschaft in diametralem Gegensatz zu Volcker mit billigem Geld flutete und den Boom damit auch noch geldpolitisch befeuerte.

Alles zusammen – ein Budgetdefizit des Staatshaushaltes um die vier Prozent, ein niedriger Leitzins und die Möglichkeit, höhere Kredite aufs eigene Haus aufzunehmen – entfachte eine Hochkonjunktur, die den Amerikanern bis heute als goldene Zeit in Erinnerung ist.

Die Staatsschuld stieg für heutige Begriffe minimal, die Staatsschuldenquote (Schulden pro BIP) überhaupt nicht, weil das BIP im Nenner dieses Bruches durch den Wirtschaftsboom derart zulegte.

Ronald Reagan, der als Neoliberaler begonnen hatte und bis heute als solcher gilt, agierte im zweiten Teil seiner achtjährigen Amtszeit als Hyper-Keynesianer, der die Wirtschaft sowohl fiskalpolitisch – durch gewaltige staatliche Investitionen – wie geldpolitisch – durch jede Menge billigen Geldes – stimulierte.

Die Bevölkerung hätte noch viel mehr von seiner Ausgabenpolitik profitiert, wenn das relativ meiste staatliche Geld nicht in Rüstungsgüter – Reagan träumte von einem intergalaktischen Abwehrschirm gegen Interkontinentalraketen –, sondern in Straßen, Eisenbahnen oder Schulen geflossen wäre. Aber sie profitierte auch so – im Wege einer boomenden Wirtschaft – beträchtlich davon.

Bush sen. spart – die Konjunktur flaut ab

Mit George Bush sen. folgte Reagan ein Konservativer, der bei seiner konservativen Vorstellung von Wirtschaft blieb. Da die Staatsschulden in seinen Augen zu sehr gestiegen waren, setzte er, ganz wie Jean-Claude Juncker dank des Einflusses von Wolfgang Schäuble, auf staatliches Sparen. Das entfaltete die erwartete Wirkung: Die US-Wirtschaft stagnierte.

Mit dem Schlachtruf „It's the economy, stupid!" (Es geht um die Wirtschaft, ihr Deppen!) besiegte ihn Bill Clinton bei den Wahlen des Jahres 1992, indem er einen neuerlichen Aufschwung versprach.

Man könnte (müsste) sagen, dass er Reagans Politik auf eine noch etwas riskantere Weise fortsetzte. Er heizte nicht nur die Konjunktur durch fortgesetzte Militärausgaben und verbesserte Sozialprogramme an, sondern machte es vor allem der Bevölkerung noch leichter, die eigenen privaten Schulden zu erhöhen: Neue Gesetze ließen es zu, ein Haus mit einem deutlich geringeren Anteil an Eigenkapital zu erwerben – und es danach gemäß der Reagan-Reform dennoch hoch zu belehnen.

Gleichzeitig forderte die Regierung die beiden riesigen semistaatlichen Hypothekenbanken Fannie Mae und Freddie Mac ziemlich unverhohlen auf, insbesondere schwarzen Kreditnehmern maximal entgegenzukommen – endlich sollten auch sie sich den amerikanischen Traum vom eigenen Haus erfüllen können. Fast alle anderen Banken taten es den beiden Riesen gleich, weil sie ihr Geschäft nicht weniger ausweiten wollten: Immer mehr Geringverdiener erhielten immer höhere Kredite, um sich ein Haus zu kaufen.

Das war von Clinton zweifelsfrei sozial gedacht – aber es legte den Grundstein zur „Subprime"-Krise, die zum Ausgangspunkt der Finanzkrise und letztlich der Weltwirtschaftskrise wurde.

Denn es gibt einen dramatischen Unterschied zwischen den Schulden des Staates und Schulden der Bevölkerung, seien es Bürger, seien es Unternehmer: Der Staat kann – im Gegensatz zu einer weitverbreiteten Meinung – nicht zahlungsunfähig werden, solange er Herr seiner eigenen Notenbank und damit seiner Währung ist –, Bürger oder Unternehmen, auch Banken, können hingegen sehr wohl zahlungsunfähig werden – und die Zahlungsunfähigkeit einer großen Bank kann bekanntlich fatal sein.

WARUM MUSS EIN SOVERÄNER STAAT NIE PLEITEGEHEN?

Eigentlich ist die Antwort auf diese provozierende Frage sehr einfach. Pleite ist Zahlungsunfähigkeit. Ein Staat, der über seine eigene Notenbank verfügt, kann nie zahlungsunfähig werden, weil ihm seine Notenbank immer Geld zur Verfügung stellen kann. Es kann „nur" passieren, dass sein Geld in anderen Staaten, von dessen Behörden, Banken, Unternehmen oder Bürgern, nicht mehr angenommen wird beziehungsweise dass ihm andere Staaten, deren Banken oder Bürger kein Geld mehr leihen.

Das ist in der Praxis natürlich auch höchst unangenehm. Vor allem eine kleinere Volkswirtschaft wird es daher unter Umständen sogar vorziehen, sehr wohl pleitezugehen: sich in einem mehr oder weniger geordneten Quasi-Konkursverfahren mit ihren ausländischen Gläubigern darauf zu einigen, auf welchen Anteil der jeweiligen Schuldenrückzahlung sie verzichten, und zu hoffen, dass die inländischen Gläubiger den Verlust ihres Geldes verkraften und bereit sind, an die jeweils neu geschaffene Währung zu glauben. Aber für eine sehr große Volkswirtschaft wie jene der USA müssen selbst höchste Schulden keineswegs untragbar sein: Die US-Dollars, die sie brauchen, wird den USA zu allen Zeiten die eigene Notenbank und mit ihr der US-Bankenapparat in ausreichender Menge zur Verfügung stellen. Denn die Notenbank kann zu allen Zeiten Geld schöpfen und, solange es Arbeitskräfte gibt, die ihr vertrauen, mit diesem Geld unmittelbar Güter und Leistungen schaffen, die ihm als Werte gegenüberstehen.

Solange das Vertrauen in den US-Dollar nicht irreversibel zerstört ist, können Staatschulden ihn nicht gefährden.

Auch der Papst der Volkswirtschaftslehre, Paul Anthony Samuelson, hat nach glaubwürdigen Aussagen einmal eingestanden, dass ein Staat, solange er über eine eigene Währung verfügt, nicht pleitegehen könne – allerdings hinzugefügt, dass man es nicht laut sagen dürfe, weil die Menschen sonst bei ihren Ansprüche an den Staat jedes Augenmaß verlören.

Zahlungsunfähig muss eine Volkswirtschaft, die über ihre eigene Währung verfügt, nur werden, wenn sie sich zum Beispiel verpflichtet hat, jede Einheit dieser Währung gegen eine bestimmte Menge Goldes oder eine bestimmte Menge einer anderen Währung zu tauschen. Denn das Gold könnte ihr ebenso ausgehen wie die Fremdwährung. Aber gerade die USA haben die erste dieser Verpflichtungen aufgegeben und sind die zweite nie eingegangen.

Das soll – schon im Sinne Samuelsons – in keiner Weise den Eindruck erwecken, es sei unerheblich, ob die Währung einer noch so großen Volkswirtschaft das Vertrauen der umgebenden Volkswirtschaften genießt – Vertrauen ist die Basis jeder Währung –, es soll nur klarstellen, dass nicht zwingend Zahlungsunfähigkeit eintritt, wenn eine Volkswirtschaft immer höhere Schulden hat.

Dass der Staat nie pleitegehen muss, heißt auch in keiner Weise, dass es ihm dabei gut geht: Seine Bewohner können sehr wohl unter Fehlinvestitionen, Korruption oder Vetternwirtschaft stöhnen, unter der Pleite von immer mehr Unternehmen leiden und abertausende Privatkonkursen erleben.

Denn bekanntlich können private Personen und Unternehmen leider jederzeit zahlungsunfähig werden, wenn sie zu große Schulden haben. Wie wir mittlerweile sehr gut wissen, gilt das auch für private Banken. Zum Beispiel, wenn überschuldete private Personen ihre Kredite bei diesen Banken nicht mehr bedienen können.

Genau das war die Konstellation, die zur Subprime-Krise geführt hat – mit den Schulden des Staates hat sie hingegen sehr, sehr wenig zu tun.

DIE GEFÄHRLICHEN PRIVATEN SCHULDEN

George W. Bush jr., der auf Clinton folgte, verschuldete vor allem den Staat, indem er zwei Kriege – in Afghanistan und im Irak – führte. Auch diese Kriege haben die Wirtschaft angesichts großer Ausgaben für Rüstungsgüter zwar wie immer angekurbelt, auch wenn die Gefallenen und physisch und psychisch Verwundeten gleichzeitig unersetzliches menschliches Glück gekostet haben.

Vor allem aber hat Bush der unter Reagan begonnenen, unter Clinton ausgeweiteten privaten Verschuldung in keiner Weise Einhalt geboten.

Verstärkt wurde sie durch ein Phänomen, unter dem die USA bis heute leiden: Sie importieren deutlich mehr Waren, als sie exportieren – ihre Handelsbilanz weist, voran mit Japan und China, aber auch mit der EU und dort voran mit Deutschland, ein chronisches Defizit auf: Diese Länder exportieren ständig mehr in die USA, als sie von dort importieren. Über einen gewissen Zeitraum hinweg wäre das kein Problem – es gehört zum Wesen gegenseitigen Handels –, aber wenn es sich über Jahre hinweg verfestigt, wenn es chronisch wird, dann wird es zur Bruchstelle: Denn dann verschuldet sich das importierende Land im Wege seiner Bürger und seiner Banken dauerhaft und damit kritisch gegenüber dem exportierenden Land. Das Ungleichgewicht ist ungesund, weil es auf der Seite des exportierenden Landes ein Wachstum und Jobs schafft, die dem importierenden Land permanent verloren gehen. Die amerikanische Verfassung trägt dem Präsidenten daher ausdrücklich auf, ein chronisches Handelsbilanzdefizit abzubauen. George W. Bush hat das nicht getan, Barack Obama hat Anläufe dazu genommen, indem er immer wieder Zölle gegen China andachte und indem sein Finanzminister Henry Paulsen immer wieder mit Deutschland über dessen Handelsbilanzüberschuss zu diskutieren versuchte. Für Donald Trump ist das US-Handelsbilanzdefizit bekanntlich der Ausgangpunkt des aktuellen Freihandelsstreits, auf den ich später eingehen werde.

Das bittere Ende

Vorerst aber weiter bis zum bitteren Ende der Verschuldung der Bürger der USA. Zum einen verschuldeten sich diese Bürger immer stärker durch den kreditbefeuerten Kauf aller denkbaren Waren – darunter immer mehr japanische und deutsche Autos und immer mehr chinesischer Stahl, chinesische Solarpanele oder chinesischer Plunder. Vor allem aber verschuldeten sie sich weiter durch den von Fanny Mea, Freddie Mac und fast allen anderen Banken angeheizten Kauf von gar nicht besonders wertvollen Häusern, die auf diese Weise dennoch ständig teurer wurden, weil die massive Nachfrage die Preise zwingend steigen ließ.

Die Amerikaner hatten daher nicht einmal Angst vor den immer größeren, auf ihren privaten Konten angehäuften Schulden, sondern glaubten sie durch den immer höheren Preis ihrer Häuser gedeckt. Sie glaubten, das Perpetuum Mobile privater Verschuldung sei erfunden.

Der Wiener Finanzwissenschaftler Erich W. Streissler glaubte das nicht und sagte 2002 eine von den USA ausgehende Weltwirtschaftskrise voraus – ich vertrat in seinem Gefolge zum gleichen Zeitpunkt die gleiche Ansicht.

Folgende Ursachen addierten sich zum Fiasko:
- Die Banken vergaben in ihrer Gier immer verantwortungsloser immer mehr Kredite auch an solche Hauskäufer, die immer weniger in der Lage waren, die entsprechenden Kreditraten mit einiger Sicherheit zu bezahlen.
- Die solcherart immer höheren Hauspreise ließen weder Banken noch Käufer das zugehörige Risiko erkennen.
- Weil auch die Aktienpreise angesichts des billigen Geldes ständig stiegen, setzte der Aktienmarkt immer wieder zu Korrekturen an – die der vielgepriesene Alan Greenspan aber nicht zuließ, weil er, wie alle Neoliberalen, voran die Aktionäre schützen wollte. Statt den Leitzins zu erhöhen und die Kaufwut damit zu dämpfen, senkte er ihn, um einen Absturz der Aktienkurse zu verhindern. Die aufgrund dieser Rücksicht auf die Aktionäre nochmals niedrigeren Zinsen ließen die Hauskäufe durch Geringverdiener noch zahlreicher werden.
- Gleichzeitig hatten findige Absolventen neoliberaler Wirtschaftsuniversitäten neue Wertpapiere – sogenannte Derivate – ersonnen, mit denen man alle möglichen Wetten auf alle möglichen Entwick-

lungen eingehen konnte – von der Entwicklung der Immobilienpreise bis hin zu deren Kursverfall –, ohne dass ihnen ein ange-
messener realwirtschaftlicher Wert gegenübergestanden wäre. Wer
diese Derivate nicht selbst konstruiert hatte, wusste im Allgemeinen
nur sehr ungenau, was ihr Inhalt war, und es gab auch nicht, wie bei
Aktien, eine Berichtspflicht, wurden Derivate doch auch nicht wie
Aktien auf einem geregelten Markt gehandelt. Obwohl eine Beam-
tin auf das gewaltige Risiko dieses völlig ungeregelten Marktes aufmerksam machte, wollte der neoliberale Finanzminister Henry J.
Paulson jr., beraten vom neoliberalen FED-Chef Alan Greenspan,
diese Entwicklung auf keinen Fall „durch Regulierung beengen".

· Wert und Kurs der Derivate bestimmten daher voran „Ratingagenturen", die behaupteten, den Durchblick zu besitzen, ihn aber meist
in keiner Weise besaßen und darüber hinaus tief von den gewaltigen Honoraren der Banken beeindruckt waren, die diese Derivate
geschaffen hatten und/oder vertrieben. So gestanden sie diesen
Papieren, die dann auch in Aktien verpackt wurden, vielfach die
höchste Bonität „Triple A+" – weit über IBM und Co. – zu, obwohl
sie sich später als absolut wertlos erwiesen. (Trotzdem stehen dieselben Ratingagenturen bei Medien und Finanzministern nach wie
vor hoch im Kurs; ob sie italienische oder spanische Staatsanleihen zu Ramsch herabstufen oder nicht, kann das Schicksal dieser
Staaten entscheiden.) Im konkreten Fall verliehen sie ihr Triple A
auch an Derivate bzw. Aktien, innerhalb derer findige Spezialisten
die zahllosen Kreditverträge gebündelt hatten, die Banken für die
von ihnen finanzierten Hauskäufe abgeschlossen hatten. Angesicht
der üblichen Bankkonditionen für solche Hauskäufe versprachen sie
gute Verzinsung und schienen die Sicherheit der hinter ihnen stehenden Immobilien zu besitzen. Mitarbeiter von Ratingagenturen,
die an dieser Sicherheit zweifelten, weil so viele dieser Kreditverträge auf die Rückzahlungsfähigkeit von Leuten mit sehr geringen
Einkommen vertrauten, setzen sich mit diesen Zweifeln angesichts
der Begeisterung der Chefs der Ratingagenturen über die hohen
Bankenhonorare nirgends durch.

Als Alan Greenspan plötzlich die erhebliche Gefahr sah, die hohe Verschuldung so vieler Amerikaner könnten den Kurs des US-Dollars drü-

cken, und das Vertrauen in seinen Wert könnte verloren gehen, hob er den Leitzins, den er zuvor viel zu oft gesenkt hatte, viel zu plötzlich an und tausende schwache Einkommensbezieher konnten ihre dadurch gestiegenen Hauskauf-Rückzahlungsraten nicht mehr begleichen.

Kleine Banken bekamen als Erstes zu spüren, dass ihre Kunden das nicht mehr konnten, und begannen auf die verpfändeten Häuser zurückzugreifen und sie zu verkaufen. Weil das viele Banken gleichzeitig taten, erzielten sie längst nicht die erwarteten Preise. Die Hauspreise verfielen und kleine Banken begannen zu wanken.

Auch eine ziemlich große – systemrelevante – amerikanische Bank, die sich selbst mit Hauskaufderivaten eingedeckt hatte – Lehman Brothers –, hatte plötzlich Ramsch, und oft nicht einmal mehr den, in ihren Tresoren. Denn ihre Subprime-Derivate mit dem Triple A verdienten in der Realität ein Triple E – unterhalb von Ramsch: Ihr Risiko erwies sich gelegentlich als 300-mal so hoch als von den Ratingagenturen angenommen.

Hätte Finanzminister Paulson, der durch sein Nichteingreifen am ungeregelten Derivatemarkt einer der Väter der Katastrophe war, wenigstens jetzt eingegriffen und Lehman Brothers – durchaus auch zulasten seiner Aktionäre – mittels staatlichen Kapitals gerettet, so wäre eine Finanzkrise vermutlich vermieden worden – so wollte er ein neoliberales Exempel statuieren: Da Lehman Brothers schlecht gewirtschaftet hatte, sollte das Institut eben zugrunde gehen. Der Staat – so sein neoliberales Credo – macht alles nur schlechter, wenn er in die Wirtschaft eingreift.

Das war der Beginn der berühmten „Finanzkrise", die sich, wie fast jede gröbere Finanzkrise, zur Wirtschaftskrise auswuchs. Keine Bank war mehr sicher, ob die andere morgen noch liquid sein würde; man lieh einander kein Geld mehr und versagte der Wirtschaft ängstlich nötige Kredite.

Die Katstrophe war erfolgreich maximiert.

Sie war von ihrer Entstehung her eine inneramerikanische Krise, an der kein europäischer Finanzminister, Financier, Spekulant oder Ökonom die geringste Schuld trug.

Trotzdem machen europäische Neoliberale bis heute die angeblich immer höhere Verschuldung europäischer Staaten verantwortlich für die Wirtschaftskrise und verordnen Sparen des Staates als Medikament.

DIE INFEKTION DER EU
DURCH DIE USA

Dass die Finanzkrise von den USA auf Europa übersprang, lag voran daran, dass sich auch zahlreiche Banken in der EU, aber auch in der Schweiz und selbst in Japan, mit den angeblich Triple-A-sicheren US-Derivaten bzw. Aktien eingedeckt beziehungsweise sie ihren Kunden des Öfteren auf Kredit verkauft hatten. Auch ihre Risikomanager hatten nicht den Durchblick besessen, was freilich insofern verzeihlicher war, als sie sich auf die angesehenen US-Ratingagenturen verließen.

In Summe wanderten zwei Drittel der toxischen US-Subprime-Papiere nach Europa und plötzlich waren so angesehene Banken wie die Schweizer UBS (ihres Zeichens weltgrößter Vermögensverwalter), die holländische ING-Gruppe, die britische Royal Bank of Scotland oder die deutsche Nord-LB in einem Zustand, der sich nur graduell von dem der Lehman Brothers unterschied. Auch Europas Banken misstrauten einander und hörten auf, einander Geld zu leihen, auch in Europa erhielten Unternehmen immer schwerer Kredite, auch hier wurde die Finanz- so zur Wirtschaftskrise.

Die amerikanische Krise war zur Weltwirtschaftskrise geworden.

Nur dass Europas Finanzminister sich in der Folge nicht am Neoliberalismus, sondern an John M. Keynes orientierten und, anders als Paulsen, keine systemrelevante Bank pleitegehen ließen.

Dass sie dabei vielleicht auch zu viele kleinere – in Wirklichkeit nicht systemrelevante – Banken auffingen und damit, anders als in den USA, eine sinnvolle Strukturbereinigung behinderten und Aktionäre über Gebühr verschonten, war im Nachhinein betrachtet ein Fehler, aber es ist in einer akuten Krisensituationen sehr schwer, Fehler zu vermeiden. Eine staatliche Rettungsaktion zu viel war jedenfalls sehr viel besser als eine zu wenig.

Auch die folgende Reaktion auf die von der Finanzkrise ausgelösten Einbrüche im Wirtschaftswachstum aller EU-Staaten war eine erfolgreiche. In Österreich sogar besonders erfolgreich: das von den Sozialpartnern geschnürte Maßnahmenpaket zur Ankurbelung der Wirtschaft gemäß Keynes ließ Österreich die Jahre 2009 bis 2013 mit besonders wenig Einbußen an Wachstum und einer besonders geringen Zunahme der Verschuldung des Staates überstehen.[3]

Keynes Thesen zum Funktionieren von Volkswirtschaften erlebten in der gesamten EU eine rundum eindrucksvolle Bewährungsprobe.

Die Erholung der EU hätte sich – so meine These – mit durchschlagendem Erfolg fortgesetzt, hätten Angela Merkel und vor allem Wolfgang Schäuble den Vorlesungen des an sich eher Keynes-kritischen bürgerlichen Wiener Finanzwissenschaftlers Erich W. Streissler beigewohnt, der unter anderem erklärte: „In einem hat Keynes sicher recht: In der Krise darf der Staat nicht sparen und kann es auch meistens nicht."

SPAREN ALS PROTESTANTISCHE TUGEND

Statt sich an Streissler und Keynes zu orientieren, übernahm Deutschland aufgrund seiner wirtschaftlichen Spitzenstellung in Europa die Führungsrolle bei der weiteren wirtschaftspolitischen Reaktion der EU auf die Krise: Um die durch die Bankenrettung angeblich untragbar angestiegenen Staatsschulden schleunigst abzubauen, forderten Merkel und Schäuble alle EU-Mitglieder schon ab 2011 wieder zum Sparen auf und zementierten diesen emotionalen Sparzwang im März 2012 in Gestalt des Sparpaktes, der Grenzen der Budgetdefizite, der Staatschuldenquoten und einer gesetzlich verankerte Staatsschuldenbremse vorsieht.

Unter Deutschlands „Wirtschaftsweisen" (einer kleinen Gruppe ausgewählter Ökonomen, die die Regierung beraten) nahm nur einer, Professor Peter Bofinger, in etwa die Haltung Streisslers ein: Er erklärte den Sparpakt für kontraproduktiv und gebrauchte dafür in einem Interview mit dem *Standard* das Vokabel „blödsinnig". Von

---

3 Sie können das leicht überprüfen, indem Sie die Wachstumsraten dieser Jahre addieren (die negativen subtrahieren) und sie bei den einzelnen Staaten ebenso vergleichen wie die zugehörige Veränderung der Staatsschuldenquote. Denn natürlich ist eine Krise durch deutliche Höherverschuldung rascher zu überwinden.

den politischen Parteien stimmte nur die Linke dagegen, die im Deutschen Ex-Finanzminister Oskar Lafontaine, seiner Frau Sarah Wagenknecht und Gregor Gysi gleich drei Granden hat, die etwas von Wirtschaft verstehen.

Mit den Worten Bofingers gegen den Sparpakt zu polemisieren erwies sich leider als erfolglos, weil man selten Erfolg hat, wenn man aggressiv gegen etwas argumentiert, das einen religiösen Kern hat: Protestantisch (calvinistisch) Gesinnte wie Wolfgang Schäuble gestehen bis heute nur demjenigen Rechtschaffenheit zu, der nicht durch Schulden „Schuld" auf sich lädt. Wäre Schäuble nicht in vieler Hinsicht ein so sympathischer, anständiger Mann – jemand der Betrug à la VW, Steuerhinterziehung und Steueroasen empörend findet, den das zunehmende Auseinanderklaffen der Einkommen stört, der den sozialen Ausgleich bejaht und ihn durch Erbschaftssteuern und einen höheren Steuersatz auf Aktiengewinne befördern will –, müsste ich ihn als „Fundamentalisten" bezeichnen: Er glaubt mit protestantischer, fast schon calvinistischer Inbrunst an die Gottgefälligkeit des Sparens. Es bereitete ihm Seelenqualen, in gewachsener Staatsschuld nicht gewachsene moralische Schuld zu sehen. Ich kann mir bei ihm nicht vorstellen, dass er sich jemals korrigiert – es wäre, als forderte man ihn zum Konvertieren auf. Wie die schwäbische Hausfrau hat er das Sparen verinnerlicht und jeder Blick ins Haushaltsbuch und in die Bibel zeigt ihm wie ihr, wie richtig das ist.

Bei manchen deutschen Ökonomen scheint das ähnlich, und auch manche Kollegen scheinen moralisierende Ideologie weit über kritische Wahrnehmung zu stellen: Die wirtschaftlichen Probleme Europas haben in ihren Augen nicht die kostspielige Bewältigung der Finanzkrise zur Ursache und auch nichts mit den fortgesetzten deutschen Leistungsbilanzüberschüssen und der Ungleichverteilung der Vermögen und Einkommen im Zuge des Neoliberalismus zu tun, sondern rühren von „überbordenden Sozialausgaben" des Staates her.

Manche der so Argumentierenden sind zwar einfach nur dumm und nicht bereit, Zahlen nachzusehen, aber viele sind wie Schäuble: Sie glauben an die Unmoral staatlichen Geldausgebens, das sie stets mit „Vergeudung", nie mit „Investition" assoziieren, und sind überzeugt von der wundertätigen, heilsamen, erlösenden Wirkung staatlichen Sparens.

Religion unterscheidet sich von Wissenschaft, indem sie „Logik", „Rationalität" und „empirische Erfahrung" dem Glauben unterordnet. Politiker haben, nicht zuletzt wenn sie wie Schäuble besonders anständig sind, besondere Probleme, sich vom Glauben zu lösen, und in Deutschland sozialisierte Wirtschaftswissenschaftler haben sie insofern auch, als die Ökonomie der Soziologie ähnelt: subjektive Erfahrungen und Vorstellungen spielen darin zwingend eine erhebliche Rolle, weil die wirtschaftliche Entwicklung ja meist stark vom jeweiligen menschlichen Verhalten abhängt.

Im Allgemeinen – so lässt sich z. B. aufgrund bisheriger Erfahrungen sagen – neigen Menschen in Krisen zum Sparen. Was aber in keiner Weise sagt, dass das wirtschaftlich richtig ist und dass es auch der Staat tun soll, obwohl er etwas völlig anderes als eine Privatperson oder ein Unternehmen ist. Im Übrigen könnte auch einmal der Fall eintreten, dass die meisten Menschen sich sagen: „Wenn die Krise sowieso nicht aufzuhalten ist, ist es am besten, alles Geld so schnell wie möglich auszugeben" – dann verliefe die Wirtschaft ganz anders und, wie ich später zeigen werde, wesentlich besser.

Entscheidend ist die wissenschaftliche Erkenntnis, dass das, was bestimmte Menschen unter bestimmten Umständen tun, eben nicht als sichere Grundlage für die Beurteilung wirtschaftlicher Vorgänge dienen kann.

WESHALB MUSS SPAREN DIE WIRTSCHAFT BREMSEN?

Peter Bofinger war ein Schüler des 1987 verstorbenen deutschen Ökonomen Wolfgang Stützel, der den bisher erfolgreichsten Versuch unternommen hat, Ökonomie unabhängig von (religiösen) Wertvorstellungen, privaten Verhaltensweisen und speziellen Umständen zu betrachten: Die von ihm entwickelte „Saldenmechanik" orientiert sich ausschließlich an den Gesetzen der Logik und ist meines Erachtens das einzig Sichere, was die Ökonomie zu bieten hat.

Stützel geht davon aus, dass auch in der Wirtschaft zwingend die Gesetze der Logik bzw. der Mathematik gelten müssen, deren einfachstes denn auch sofort jedermann (Ökonomen leider gelegentlich ausgenommen) einleuchtet: Es kann keinen Verkauf ohne gleich großen Einkauf geben.

Daraus erschließt sich die Unsinnigkeit staatlichen Sparens in einer Nachfragekrise mit der Gewissheit der Mathematik, sofern man beim Verhalten der einzelnen Menschen von den bisherigen empirischen Erfahrungen ausgeht.

Denn auf das Wirtschaftswachstum angewendet, bedeutet die saldenmechanische Gewissheit, dass es keinen Verkauf ohne Einkauf geben kann, dass die Wirtschaft nur wachsen kann, wenn sich die Zahl der Verkäufe erhöht, und dass die sich nur erhöhen kann, wenn sich die Zahl der Einkäufe im gleichen Ausmaß erhöht. Es kann Wachstum des BIP, den vermehrten Verkauf von Gütern und Leistungen einer Volkswirtschaft, nur geben, wenn der Einkauf von Gütern und Leistungen im gleichen Ausmaß wächst.

Erst jetzt, nach der Akzeptanz dieses logischen Axioms, kommt dem Wissen um die konkrete Organisation einer konkreten Volkswirtschaft Bedeutung zu und ich behaupte, dass unsere nicht-kommunistischen Volkswirtschaften durchwegs folgendermaßen organisiert sind:

Für Einkäufe kommen drei große Gruppen infrage: Erstens Bürger als Endverbraucher von Waren und Dienstleistungen; zweitens Unternehmen bzw. Unternehmer, die Waren und Dienstleistungen einkaufen, um damit mehr und andere Waren und Dienstleistungen zu produzieren; drittens der Staat, der Waren und Dienstleistungen einkauft, um damit seine Aufgaben zu bewältigen, die vom Bau und Betrieb von Straßen oder Wasserleitungen bis zum Bau und Betrieb von Schulen, Universitäten, Spitälern, Ämtern oder Gerichten reichen.

Die aktuelle „Nachfrage" – die Bereitschaft einzukaufen – dieser drei Gruppen ist derzeit durch folgende empirische, durch einen längeren Zeitraum beobachtete Erfahrungen gekennzeichnet:

• Die Einkäufe der Bürger in den großen, starken, alten Industrieländern neigen im Gefolge einer Krise zu relativer Stagnation. Bei den einkommensstarken, wohlhabendenden Bürgern, weil sie, wie der Name sagt, schon sehr viel haben und ihr Geld angesichts der nur kurz zurückliegenden Krise lieber sparen. Bei den einkommensschwachen, ärmeren Schichten, die nur zu gerne mehr kauften, geht einerseits ebenfalls unverändert eine leise Krisenangst um, die selbst sie so weit wie möglich sparen lässt – vor allem aber sind ihre Realeinkommen vielfach gesunken statt gestiegen. Gemeinsam geben die Bürger daher als Konsumenten kaum mehr, sondern manchmal sogar weniger als früher für Einkäufe aus – sie sind Nettosparer.

• Die nächste große Gruppe, die mehr einkaufen könnte, ist die der Unternehmen. Deren Einkäufe stagnieren freilich mindestens ebenso sehr. Denn Unternehmer wären blöd, wenn sie angesichts stagnierender Wareneinkäufe der Bürger und eines sparenden Staates Erweiterungsinvestitionen tätigten, um ihre oft schon jetzt nicht voll ausgelasteten Produktionsanlagen zu vergrößern. Rationalisierungsinvestitionen, zu denen sie angesichts stagnierender Lohnkosten auch weniger denn je gezwungen sind, können sie meist bequem aus ihren Gewinnen finanzieren, denn diese sind angesichts stagnierender Lohnkosten hoch wie nie. Erstmals in der Geschichte – und anders als selbst John M. Keynes es jemals erlebt hat – sind auch Unternehmen derzeit Nettosparer: Statt Kredite aufzunehmen, legen sie Geld auf die hohe Kante, kaufen allenfalls eigene Aktien oder Aktien verwandter Unternehmen auf bzw. fusionieren. Mehr Waren und Dienstleistungen als früher kaufen sie zwar in Einzelfällen – nicht aber in Summe.

• Bleibt als letzter Großeinkäufer, der seine Einkäufe erhöhen könnte, der Staat. Und den verpflichtet der Sparpakt Merkels und Schäubles zum Sparen.

Es ist daher mathematisch (logisch) unmöglich, dass die Wirtschaft der EU unter diesen Voraussetzungen wächst.

Es ist tatsächlich so einfach – jeder Schüler der vierten Klasse Volksschule kann es verstehen. Und darin liegt vielleicht schon wieder der Nachteil dieser Argumentation. Leute sagten mir: „Wenn es so einfach ist, dann ist es doch ausgeschlossen, dass es Leute wie Schäuble, Merkel, Kurz oder Löger nicht verstehen." Ich habe darauf nur eine Antwort gefunden: Durch Jahrzehnte haben tausende hoch dekorierte Bakteriologen Schalen mit Bakterienkulturen als unbrauchbar weggeworfen, weil leider Schimmel hineingekommen ist und die Kultur vernichtet hat – bis endlich einer den so einfachen Schluss zog: Aus dem Schimmel können wir das optimale Medikament – Penizillin – herstellen.

Marginal kompliziert wird die saldenmechanische Situation nur dadurch, dass wir natürlich beobachten, dass mache Volkswirtschaften trotz Sparens wachsen. Aber das ist immer leicht zu erklären: Sie wachsen dann eben, weil andere Volkswirtschaften, mit denen sie Handel treiben, ihre Einkäufe aus irgendeinem Grunde erhöhen. Selbst wenn innerhalb der gesamten EU wegen des Sparpaktes gespart wird, kann das BIP mancher Länder wachsen, was sich wiederum einfach erklären lässt: Dann gibt es außerhalb der EU Volkswirtschaften, die ihre Einkäufe erhöhen. Wenn die Einkäufe innerhalb wie außerhalb der EU sich gegenüber einer bestimmten Volkswirtschaft ganz besonders erhöhen, kann dessen Wirtschaft trotzt Sparens sogar besonders stark wachsen – das ist das Geheimnis Deutschlands.

Dass Deutschland trotz des beschriebenen saldenmechanischen Zusammenhangs, trotz rundum sparender Staaten Verkaufsrekorde erzielt, hat genau diese Ursachen:

• Innerhalb der EU haben immer mehr Staaten ihre Einkäufe gegenüber Deutschland in einem nie dagewesenen Ausmaß erhöht, weil seine Waren dank Lohndumping konkurrenzlos preiswert sind.

• Außerhalb der EU erzielt Deutschland, dessen Waren immer schon den größten Exporterfolg hatten, aus dem gleichen Grund gleichfalls nie da gewesene Rekorde.

Beides hat die gleiche, mehrfach angesprochene spezielle Ursache und Wirkung: Die Waren deutscher Unternehmen gewinnen ständig neue Marktanteile hinzu, weil sie dank Lohndumping konkurrenzlos günstig sind.

Da es diese Marktanteile sowohl innerhalb wie außerhalb der EU (in Russland, China oder den USA) gewinnt, ist es ungleich weniger davon betroffen, dass der Warenabsatz innerhalb der EU wegen des Sparpaktes aus saldenmechanischen Gründen nicht wächst, sondern wahrscheinlich bereits schrumpft. Es genügt Deutschland, dass seine Wirtschaft innerhalb der EU zulasten aller anderen Mitglieder relativ am besten wächst. Und außerhalb der EU ist sowieso fast nur Deutschland in der Lage, seine Verkäufe so gewaltig zu steigern, dass es die Absatzschwächen auf dem Inlandsmarkt und die Stagnation auf vielen „alten" EU-Absatzmärkten mehr oder weniger wettmachen ja überkompensieren kann. Denn fast nur Deutschland stellt so viele Produkte her, die die Eliten anderer Mitgliedsländer, aber auch jene Chinas, Russlands der USA oder Saudi-Arabiens, unbedingt haben wollen oder haben zu müssen glauben.

Das Gros der Staaten Europas, schon gar Südeuropas, hat diesbezüglich mit Deutschland leider wenig bis nichts gemein. Diese Länder haben nur Marktanteile an Deutschland verloren und werden vom Sparpakt gewürgt bis erwürgt.

Wem die Entwicklung von Griechenland bis Portugal nicht als Beleg für die Kontraproduktivität des staatlichen Sparens der Eurozone genügt, den überzeugt vielleicht ein Vergleich der Eurozone mit den USA, die ihren Staatsschulden wenig Aufmerksamkeit schenken – obwohl die Republikaner auch dort höhere Investitionen des Staates mit Vorliebe zurückweisen, wenn sie nicht der Aufrüstung dienen, und obwohl Trump nur einen Bruchteil der von ihm angekündigten Investitionen umzusetzen vermochte, weil er nach den Midterm-Wahlen im Kongress nicht mehr über die Mehrheit verfügte und die Demokraten in seiner Mauer zu Mexiko keine sinnvolle Ausgabe sehen konnten.

Am Höhepunkt der Krise, 2009, gab es zwischen dem realen BIP pro Kopf der USA (48.557 USD) und dem realen BIP pro Kopf der Eurozone (36.135 USD) einen Abstand von 12.422 US-Dollar. Bis 2017 ist er auf 15.050 US-Dollar pro Kopf angewachsen.

Stieg das reale BIP pro Kopf der Eurozone seit 2009 (dem Höhepunkt der Krise) um 7,7 Prozent, so stieg es in den USA um 10,4 Prozent. Noch deutlicher ist der Unterschied der Arbeitslosenraten: Während sich jene der USA von 2009 bis 2017 halbierte und heute unter vier Prozent liegt, lag die der Eurozone unverändert bei neun Prozent.

Schäuble & Co halten dem entgegen, dass die Staatsschuldenquote der USA auf heute 108 Prozent des BIP gestiegen ist, während die der Eurozone bei nur 86,7 Prozent angelangt ist. Aber erstens ist diese Zahl, wie ich an vielen Stellen dieses Buches zeigen werde, irrelevant; relevant wäre, zweitens, nur ein steiler Anstieg in kurzer Zeit – und den gibt es weder in den USA noch in der Eurozone.

In Wahrheit müsste es also heißen: Weil die USA ihre Staatsschulden zu Recht nicht nach protestantisch-calvinistischen bzw. schwäbischen Gesichtspunkten bewerten, haben sie eine so viel bessere wirtschaftliche Entwicklung erzielt und sich Folgen wie in Griechenland und Italien erspart.

Allerdings hat ausgerechnet die triste wirtschaftliche Performance der Eurozone Deutschland einmal mehr einen ganz speziellen Vorteil verschafft. Sie hat nämlich den Kurs des Euro gegenüber dem US-Dollar von 1,50 zu 1 zugunsten des Euro im Jahr 2009 mittlerweile bis fast zur Parität absinken lassen und dem „Exportweltmeister" Deutschland damit einen zusätzlichen Turbo beschert, indem dieser Wechselkurs seine Produkte in den USA zusätzlich verbilligt. Die Folge ist ein derart hoher deutscher Leistungsbilanzüberschuss gegenüber den USA, dass Donald Trump bekanntlich an Strafzölle denkt, nachdem schon George W. Bushs Finanzminister Henry Paulson darüber ständig mit der deutschen Regierung zu diskutieren versuchte. Solche Strafzölle wären, wenn sie nicht offenkundig falsch – mit einer Gefährdung der nationalen Sicherheit der USA – begründet werden, im Gegensatz zu einer weitverbreiteten Meinung keineswegs rechtswidrig. Vielmehr besagt Paragraf 12 des WTO-Freihandelsabkommens: „Jede Vertragspartei kann, um ihre Zahlungsbilanz zu sichern, die Menge der Importe begrenzen." Und weiter: „Die Vertragsparteien verpflichten sich, bei der Ausübung ihrer innerstaatlichen Politik das Gleichgewicht ihrer Zahlungsbilanz dauerhaft zu sichern."

Deutschland, als Vertragspartner der USA, sollte also sogar daran mitwirken, das Zahlungsbilanz-Ungleichgewicht zu beseitigen.

Schäuble, mit der tristen Performance der Eurozone konfrontiert, weiß freilich genau, wie es alle anderen Länder machen sollten – sie sollten genau so fit wie Deutschland werden, um ebenfalls mehr zu exportieren als zu importieren. Dass das zum einen unmöglich ist, weil ihnen Deutschland dank „Lohnzurückhaltung" ununterbrochen Marktanteile abjagt, und zum anderem denkunmöglich ist, weil nur so viel exportiert werden kann wie gleichzeitig importiert wird, will er nicht glauben.

Die gleiche Geschichte, anders erzählt

Weil das Sparen in der Wirtschaftspolitik der EU eine so entscheidende Rolle spielt und die meisten Leser sich aus durchaus sympathischen Motiven so wahnsinnig schwer damit tun, es nicht aus der Perspektive eines privaten Haushaltes zu sehen, möchte ich es hier noch ein zweites Mal aus einem anderen Blickwinkel, dem der „Ausgaben", zum Thema machen.

Jede Ausgabe auf einer Seite, sagt Stützel (sagt die Logik), entspricht zwingend einer gleich großen Einnahme auf einer anderen Seite. Was der Staat oder ein Betrieb ausgibt, um Beamte oder Angestellte zu entlohnen, sind deren Einnahmen; was Bürger für staatliche Leistungen (etwa Bahnfahrten oder Trinkwasser) bezahlen, sind die Einnahmen der entsprechenden öffentlichen Dienstleister. Was Bürger an Unternehmern, vom Autohaus bis zum Modehaus, für deren Waren bezahlen, sind die Einkünfte dieser Unternehmen, die die Angestellten dieser Unternehmen zu weiteren Ausgaben befähigen, die weiteren Unternehmen und Dienstleistern zugutekommen. Und so weiter und so fort. Kurzum: Man kann in einer Volkswirtschaft keine Ausgabe finden, die nicht einer Einnahme gleicher Größe bei jemand anderem entspricht.

Niemand, der logisch denken kann, wird das ernsthaft bestreiten.

Der Widerstand bricht erst los, wenn man die zwingenden Folgen dieser Gleichung erörtert: Eine Volkswirtschaft wird umso reicher, je mehr ihre Teilnehmer ausgeben, denn umso mehr wird innerhalb dieser Volkswirtschaft eingenommen. Deutschland würde daher mathematisch zwingend umso reicher, je mehr der deutsche Staat – am besten für nützliche Güter und nützliche Leistungen – ausgäbe. Weil dann sofort der Einwand kommt, dass der Staat dann unter seiner Schuldenlast ersticke, möchte ich dem einmal mehr – neben der mathematischen Logik, dass jeder Schuld gleich große Guthaben gegenüberstehen – die empirischen Erfahrungen der Aufrüstung der USA vor und in Kriegen gegenüberstellen, die mit der Mehrverschuldung des Staates durchwegs reicher wurden.

Ausnahmsweise will ich das auch anhand einzelner Personen klarmachen: Jeder Mensch vermag in unserem Wirtschaftssystem (weit) mehr Güter und Leistungen herzustellen, als er selbst verbraucht. Schon das bloße Versprechen des Staates, ihm diese Leistungen und Güter zu bezahlen, setzt ihre Entstehung in Gang, denn der

Betreffende besitzt seine Arbeitskraft und hat Zugriff auf Ressourcen wie Materialien und Energie, um damit Produkte und Leistungen herzustellen, die mehr wert sind, als er für die verbrauchten Ressourcen ausgeben musste. Der Reichtum einer Volkswirtschaft würde also maximiert, wenn es dem Staat gelänge, durch sein Versprechen, dafür zu zahlen, auch noch den letzten Bürger und bisher Arbeitslosen zu dieser Güterproduktion zu bewegen.

Das ist der Hintergrund der Thesen von Keynes, die sich mit der Logik der Saldenmechanik decken.

Leider gelingt diese Mehrung der Staatsausgaben = Einnahmen nur in Ausnahmesituationen wie der Angst vor einem feindlichen Angriff (gelegentlich auch bei der heroischen Bewältigung einer Naturkatastrophe): Die USA, ich wiederhole mich, wurden durch die Rüstungsausgaben für den Zweiten Weltkrieg nicht ärmer, sondern reicher – ihr BIP wuchs zweistellig –, weil sie eine so viel größere Ausschöpfung des Arbeitskräftepotenzials bewirkten. (Nur Knappheit der natürlichen Ressourcen, auch der Ressource Mensch, setzt dieser Güterschöpfung durch Staatsverschuldung Grenzen.) Das heißt im Umkehrschluss: Je weniger die Teilnehmer einer Volkswirtschaft ausgeben, indem sie „sparen", desto ärmer muss diese Volkswirtschaft werden, weil sie dann auch weniger Einnahmen hat.

(Es ist etwas grundsätzlich anderes, ob Teilnehmer einer bestimmten Gruppe gelegentlich zu einem bestimmten Zweck sparen, um Teilnehmern einer anderen Gruppe größere Ausgaben zu ermöglichen. Oder ob innerhalb einer Gruppe, z. B. bei einem Unternehmen, manchmal zuerst gespart werden muss, um danach dank einer neuen, besseren Maschine mehr zu produzieren – auch wenn ein Kredit meist die schnellere, bessere Lösung darstellt.)

DER UNFUG VON SCHWARZEN NULLEN UND ÜBERSCHÜSSEN

Auf die Budgets Olaf Scholz' oder Hartwig Lögers angewendet, bedeutet die Saldenmechanik: Wenn sie weniger ausgeben, um einen Budgetüberschuss zu bilden, bedeutet das irgendwo in Deutschland und Österreich gleich große Mindereinnahmen. Die könnten nur ausgeglichen werden, wenn ein anderer Teilnehmer der österreichischen oder der deutschen Volkswirtschaft entsprechend mehr ausgäbe. Die Konsumenten tun das, wie ich schon erläutert habe, nur ungenügend, weil ihre Löhne stagnieren und weil Großverdiener lieber Sparguthaben anlegen. Die Unternehmer tun es, anders als in der Vergangenheit, auch nicht, weil sie angesichts geschrumpfter Reallöhne und eines sparenden Staates keinen Mehrabsatz erwarten. Es bleiben daher nur andere Staaten beziehungsweise deren Bewohner, um mehr auszugeben und auf diese Weise die Minderausgaben des deutschen und des österreichischen Staates in einem solchen Ausmaß zu kompensieren oder sogar zu übertreffen, dass weder die deutsche noch die österreichische Vollbeschäftigung darunter leidet.

Wenn das nicht geschieht – und bei den meisten alten EU-Staaten geschieht es nicht –, dann muss das Sparen des Staates aus den oben angeführten Gründen, die der Logik wie der Mathematik entsprechen, zwingend zu einer Verringerung des Wirtschaftswachstums innerhalb des sparenden Staates führen.

Beziehungsweise: Es muss sich aus mathematischen Gründen zwingend jemand verschulden, damit die Wirtschaft anderswo wachsen kann.

Deutschland spricht derzeit von einem „Beschäftigungswunder". Seit 2007 sind auf seinem Gebiet trotz Sparens 5,4 Millionen neuer Stellen geschaffen worden, 580.000 alleine im letzten Jahr. Das Wunder ist keines: Mindestens so viele Arbeitsplätze sind in all den Ländern verlorengegangen, denen Deutschland mittels Lohndumping Marktanteile abgenommen hat und deren Verschuldung zugenommen hat.

WOHER KOMMEN DIE SCHULDENGRENZEN?

Woher kommt die Vorstellung, dass der Staat, um eine geeignete Infrastruktur herzustellen, keine Schulden eingehen darf, obwohl er sie zu seinen besten Zeiten – beim Ausbau des Eisenbahnnetzes – selbstverständlich eingegangen ist?

Mastermind war der Ökonom Kenneth S. Rogoff, der aufgrund von Wirtschaftsdaten aus 200 Jahren und 44 Staaten ermittelt haben will, dass eine Staatsschuldenquote von über neunzig Prozent die Wirtschaft im Schnitt um 0,1 Prozent schrumpfen lässt.

Das ist erwiesenermaßen falsch: Rogoff wurde nicht nur ein simpler Rechenfehler nachgewiesen, sondern er hat auch Volkswirtschaften, deren Wachstum seiner These massiv widersprachen – Kanada, Australien, Neuseeland – nicht berücksichtigt.

Es gibt die magische Neunzig-Prozent-Grenze nicht. Die Entwicklung der USA falsifiziert sie auch abseits der Saldenmechanik durch empirische Beobachtung weithin sichtbar: Obwohl sie mittlerweile bereits mit 110 Prozent ihres BIP verschuldet sind, wächst ihre Wirtschaft weit stärker als die der Eurozone mit ihrer Schuldenquote von 86,7 Prozent.

Die sechzig Prozent Schuldenobergrenze, die die EU in Maastricht für ihre Mitglieder festgelegt hat und derzeit mit dem Sparpakt überall (wieder) erreichen will, ist genauso willkürlich und offenkundig auch abseits jeder Saldenmechanik wirtschaftsfremd. Um es ausnahmsweise am Vergleich mit einer Privatperson zu illustrieren: Jemand, der im Jahr 60.000 Euro (5000 Euro pro Monat) verdient, dürfte gemäß dieser Obergrenze keinen Kredit von mehr als 36.000 Euro aufnehmen. Wenn er zu den üblichen Kreditbedingungen eine Wohnung um 120.000 Euro kaufte, müsste man ihn wie Griechenland entmündigen und unter Kuratel stellen.

Ähnlich absurd fällt der Vergleich mit einem Unternehmen aus: Ein Unternehmer griffe sich an den Kopf, wenn man ihm verböte, mehr als sechzig Prozent seines Jahresertrages kreditfinanziert zu investieren – die Volkswagen AG investiert soeben das Vierfache davon.

In Wirklichkeit ist die Verpflichtung des Staates, ausreichend in seine Infrastruktur und die Beschäftigung seiner Bevölkerung zu investieren, eine noch viel größere, denn das Wohl aller Unternehmen und aller Bürger auf seinem Staatsgebiet hängt davon ab.

Den enormen Wert einer hochentwickelten staatlichen Infrastruktur konnte man aus dem Vergleich von West- mit Ostdeutschland ablesen: Der Westen musste dem Osten durch Jahrzehnte zig Milliarden überweisen, um dessen Infrastruktur auf ein annähernd ähnliches Niveau zu bringen, und hat das noch immer nicht ganz erreicht. Verloren sind diese Milliarden natürlich einmal mehr in keiner Weise. Sie haben eben Infrastruktur und Einkommen von Unternehmen wie Bürgern geschaffen.

Was sind Staatschuldenquoten wert?

Allein der Einblick in eine Tabelle der Staatschuldenquoten sollte eigentlich jede Überbewertung dieser Ziffer ausschließen: Glaubt man wirklich, dass Bulgarien mit seiner Staatsschuldenquote von 26,3 Prozent wirtschaftlich besser funktioniert als die USA mit ihren 108 oder Japan mit seinen 235 Prozent?

In Wahrheit signalisieren die 26,3 Prozent Bulgariens das genaue Gegenteil: dass es nämlich notwendige Investitionen in sein Straßen-, Strom- oder Kanalnetz, in seine Schulen, Verwaltung oder Rechtsstaatlichkeit verabsäumt hat. Eine kaum höhere Schuldenquote von 29 Prozent hat übrigens die Schweiz – glaubt jemand, dass die beiden Volkswirtschaften von nahezu gleicher Qualität sind? Glaubt jemand, dass Rumänien eine tolle wirtschaftliche Entwicklung hinter sich hat, weil es mit 35 Prozent die Staatsschuldenquote der Schweiz im Jahr 2007 egalisiert? Wem würden Sie eher ihr Geld borgen: Japan, mit seiner Staatsschuldenquote von 235 Prozent, den USA mit seinen 108 Prozent oder Rumänien oder Bulgarien?

Um die selbst betriebswirtschaftliche Unsinnigkeit der Schuldenquote klarzumachen: Bei der Beurteilung der Bonität eines Unternehmens ist seinen offenen Schulden – vernünftigerweise spricht man bei Unternehmen von Krediten oder Verbindlichkeiten – natürlich nie nur sein Jahresgewinn, sondern selbstverständlich auch sein Vermögen aus Betriebsanlagen, Patenten, Markenrechten und Knowhow gegenüberzustellen. Genauso wäre dem Schuldenstand eines

Staates (wenn man ihn schon betriebswirtschaftlich beurteilen will, obwohl er, wie ich ausführen werde, kein Betrieb ist) nie nur sein BIP, sondern immer auch sein Vermögen, also der Wert seiner Infrastruktur, gegenüberzustellen. 2008 ist dergleichen zufällig in einer Frankfurter Zeitung geschehen: Da erschien zuerst die Gräuelmeldung, dass die Stadt Frankfurt mit 1,2 Milliarden Euro überschuldet sei; wenige Wochen später ergab eine betriebswirtschaftliche Bewertung aller städtischen Vermögenswerte 18 Milliarden Euro.

Staatsschulden können kritisch werden, wenn die Finanzmärkte das Vertrauen in die Rückzahlungsfähigkeit eines Staates (oder einer Stadt) verlieren – siehe Griechenland. Aber sie schaden Frankfurt so wenig wie den USA oder Japan, weil nicht die geringsten Zweifel an deren Rückzahlungsfähigkeit und wirtschaftlichen Leistungsfähigkeit bestehen.

Natürlich bestehen solche Zweifel genauso wenig bezüglich Österreichs oder Deutschlands Rückzahlungsfähigkeit, deren Staatsschuldenquote niedriger als die der USA ist, die aber auch nicht deren wirtschaftliche Leistungsfähigkeit erreichen. Ein kritisch steiler Anstieg der Quote, der einen Einbruch der wirtschaftlichen Leistungsfähigkeit signalisiert, liegt allenfalls bei Italien vor und erfordert daher dringend erhöhte Staatsverschuldung zu seiner Behebung, denn es geht darum, das BIP im Nenner des Bruches zu vergrößern, und das geht nur, wenn die Wirtschaft wächst, und sie kann nur wachsen, wenn der Staat sich zu diesem Zweck (in Ermangelung von Konsumenten oder Unternehmen) verschuldet.

Belasten Staatsschulden künftige Generation über Gebühr?
Auch die höchst populäre, von konservativen Politikern beständig im Mund geführte Behauptung, dass hohe Staatsschulden „zulasten der künftigen Generationen" gehen, ist völlig unhaltbar. Denn wenn der Staat heute Schulden eingeht, um z. B. ein Glasfasernetz zu installieren, dann haben gerade „künftige Generationen" einen entscheidenden Nutzen davon. Genauso wie sie am meisten von beschleunigten Bahnverbindungen oder gar verbesserten Schulen und Universitäten oder erhöhter Rechtssicherheit profitieren.

Auch die Zinsen, die ein Staat für seine Kredite (Staatsanleihen) zahlen muss, kommen künftigen Generationen zugute – nämlich jenen Personen oder Institutionen, die diese Staatsanleihen handeln bzw. gezeichnet haben.

Nur wenn ein Staat tatsächlich pleitegeht (was Gott sei Dank ganz selten der Fall ist und theoretisch nie der Fall sein müsste), geht ein bestimmter Teil der künftigen Generation bei den Staatsanleihen vermutlich leer aus. Aber die aktuelle Generation hat jedenfalls das aus der Staatsanleihe bezogene Geld zur Verfügung gehabt und die zwischenzeitlichen Zinsen sind zwangsläufig irgendjemandem, vielleicht auch nur der Bank, zugutegekommen. Vollauf verloren geht aus Gründen der Saldenmechanik kein einziger auf dieser Welt jemals ausgegebener Betrag.

Deshalb ist es auch blanker Schwachsinn (obwohl ihn auch bedeutende Persönlichkeiten, ja Ökonomen immer wieder äußern), dass die Welt an der gegenseitigen immer höheren Verschuldung krankt oder gar zugrunde gehen wird, denn jeder Schuld entspricht zwingend – aus Gründen des Saldenmechanik, der Mathematik wie der Logik – ein gleich großes Guthaben.

Nur die Verteilung kann auf krankhafte Weise durcheinandergeraten.

Die Nachteile der „schwarzen Null"

Die „schwarze Null" im Staatshaushalt, wie Wolfgang Schäuble oder Hartwig Löger sie feiern, ist aus saldenmechanischen Gründen nur dann nicht sofort und unmittelbar schädlich, wenn jedenfalls alle notwendigen Investitionen des Staates ausdrücklich von ihrer Berechnung ausgenommen sind – in jedem anderen Fall ist sie kompletter volkswirtschaftlicher Schwachsinn, den man durchaus täglich erkennen kann, wenn man nicht aus religiösen Gründen die Augen schließt.

Ich berichte also ein möglichst praktisches, augenscheinliches Beispiel: Am 12. August 2018 senkten sich in Rastatt in Baden-Württemberg die Gleise der Rheintal-Bahn. Europas wichtigste Nord-Süd-Bahnstrecke (sie verbindet Rotterdam und Hamburg mit Genua) war für zwei Monate gesperrt. Entsprechend gewaltig waren die Mehrkosten, die für die Gütertransporte angelaufen sind (Rastatt wurde täglich von hundert Güterzügen passiert), und waren die Unannehmlichkeiten für den Personentransport.

Die Gleise sackten ab, weil darunter eine Tunnelröhre angelegt worden war, die ein zweites Gleispaar aufnehmen sollte. In dieser Röhre verschoben sich Betonringe, und so musste sie zur Reparatur mitsamt der 18 Millionen Euro teuren Tunnelbohrmaschine mit Beton vollgespritzt werden. Desgleichen der Unterbau der darüber liegenden Gleisanlage. „Über der Betonröhre hätte zur Absicherung ein Stahlgerüst eingeplant werden müssen, weil fahrende Züge eine enorme dynamisch Last darstellen", monierte der Professor für Eisenbahnwesen an der TU Karlsruhe, Eberhard Hohnecker.

Der leise Verdacht übereilter Planung und Ausführung eines zu spät in Angriff genommenen Projekts ist schwer von der Hand zu weisen, denn die Strecke ist seit Jahrzehnten überlastet.

Völlig eindeutig spiegelt die Ausweichroute über Tübingen die Vernachlässigung der Deutschen Bahn: Sie musste mit leistungsschwächeren Dieselloks befahren werden, weil sie nicht elektrifiziert ist. „Die Deutsche Bahn liegt im Europavergleich hinten", schreibt dazu die *Frankfurter Allgemeine Zeitung:* „Besonders peinlich ist der Vergleich mit Österreich, wo zwischen 2007 und 2015 zehn Prozent der Schienen zusätzlich mit einer Oberleitung ausgestattet wurden, so dass mittlerweile 71 Prozent des Streckennetzes elektrifiziert sind."

Denn in Deutschland waren es im gleichen Zeitraum nur drei Prozent und sind nur 65 Prozent elektrifiziert.

Dafür hatte Finanzminister Wolfgang Schäuble schon seit Jahren nicht nur die „schwarze Null", sondern sogar Überschüsse im Staatshaushalt.

Vielleicht zeigt dieses Beispiel immerhin ein wenig, wie problematisch solche Jubelmeldungen sind. Natürlich kann der Staat Ausgaben einsparen, indem er wichtige Leistungen nur mehr ungenügend erbringt.

Um die Größenordnung der bei Deutschlands Eisenbahnen entstanden Problematik abzuschätzen: Von der Elektrifizierung der Bahn hängt neben dem effizienten Transport von Personen und Gütern u. a. ab, wie die CO_2-Bilanz Deutschlands ausfällt bzw. wie groß sein Beitrag zum Klimawandel ist. Davon hängt u. a. ab, wie viele Fahrverbote für Dieselkraftwagen Deutschland verhängen muss. Davon kann u. a. die Zukunft deutscher Autokonzerne abhängen.

Ob Wolfgang Schäuble daran je einen Gedanken verschwendet hat?

Dumme und intelligente Schulden

Es ist, vielleicht ist das mittlerweile klarer geworden, jedenfalls längst nicht so wichtig, ob und wie hoch ein Staat sich verschuldet hat, als zu welchem Zweck er das getan hat oder tut. Die Abwicklung der Hypo-Alpe-Adria war der klassische Fall einer Verschuldung, die aus österreichischer Sicht lieber unterblieben wäre – kroatische und sonstige Ganoven erzielten daraus zweifellos den saldenmechanisch zwingenden Gewinn. Die um zehn Prozent erhöhte Elektrifizierung der ÖBB ist das klassische Beispiel einer aus österreichischer Sicht sinnvollen Kreditfinanzierung, obwohl auch sie die Staatsschuld erhöht hat.

Selbst die nicht gerade Sparpakt-kritische *Frankfurter Allgemeine Zeitung* kommt nicht umhin, die aufbrechenden Infrastrukturmängel Deutschlands zu vermelden. So berichtete sie über das jedes Jahr von der staatlichen deutschen Kreditanstalt für Wiederaufbau erstellte sogenannte „Kommunalpanel", in dem sie den Investitionsbedarf der Kommunen auflistet. Für 2017 konstatiert sie „einen Investitionsrückstand von 126 Milliarden Euro". „Nach wie vor bestehen die höchsten Nachhol- und Ersatzbedarfe in den Bereichen Straßen und Verkehrsinfrastruktur (34,4 Mrd. Euro) sowie Schulen einschließlich Erwachsenenbildung (32,8 Mrd. Euro)." Den Rest machen öffentliche Gebäude, (Ab-)Wasserleitungen und Sportstätten aus.

Deutschlands Schulen erhalten nicht, was sie brauchen – aber Deutschland feiert die „schwarze Null".

Derzeit fällt Deutschlands Bürgern Schäubles Sparpolitik noch spürbarer als bei der Bahn mit ihren ständigen Verspätungen auf den Kopf: Auf den Autobahnen ist kein Weiterkommen mehr, weil sich überall Baustellen zu ihrer Ausbesserung in den Weg stellen. Auf diesen Baustellen geht die Arbeit nur ärgerlich langsam voran, weil die Bauindustrie dem in Jahren des Sparens aufgestauten, plötzlich so großen Auftragsanfall nicht gewachsen ist. Dementsprechend hat sie trotz langsamster Fertigstellung der Baustellen ihre Preise rasch und deutlich erhöht – die Deutschlands Bürger jetzt bezahlen. (Saldenmechanisch ist dabei – wenn auch auf einem niedrigen Niveau – übrigens alles in Ordnung: Es kommen der Bauindustrie nur Beträge, die der Staat nicht schon früher ausgegeben hat, eben jetzt zugute und ihre Aktionäre verdienen zulasten der Bürger etwas mehr).

Dabei ist der aufgestaute Rückstand im Straßenbau harmlos gegenüber dem Rückstand im Ausbau der digitalen Infrastruktur oder gar im Ausbau des Schul- und Bildungswesens. Denn das Ausmaß der Digitalisierung wird, wie die Qualität der Ausbildung, entscheidend für die künftige Qualität des Wirtschaftsstandorts Deutschland (des Wirtschaftsstandorts Österreich) sein. Mit seiner „schwarzen Null" hat Schäuble Deutschlands wirtschaftlichen Erfolg nicht gesichert, sondern ihn, im Gegenteil, aufs Spiel gesetzt, und Hartwig Löger tut derzeit das Gleiche bezüglich des wirtschaftlichen Erfolgs Österreichs.

Denn beim schnellen Internet zu den Schlusslichtern Europas zu zählen, den Ausbau von Ganztagsschulen nicht energisch zu forcieren oder die Stunden von Stützlehrern zu reduzieren statt dramatisch zu vermehren, um „schwarze Nullen" des Staatshaushalts sicherzustellen, ist wirtschaftliches Harakiri, wenn auch auf so hohem Ausgangsniveau, dass die Masse der Bevölkerung es vorerst noch übersieht.

Deutschland und die EU mussten hoffen, dass Schäubles sozialdemokratischer Nachfolger Olaf Scholz anders denkt und endlich massiv investiert – aber er hat schon erklärt, nicht an der „schwarzen Null" rütteln zu wollen. Ich werde später darauf zurückkommen, dass dies die zentrale Ursache für die Schwäche der Sozialdemokratie in ganz Europa ist: Sie versteht von Wirtschaft so wenig wie die Konservativen und hat sich dem Neoliberalismus ergeben, der die Wirtschaft aus Überzeugung missversteht.

DAS FATALE MISSTRAUEN
GEGENÜBER DEM STAAT

Die Regierung Kreisky mit Finanzminister Hannes Androsch war die letzte, die sich offensiv zum Defizit-Spending des Staates bekannte, das Österreich den Ölschock von 1973 so ungleich besser überwinden ließ als etwa Großbritannien, das sich mit Margaret Thatcher dem „Sparen des Staates" verschrieben hatte.

Auch 2008 wurde die weltweite Krise mittels Defizit-Spending des Staates hierzulande besonders erfolgreich (mit weniger Wachstumsverlust als anderswo) bekämpft. Aber sie war noch lange nicht überwunden, als Merkel und Schäuble mit der Mehrheit deutscher Ökonomen das Sparen des Staates als „wahre" Krisenmedizin bereits der ganzen EU verordneten und via Sparpakt und Schuldenbremse einzementierten.

Der Widerspruch der Mehrheit angelsächsischer Ökonomen beeindruckt sie ebenso wenig wie die viel raschere Erholung des angelsächsischen Raumes.

Die Saldenmechanik ihres eigenen Top-Ökonomen Wolfgang Stützel hielten sie für ebenso vernachlässigbar wie die Thesen Keynes, die durch Stützels Saldenmechanik bestätigt werden. Ziemlich mäßig brillante Ökonomen hielten sich brillanten Ökonomen für überlegen, kannten oder verstanden deren Thesen nicht.

Europas Wirtschaft wäre zusammengebrochen, hätte Deutschland sich vollends durchgesetzt und die EZB gehindert, Konsumenten und Unternehmen durch gemeinsame Verschuldung aller Staaten doch zu einem Minimum an Mehreinkäufen zu zwingen. (Ich gehe später in einem eigenen Kapitel darauf ein.)

Wieso wird Investitionen des Staates so sehr misstraut?

1. Voran, weil viele Leute um das Versagen der öffentlichen Hand bei der Durchführung großer Projekte wissen, wird es ihnen von den Medien doch auch viel eindringlicher vor Augen geführt als private Fehlinvestitionen, weil es sich um „Steuergeld" handelt. Natürlich waren das Wiener Allgemeine Krankenhaus, der Skylink oder das Krankenhaus Nord oder in Deutschland der neue Berliner Flug-

hafen jeweils denkbar kostspielige, zu Recht empörende Desaster. Aber die skandinavischen Länder führen vor, dass der Staat sein Geld auch fast durchwegs sparsam ausgeben kann, indem er sich nämlich auf die Kontrolle der fast durchwegs privaten Unternehmen konzentriert, denen er es zur Durchführung öffentlicher Aufträge überantwortet hat. (Saldenmechanisch ist übrigens auch das Geld, das der Staat in zu großem Umfang in ein Fiasko gesteckt hat, nicht verloren: Die überteuerten Installationen im AKH, im Krankenhaus Nord oder im Berliner Flughafen sind nur wieder einmal anstelle der Bürger den Aktionären der beteiligten Unternehmen, untüchtigen Managern und manchmal auch Ganoven zugutegekommen.)

2. Auch der Verwaltungsleistung des Staates wird misstraut, obwohl es dafür gerade in Österreich kaum mehr Grund gibt – es ist kein Zufall, dass man Pässe mittlerweile innerhalb eines Tages bekommt. Auch zu viele Staatsangestellte haben wir nicht: Pro tausend Einwohner liegen wir diesbezüglich in einem kostengünstigen Segment, keineswegs weit entfernt von Deutschland oder der Schweiz – die USA zum Beispiel haben ungleich mehr vom Staat bezahlte Arbeitskräfte. Es ist auch höchst unklar, ob wenige Staatsangestellte so sicher von Vorteil sind. Wenn zu wenig Beamte Bewilligungen zu langsam erteilen oder weniger Richter Verfahren zu langsam entscheiden, kostet uns das wesentlich mehr Geld als deren Gehälter. (Saldenmechanisch gilt einmal mehr: Auch die Gehälter, die der Staat bezahlt, kommen im vollen Umfang jemandem zugute – diesmal sogar ausnahmsweise voran den Bürgern: zum einen den Bürgern, die diese Gehälter als Beamte beziehen, zum anderen den Bürgern, denen erfolgreiche staatliche Verwaltung dient. Geringere Staatsausgaben für Verwaltung bedeuten saldenmechanisch geringe Einnahmen für beamtete Bürger und im Allgemeinen auch eine geringere Effizienz des Verwaltungsapparates – auch wenn Hartwig Löger und Sebastian Kurz das Gegenteil behaupten.)
Welchen gewaltigen Wert auch die humane Infrastruktur eines Staates darstellt, kann man daran ermessen, welche Probleme Italien, diverse Staaten des ehemaligen Ostblocks oder gar afrikanischen Staaten aus nicht funktionierenden Beamtenapparaten erwachsen.

3. Es gibt das Lehrbuch-Argument, dass Kredite, die der Staat zusätzlich für Investitionen braucht, das Kreditvolumen für Unternehmen verknappen können: Wenn der Staatsapparat privaten Unternehmen Geld und natürliche Ressourcen streitig macht, ist er wirklich überdimensioniert bzw. sollte sparen. Doch dieses Argument ist derzeit denkbar irrelevant: Es gibt keine Knappheit an entscheidenden Ressourcen, voran Energie- und die Mehrheit der privaten Unternehmen – ich wiederhole mich bewusst – haben jede Menge günstiger Kredite zur Verfügung bzw. schwimmen seit gut 15 Jahren im eigenen Geld, weil ihre Gewinne in dem Ausmaß gestiegen sind, in dem die Löhne fielen.

4. Der wissenschaftlich tragfähigste Einwand gegen massive Mehrausgaben des Staates lautet, dass auch John M. Keynes Defizit-Spending gemäß seiner „Allgemeinen Theorie der Beschäftigung" nur zum Ankurbeln der Wirtschaft gefordert hat und verlangte, dass der Staat dieses Geld wieder hereinholt, wenn sie läuft. Dem ist im konkreten Fall entgegenzuhalten, dass sie noch längst nicht lief, als Merkel und Schäuble 2012 den Sparpakt diktierten, und dass sie in der EU weiterhin nur schleppend vorankommt. Aber es gibt mittlerweile einen grundsätzlichen Einwand: Keynes war, als er seine Theorie 1930 verfasste, nicht damit konfrontiert, dass auch Unternehmen Riesensummen auf der hohen Kante haben, also Nettosparer statt Nettoschuldner sind. Genau das aber ist heute der Fall – daher wird der Staat in Zukunft ständig mehr ausgeben müssen, wenn er die Konjunktur aufrechterhalten will.

WARUM IST DER STAAT KEIN UNTERNEHMEN?

Seit der Neoliberalismus die Ökonomie erobert hat, addiert sich zum Misstrauen der Bevölkerung gegen Investitionen der öffentlichen Hand die neoliberale Überzeugung, dass der Staat sich ganz allgemein so wenig wie möglich in die Wirtschaft einmischen soll. Es liegt für neoliberale Ökonomen daher nahe, ihm als Organisation keine Ausnahmestellung zuzugestehen – ihn als ein weiteres unter vielen großen Unternehmen zu betrachten.

Aber der Staat ist weder ein Unternehmen noch gar ein privater Haushalt, sondern hat wirtschaftlich einen völlig anderen Zweck: Er soll jene Leistungen bereitstellen, die private Unternehmen und private Personen nicht, nicht ausreichend oder nicht ausreichend unparteiisch erbringen – zum Beispiel die Installation eines digitalen Netzes, den Betrieb von Schulen, die der allgemeinen Schulpflicht genügen, oder Universitäten, die die Grundlagenforschung sicherstellen, die Gewährleistung ausreichender Volksgesundheit oder eines ausreichenden kulturellen Angebotes. Es ist daher, anders als bei einem Unternehmen, auch nicht Aufgabe des Staates, Gewinn zu machen oder auch nur ausgeglichen zu bilanzieren, so sehr er bei allem, was er tut, im betriebswirtschaftlichen Sinn „sparsam" agieren, keineswegs aber in Summe „sparen" soll. Die Elektrifizierung der Eisenbahn als staatliche Leistung soll natürlich zu den niedrigstmöglichen Kosten erfolgen und bringt ihrerseits niedrigere Bahnverkehrskosten mit sich, aber Fahrzeitgewinn und Gewinn an reiner Luft reduzieren weder Budgetdefizit noch Staatsschuldenquote. Die wichtigsten Einrichtungen eines funktionierenden Staates – Gerichte, Ämter, Behörden, (Hoch-)Schulen, Verkehrsnetz, Stromnetz, Kanalnetz, Polizei oder Armee – sind weder dafür gedacht noch in der Lage, Gewinne zu machen.

Nirgends ist das so evident wie beim kulturellen Angebot. Europa unterscheidet sich von den USA darin, dass es dieses kulturelle Angebot von Staats wegen finanziert statt seine Finanzierung voran großzügigen Spendern zu überlassen. Theater, Oper, Film hängen daher nicht wie in den USA vor allem davon ab, ob sie das in sie investierte

Geld wieder einspielen. Daher werden an Europas Theatern nach wie vor Stücke von Shakespeare, Eugene O'Neal oder auch Herold Pinter, von Goethe, Schnitzler oder auch Thomas Bernhard, von Balzac, Molière oder auch Yasmina Reza gegeben, während das in den USA davon abhängt, ob ein Filmstar gerade Lust auf eine der Hauptrollen dieser Autoren hat und jemand (manchmal auch er selbst) die entsprechende Aufführung finanziert.

Der „Markt", dem die Neoliberalen unser Leben überlassen wollen, produziert nur eine Form des Theaters mit ausreichender Sicherheit: das Musical. Ich liebe Musicals – aber ich meine, dass wir arm wären, wenn wir darauf beschränkt blieben. Beziehungsweise dass es eine unglaubliche Bereicherung darstellt, dass wir uns erlauben, Staatsoper, Burgtheater, Josefstadt, aber auch unzählige Kleinbühnen von Staats wegen zumindest entscheidend mitzufinanzieren.

Das Kulturleben, das Wien oder Paris, London oder Berlin auf diese Weise entfalten, macht das gemeinsame Europa viel mehr aus als zum Beispiel der gemeinsame Euro. Es ist wahrscheinlich Europas konstituierendes Merkmal. Daher ist „Sparen des Staates" an dieser Stelle zutiefst antieuropäisch. Und hat in Deutschland leider unter einem zutiefst amusischen Wolfgang Schäuble auf charakteristische Weise Platz gegriffen: Es ist symptomatisch, dass so viele deutsche Schauspieler und Regisseure nach Wien „emigriert" sind, nachdem sie an deutschen Bühnen immer schlechtere Bedingungen vorgefunden haben.

„Hochkultur" ist wirtschaftlich, vom Markt her, nicht zu begründen, auch wenn man hundertmal auf die Umwegrentabilität der Salzburger Festspiele verweist – die wäre auch durch die Aufführung der „Trapp-Familie" auf dem Domplatz gewährleistet. Hochkultur ist der sozusagen größte Luxus, den der hochentwickelte Staat seiner Bevölkerung bieten kann – es ist leider kein Zufall, dass sie in den Parteiprogrammen der aktuellen Regierungen von Österreich und Deutschland, gemessen an „Schuldenbremsen" und künftigen „schwarzen Nullen", eine so geringe Rolle spielt.

Es ist, wenn wir die Kultur betrachten, schlichtweg inhuman und in diesem Sinne antieuropäisch, den Staat als Unternehmen zu betrachten und eine ausgeglichene Bilanz oder gar einen Gewinn von ihm bzw. seinen Einrichtungen zu fordern, so notwendig es ist zu kontrollieren, ob er auch kulturelle Leistungen „sparsam" – zu den jeweils geringsten Kosten – erbringt.

Wenn man Staaten schon mit Unternehmen und Haushalten vergleichen will, dann soll man es wenigstens nach den Kriterien tun, die für Unternehmen und Personen gelten. Und ob und zu welchen Bedingungen jemand Kredit bekommt, hängt zwar natürlich von seinem Einkommen, aber sehr wohl auch von seinem Vermögen ab. Und das Vermögen eines Staates besteht voran aus seiner leistungsfähigen Infrastruktur auf allen hier angeführten Ebenen: vom Verkehrsnetz, Kanalnetz, digitalen Netz, Elektrizitätsnetz, von effizienten Verwaltungsstrukturen und einer funktionierenden Absicherung der Volksgesundheit, von einer funktionierenden kulturellen Infrastruktur (die zum Beispiel auch einen nicht ausschließlich von Werbung abhängigen Rundfunk umfasst), von einer von Konzernen unabhängigen Grundlagenforschung bis zu unabhängigen Gerichten, die für Vertragssicherheit und Rechtsstaatlichkeit sorgen.

Was diese Infrastruktur wert ist, sollten – ich wiederhole mich aus gutem Grund – gerade Deutsche wissen: Schließlich mussten sie durch zwei Jahrzehnte zig Milliarden aufwenden, um die Infrastruktur ihres Ostens jener des Westens anzunähern.

Eine hohe Staatsschuldenquote ist nur für Laien von Kurz über Scholz bis Löger ein Grund zu Beunruhigung – nur ihr sehr starker Anstieg in sehr kurzer Zeit muss Anlass zu Sorge geben, weil er dann fast immer signalisiert, dass das BIP im Nenner des zugehörigen Bruches gefährlich eingebrochen ist.

Denn wer auch nur eine Ahnung von Mathematik hat, weiß: Den sehr großen Zähler eines Bruches – die Schulden – kann man beruhigt um zehn Einheiten vergrößern, ohne dass sich der Quotient wesentlich verändert; wenn man hingegen den viel kleineren Nenner – das BIP – um zehn Einheiten vergrößert, verändert (im konkreten Fall verbessert) es den Quotienten erheblich.

Was bewirken Überschüsse des Staates?

Im Frühjahr 2018 fand in Washington die jährliche Frühjahrstagung der Welt-Finanzexperten statt. Der ORF ließ die Österreicher vor allem wissen, was die Chefin des Internationalen Währungsfonds (IWF), Christine Lagarde, dort gesagt hat: dass sie nämlich trotz der guten Weltkonjunktur das Risiko einer neuerlichen Finanzkrise sieht – deshalb sei es gut, dass die Staaten sich mit „Puffern" dagegen rüsten.

Das nächste ORF-Bild zeigte einen strahlenden Finanzminister Hartwig Löger, der darlegen konnte, wie gut es daher sei, dass Österreichs Staatshaushalt erstmals seit 1954 einen Überschuss erzielen wird.

Die Zuseher waren zweifellos beeindruckt.

Ich gebe zu, dass einigermaßen umfassende Wirtschaftsberichterstattung im „ZiB"-Format fast unmöglich ist. Sonst hätte der Sprecher anmerken müssen, dass der IWF durch Jahrzehnte höchst umstritten war, weil er kriselnden Ländern, denen er Kredite bewilligte, die immer gleiche Medizin – Sparen des Staates – verschrieb und man angesichts der Resultate auch zu der Ansicht kommen konnte, dass eben dies sie ruinierte. Erst unter Dominique Strauss-Kahn, der leider seinem Testosteron zum Opfer fiel, gestalteten sich die Interventionen des IWF differenzierter, und seit dessen Zwangsablöse durch die Rechtsanwältin Lagarde lässt zwar nicht sie selbst, wohl aber das Gremium ihrer Volkswirte gelegentlich durch neue Einsichten aufhorchen: die Gralshüter beinharter Sanierungspolitik gestanden 2018 zwar sehr wortreich (weil ständig bisherige IWF-Positionen relativiert werden mussten), aber doch unmissverständlich ein, dass die in der EU eingeschlagene Politik staatlichen Sparens nicht funktioniert: Sie habe „nicht wie erhofft" zu einem Abbau der Schulden und einem Anstieg des Wirtschaftswachstums, sondern vielfach zum Gegenteil geführt. Daher sei es vielleicht doch klüger, den Schuldenabbau auf Zeiten einer erholten Konjunktur zu verschieben. (Mit dieser Aussage näherte sich der IWF spät, aber doch der Erkenntnis Professor Erich W. Streisslers an, dass der Staat in der Krise nicht sparen soll.)

Auf der angesprochenen Frühjahrstagung dominierte „Sparen des Staates" bezüglich der EU schon aus diesem Grund keineswegs die Diskussion, sondern es ging vorrangig um Deutschlands Budget- wie Leistungsbilanzüberschüsse: Deutschland möge, so die zentrale Forderung der dort versammelten Ökonomen, doch endlich mehr für seine Binnennachfrage tun, mehr investieren und sich zu diesem Zweck verschulden. Das entspricht der Mehrheitsmeinung der Zunft der Ökonomen, in der deutsche Ökonomen, die in deutschen Medien fast ausschließlich zu Wort kommen, eine Minderheit darstellen.

Der ORF hätte daher auch über diese Mehrheitsmeinung berichten können, was Hartwig Löger weniger Gelegenheit zum Schulterklopfen gegeben hätte. Denn Österreich gelangt wie Deutschland ebenfalls zunehmend zu Leistungsbilanzüberschüssen und strebt genauso einen Budgetüberschuss an, anstatt sich um verstärkter Investitionen willen zu verschulden.

Trotzdem kann ein Journalist hierzulande nichts Schlimmeres tun, als der Staatsverschuldung anstelle der Bildung von „Überschüssen" das Wort zu reden. Dass viele angesehene Ökonomen das auf der angesprochenen Tagung dennoch taten, nutzt nichts: Es widerspricht der Erfahrung aller Hausfrauen dieser Erde.

Wenn der Staat mehr nimmt, als er gibt

Dass Österreichs Regierung sich unverändert im Umfragehoch befindet, verdankt sie daher nicht zuletzt dem Umstand, dass sie in ihrer Finanzgebarung die „schwarze Null" 2018 tatsächlich noch zu übertreffen suchte. Mit stolzgeschwellter Brust verkündete Sebastian Kurz im Herbst 2018 die angebliche Gewissheit des von Löger prophezeiten historischen Durchbruchs: Erstmals seit 1954 gäbe der Staat weniger aus, als er einnimmt. Man erziele 2018 erstmals einen „Überschuss".

Dass man aus Österreichs „Wirtschaftswunder" von 1954 bis 1980 auch schließen könnte, wie gut es war, dass der Staat in der Vergangenheit keine Überschüsse erzielte, sondern sich immer höher verschuldete, kam niemandem in den Sinn.

Obwohl ein kurzer Blick in die Entwicklung des realen BIP genügte: Wenn man das Ausgangsniveau 1950 mit 100 ansetzt, dann ist es bis 1960 trotz eines „Überschusses" im Jahr 1954 „nur" auf 179 gestiegen. Von 1960 bis 1970 ging es dann von 179 auf 283 deutlich stärker aufwärts, aber unter Hannes Androsch, der sich mehr als seine Vorgänger auf Schulden einließ, explodierte es in den folgenden zehn Jahren auf 403, verzeichnete also nicht nur die absolut, sondern auch relativ größte Zunahme, obwohl es umso schwerer fällt zu wachsen, je höher das Ausgangsniveau ist.

Keine empirische Beobachtung bestätigt, dass ein Überschuss des Staatshaushalts für eine besonders gute wirtschaftliche Entwicklung sorgt, sondern das Gegenteil ist der Fall. (Obwohl die guten Jahre unter Androsch natürlich auch wesentlich von der guten Weltkonjunktur abhingen.)

Unbeeinflusst von der Weltkonjunktur gilt die Saldenmechanik: Sie beweist mit mathematischer Gewissheit, dass höhere Ausgaben des Staates die Konjunktur befeuern. Ebenso schlüssig ist daher, dass Minderausgaben des Staates – Überschüsse auf seiner Seite – sie einbremsen.

Der Applaus der Bevölkerung, den Kurz und Löger für ihren „Überschuss" einheimsten, war heftig, obwohl klar sein müsste, dass die gute Konjunktur, die den „Überschuss" ermöglichte, zweifelsfrei von der abgewählten rot-schwarzen Koalition grundgelegt wurde. Doch das sieht der „Mann von der Straße" ebenfalls fast nie, weil ihm nicht geläufig ist, wie lange es dauert, bis wirtschaftliche Entscheidungen Wirkung zeigen – er ordnet die wirtschaftliche Entwicklung, die er gerade erlebt, immer der aktuellen Regierung zu.

Wenn er wirtschaftlich auf einem höheren Niveau ungebildet war, sah er das entscheidende Verdienst der aktuellen Regierung zwar nicht unbedingt in der aktuellen Konjunktur, wohl aber im „Sparen": Erst sie sei so klug, die gute Konjunktur zu nutzen, um Budgetüberschüsse zu bilden, indem sie weniger ausgibt, als sie einnimmt.

Dass man auch das anders sehen kann, begreift die Bevölkerung abermals nicht: Wenn der Staat weniger ausgibt, als er einnimmt, gibt er ihr weniger zurück, als er ihr weggenommen hat.

Konkret: Die Regierung nutzte die dank der guten Konjunktur erzielten Mehreinnahmen nicht, um der Bevölkerung entsprechend gesteigerte Leistungen – bessere Schulen, mehr U-Bahnen, ein schnelleres digitales Netz usw. – zu bieten, sondern um den zitierten „Überschuss" zu bilden beziehungsweise Schulden abzubauen. Das ist propagandistisch offenkundig sehr wertvoll. Aber normalerweise müsste die Bevölkerung eigentlich bedauern, dass sie auf diese Weise nicht in den Genuss gesteigerter Leistungen kommt.

Dass sie stattdessen applaudiert, liegt daran, dass ihr eingeredet wurde, dass Überschüsse des Staates unglaublich nützlich sind, weil sie der Regierung erlauben, die angeblich unglaublich wichtige Staatsschuldenquote zu senken, von der ich hier hoffentlich erfolgreich demonstrieren konnte, wie unerheblich sie ist.

Aber mit Wolfgang Schäuble hält die Bevölkerung hohe Schuldenquoten für verhängnisvoll – schließlich schnürt auch hierzulande jede Hausfrau bei Schulden den Gürtel enger. Dass es schon bei Unternehmen meist besser ist, mittels zusätzlicher Kredite (= zusätzliche Schulden) in neue Produkte zu investieren, ist nur Unternehmern geläufig. Und dass es bei Staaten so gut wie immer besser ist, weil ihre Investitionen unmittelbar Aufträge und Arbeit schaffen, weiß leider fast niemand, weil des Rechnens unfähige neoliberale Ökonomen es bestreiten. Ich weiß nicht, was ich noch anführen muss, um zu belegen, dass die Staatsschuldenquote eine ökonomisch nahezu irrelevante Zahl ist: die USA mit 108 Prozent stehen bei allen wirtschaftlich relevanten Daten – Wirtschaftswachstum, Arbeitslosigkeit, Zukunftstauglichkeit – weit besser als die Eurozone mit ihren 86,7 Prozent da. Griechenland oder Italien kranken nicht in erster Linie an ihren hohen Schulden, sondern an ihrer hohen Korruption und mangelnden Rechtssicherheit.

Die Forderung nach einer raschen Senkung der österreichischen Staatsschuldenquote war und ist so kontraproduktiv, wie sie populär ist. Der schwarze Ex-Finanzminister Hans Jörg Schelling hat wenigstens gesagt, dass wir diesbezüglich „nicht unbedingt Vorzugsschüler" sein müssten – Hartwig Löger hat uns dazu gemacht.

Obwohl vielleicht sogar dem „Mann von der Straße" einleuchtet, dass es insbesondere angesichts minimaler Zinsen ökonomisch ungleich sinnvoller wäre, das digitale Netz schneller als geplant auszubauen, mehr soziale Wohnbauten zu errichten oder das Schulsystem energischer zu sanieren, als die Staatsschuldenquote um zwei Prozent zu senken.

Müssen höhere Staatsschulden höhere Zinsen bedeuten?

Weil die mangelnde Aussagekraft der Staatsschuldenquote zumindest denkenden Ökonomen klar ist, ergänzen neoliberale Wirtschaftsfunktionäre, die die Staatsausgaben dennoch dringend um angeblich „ausufernde Sozialausgaben" senken wollen, ihre Sparappelle mittlerweile durch ein rationaleres Argument: Österreich würde dann von der niedrigeren Staatsschuldenquote profitieren, wenn die Zinsen wieder stiegen, weil sein Zinsendienst dann geringer wäre.

Nur dass die Zinsen nicht bloß aus saldenmechanischen Gründen den Zeichnern von Staatsanleihen zugutekommen, sondern dass es auch diesen Zusammenhang zwischen hoher Quote und hohen Zinsen in dieser Form nicht gibt: Der Zinsendienst Japans ist mit steigender Schuldenquote ständig gefallen. Es erhält trotz seiner 235 Prozent Schuldenquote jede Menge Geldes zu günstigsten Konditionen, weil es wirtschaftlich eben sehr stark ist und sich vernünftige Financiers nicht an Staatsschuldenquoten, sondern an wirtschaftlicher Stärke orientieren. Nicht anders ergeht es den USA mit ihrer Schuldenquote von 108 Prozent. Und natürlich ist auch Österreich trotz seiner 78,3 Prozent für Kreditgeber ganz ungleich attraktiver als Rumänien mit seinen 35 Prozent.

Nur wenn es zum Beispiel sein Bildungssystem nicht energischer verbessert oder die Digitalisierung nicht energischer vorantreibt, ist Österreichs Bonität irgendwann gefährdet.

Umgekehrt ist der Zinsendienst Griechenlands mit seiner rasant steigenden Staatsschuldenquote (derzeit 178 Prozent) sehr wohl deutlich gestiegen, weil sie eben den rasanten Verfall des BIP und damit der wirtschaftlichen Leistung signalisiert. Und auf einem niedrigeren Niveau gilt das auch für Italien, wo die Zinsen angesichts des verfallenden BIP ebenfalls relativ etwas gestiegen sind. Die EZB – ich wiederhole mich aus gutem Grund – hätte das Ausmaß des Anstiegs zwar in beiden Fällen deutlich verringern können, indem sie sich ausdrücklich hinter die beiden Länder gestellt hätte, aber das haben Deutschlands Einwände gegen solidarische Hilfe in beiden Fällen verhindert. In jedem Fall aber gilt: Man muss den Nenner in diesem Bruch, das BIP, so rasch wie möglich erhöhen, um wenigstens für Italien ein besseres Resultat zu erhalten – und das geht, wie bei einem Unternehmen, am ehesten durch „Verschuldung" in Gestalt massiver Investitionen des Staates in Italiens wirtschaftliche Gegenwart und Zukunft.

Nicht die Schulden, die Guthaben sind das Problem

Darüber hinaus ist ein massiver Anstieg der Zinsen, zu denen Staaten sich Geld leihen, weit und breit nicht in Sicht. Vielmehr gibt es, im Gegenteil, jede Menge billigsten Geldes, das nur darauf wartet, zu noch so niedrigen Realzinsen in halbwegs funktionierenden Volkswirtschaften veranlagt zu werden.

Das aktuelle Problem der alten Industrienationen besteht nicht in den hohen Schulden, sondern genau umgekehrt in den hohen Sparquoten: Reiche Bürger bilden immer höhere Sparguthaben, erfolgreiche Unternehmen legen immer höhere Gewinne auf die hohe Kante – und nach dem deutschen Staat produziert nun auch der österreichische Staat „Überschüsse" zum Zweck des Schuldenabbaus, statt voran die Kaufkraft zu mehren und Arbeit und mit ihr Güter und Leistungen zu schaffen.

Geld kann die Wirtschaft nur beflügeln – und damit kehre ich zur Saldenmechanik zurück –, wenn es ausgegeben, investiert oder zu Einkäufen verwendet wird. Es muss, aus Gründen der Mathematik, jemanden geben, der Schulden macht, damit die Wirtschaft wachsen kann. Dass Österreich und Deutschland sie nicht machen, sondern sogar einen Überschuss erzielen, bedingt, dass andere Staaten umso mehr Schulden machen müssen.

Schulden, die die *Frankfurter Allgemeine Zeitung* und die EU-Kommission diesen Staaten dann empört zum Vorwurf machen.

In Deutschland, so errechnet der Ökonom Heiner Flassbeck, sparen private Haushalte und Unternehmen 2018 zusätzliche 250 Milliarden Euro. Dieser gigantische Betrag und dazu der beträchtliche Budgetüberschuss gehen der deutschen Wirtschaft – siehe Saldenmechanik – an Ausgaben = Einnahmen verloren.

Wie konnte sie in der Vergangenheit dennoch funktionieren? Indem sich das Ausland gegenüber Deutschland in immer größerem Ausmaß verschuldet hat! Indem Deutschland so viel mehr exportiert, als es importiert, und daher jedes Jahr einen gigantischen Handelsbilanzüberschuss produziert.

Das geht so lange gut, als das Ausland es kampflos akzeptiert. Aber Südeuropa bis hin zu Frankreich ist wirtschaftlich und politisch bereits alles eher als stabil – niemand kann sagen, wie lange es seine „Schuldner"-Rolle akzeptiert, und vor allem, wie lange es sie akzeptieren kann, ohne ökonomisch zusammenzubrechen.

Damit bin ich wieder bei den Problemen des „Südens" und am Rande beim „chronischen Defizit" in der Handelsbilanz der USA. Aber bevor ich mich eingehend damit auseinandersetze, möchte ich noch kurz auf das Eingangsargument Christine Lagards eingehen, dass ein geringer Staatsschuldenstand und laufende Überschüsse vor künftigen Krisen schützten: Die niedrigste Staatsschuldenquote unter den großen „westlichen" Industrienationen der EU hatte 2007 Spanien mit nicht einmal 35 Prozent – ein Jahr später war es eines der wehrlosesten Opfer der Finanzkrise.

Vielleicht führt die wörtliche Beurteilung der wirtschaftlichen Situation Spaniens durch die Ratingagentur Moody's nicht nur vor Augen, wie unseriös es ist, dem Urteil solcher Agenturen über einen Staat zu vertrauen, sondern wie unseriös es ist, aus der niedrigen Verschuldung eines Staates auf dessen Krisenfestigkeit zu schließen. Ich zitiere aus Moody's Gutachten für Spanien im Jahr 2007: „In seinem aktuelle Jahresreport bestätigt moody's investor service das Aaa-Rating des Landes mit seinem stabilen Ausblick. Beides spiegelt die fortdauernde fiskalische Konsolidierung und die strukturellen Reformen auf der Basis einer klugen Fiskalpolitik, die Budgetüberschüsse und eine robuste Wirtschaft umfasst." „Die aktuellen Budgetüberschüsse stehen in wohltuendem Gegensatz zu den sich ausweitenden Budgetdefiziten vieler anderer Staaten der Eurozone", erklärte Moody's Vizepräsident Alexander Kockerbec.

Ein ökonomischer Vollkoffer.

DER NEOLIBERALE KAMPF GEGEN QE

Der Euro wäre spätestens seit 2012 Geschichte, hätte EZB-Präsident Mario Draghi nicht gegen alle Überzeugung und Entrüstung Deutschlands erklärt, ihn „mit allen Mitteln" – auch jenen Deutschlands – zu verteidigen.

Er musste diese Mittel (wie er erwartet hatte) in der Folge nicht einsetzen, denn seine Aussage wirkte wie eine Drohung der USA, auf eine ihr nicht genehme Entwicklung mit allen militärischen Mitteln zu reagieren: Niemand kam auch nur auf die Idee, gegen die EZB auf das Ende des Euro zu spekulieren.

Außerhalb Deutschlands weiß zumindest jeder denkende Finanzminister um das überragende Verdienst, das sich Draghi auf diese Weise um den Euro und die Existenz der Eurozone erworben hat – in Deutschland stellt der Verfassungsgerichtshof bis heute die Rechtmäßigkeit seines Handels infrage, obwohl der Europäische Gerichtshof sie bestätigt hat, indem er erklärte, dass es eine gemeinsame Währung ohne gemeinsame Haftung nicht geben könne.

Weil die Uhren in Deutschland so anders ticken, war zu erwarten, dass Wolfgang Schäuble auch heftig protestieren würde, als Draghi ein zweites Mal massiv in die wirtschaftliche Entwicklung der EU eingriff: Weil er sah, dass die Konjunktur nach dem Sparpakt (in Wirklichkeit wegen des Sparpaktes) nicht und nicht in die Gänge kommen wollte und statt gesunder Inflation wegen langsam steigender Löhne und steigendem Bedarf Deflation – ein Sinken der Preise und damit Wirtschaftsabschwung – drohte, ging er, wie die US-Notenbank FED, mit zwei Jahren Verspätung ebenfalls auf „Quantitative Easing" (QE) über.

Das bedeutete: Die EZB stellte Banken Geld nicht nur wie schon zuvor zu einem Nullleitzins zur Verfügung, sondern sie kaufte ihnen, gestaffelt nach der Größe der jeweiligen Volkswirtschaft, in einem festgelegten Umfang von zwanzig Prozent von Jahr zu Jahr Staatsanleihen ab, um auf diese Weise Geld in die Tresore des Bankenapparates der Mitgliedsländer zu leiten. Damit es dort aber nicht liegen bleibt, sondern, wenn irgend möglich, als Kredit verliehen wird und damit hoffentlich Nachfrage produziert, gestattete sie den Banken nicht, es wie zuvor kostenlos bei ihr zu parken, bis es in Anspruch genommen wird, sondern verhängte dafür eine Parkgebühr in Form von Zinsen, die ihr die Banken fürs Parken entrichten müssen.

Kürzer: Die EZB pumpte Geld in die Wirtschaft aller, voran aber der schwachen Mitgliedsländer, in der Hoffnung, dass das den Aufschwung bewirken würde, den der Sparpakt systematisch unterbindet. Wobei Draghi immer klar war, dass das eine geldpolitische Hilfestellung – um nicht zu schreiben „Ersatzhandlung" – angesichts einer fiskalpolitischen Unterlassung war: Immer wieder forderte er, dass die Finanzminister, voran jener Deutschlands, die Wirtschaft doch endlich durch Investitionen stimulieren sollten.

Es war vorauszusehen, dass Wolfgang Schäuble das auf keine Weise verstand: Er beharrte auf seinem Nulldefizit und schäumte gegen Draghis QE. Alles, was nach Geldausgeben anstelle von „Sparen" riecht, wird von ihm perhorresziert, auch wenn es offensichtlich nutzt: Neben dem Verzicht auf „Sparen" war QE der zweite, wenn auch nicht ganz so gewichtige Grund, dass sich die Wirtschaft der USA so viel rascher, so viel besser als die der Eurozone entwickelte. Noch einmal in Zahlen:
• Das reale BIP/Kopf der USA stieg von 2009 bis 2017 um 10,4 Prozent, das der Eurozone um 7,7 Prozent.
• Die Arbeitslosigkeit in den USA sank von 9,2 auf 4,3 Prozent drastisch und liegt heute sogar unter vier Prozent, während die der Eurozone nur von 10,2 im Jahr 2010 auf 9,1 Prozent[4] im Jahr 2017 zurückging.

Nicht dass die USA alles so gut wie möglich gemacht hätten, aber EU und Eurozone machten alles so schlecht wie der deutsche Finanzminister. Ihre Wirtschaft konnte trotz des Nachholbedarfs des ehemaligen Ostblocks unmöglich ausreichend wachsen, weil die potentesten Staaten ihre Nachfrage aufgrund des Sparpaktes im Gleichschritt verminderten.

Ich bin, entgegen dem oberflächlichen Eindruck dieses Textes, kein Fan von QE – viel besser wäre es, mehr Wirtschaftswachstum durch ein Ende des staatlichen Sparens und vermehrte staatliche Investitionen zu schaffen, also – um es fachsprachlich auszudrücken

---

[4] Zahlen der Bundeswirtschaftskammer.

– „Fiskalpolitik" zu betreiben. Aber solange sinnvolle Fiskalpolitik ausgeschlossen wird, gibt es nur „Geldpolitik", um gegenzusteuern. Ich nehme damit ausnahmsweise eine völlig andere Haltung als der von mir so verehrte Professor Streissler ein, der mir riet, dringend vor QE zu warnen, und möchte diese meine Ansicht daher eingehend begründen.

In Kurzform: Ohne Draghis neuerliches Eingreifen wären EU und Eurozone wirtschaftlich auf Griechenland gekommen. Es musste einen Ausgleich für das auch von Streissler abgelehnte Sparen des Staates geben.

Das erste Argument, das Deutschlands und Österreichs neoliberale Medien *Frankfurter Allgemeine Zeitung* und *Presse* gegen QE in Stellung brachten, war die monetaristische These, dass die durch QE bewirkte Erhöhung der Geldmenge zu gefährlicher Inflation führen müssen – der Leiter des Wirtschaftsressorts der *Presse*, Franz Schellhorn (heute Agenda Austria), sah sie sogar „durch die Decke schießen".

In Wirklichkeit konnte QE nur das Gegenteil von Inflation – Deflation – gerade noch verhindern.

Die neoliberale, monetaristische Vorstellung von Inflation erwies sich empirisch also als jedenfalls falsch. Ich weiß nicht, ob die meine richtiger ist, möchte sie aber zumindest deponieren: Inflation hat entweder einen ausreichenden Anstieg der Löhne zur Ursache – dann ist sie gesund und richtig und wird allenfalls problematisch, wenn die Löhne zu sehr (weit über die Produktivität hinaus) gesteigert werden.

Hyperinflation – und nur die ist gefährlich – setzt meines Erachtens grundsätzlich Knappheit der Güter voraus – solange die sich beliebig vermehren lassen, kann noch so viel Geld im Umlauf sein, ohne dass Waren und Dienstleistungen teurer werden.

Um es an einem konkreten Beispiel zu illustrieren: Wenn ein Bild Rembrandts, also ein denkbar knappes Gut, versteigert wird und man die Budgets der steigernden Museen von zehn auf hundert Millionen US-Dollar erhöht (also die für ihren Gemäldeeinkauf verfügbare Geldmenge drastisch vermehrt), wird der Preis des Rembrandt-Bildes, das sonst vielleicht um zehn Millionen zu ersteigern gewesen wäre, mit ziemlicher Sicherheit auf hundert Millionen explodieren. Wenn Museen hingegen Klimageräte einkaufen, dann wird ihr sehr viel höheres Budget deren Preise nur minimal erhöhen, denn es gibt jede Menge Klimageräte und jede Menge konkurrierende Lieferanten, die sich um ihren Verkauf reißen.

Solange die Menge der angebotenen Güter beliebig vermehrbar ist, hat die Menge des herumschwirrenden Geldes auf ihren Preis kaum Einfluss.[5]

Meine Theorie der Hyperinflation ist zumindest vereinbar mit dem, was Deutschland nach dem Ersten Weltkrieg erlebt hat und bis heute seine panische Inflationsangst begründet: Nach diesem Weltkrieg waren Güter in Deutschland denkbar knapp, weil viele Produktionsanlagen zerstört waren und weil ein großer Teil der arbeitsfähigen Bevölkerung gefallen war. Ausreichend ausländische Waren zuzukaufen verhinderten die hohen Reparationszahlungen, der Mangel an Devisen und das Fehlen von Krediten. Unter diesen Umständen mussten die Preise für die dennoch angebotenen, denkbar knappen Waren zwangsläufig in die Höhe schießen und der Versuch, dem durch Gelddrucken zu begegnen, musste zu einer Hyperinflation führen, die dann auch noch eine sich selbst verstärkende Eigendynamik entwickelte: Weil jeder glaubte, dass am nächsten Tag alles teurer würde, gab er jeden Pfennig ungeprüft aus und beschleunigte damit den Preisauftrieb.

Ich will nicht behaupten, dass diese meine These die richtige Theorie der Inflation ist, aber besser als die der Monetaristen funktioniert sie allemal.

Der unvermeidliche Anstieg der City-Preise

Weil die Inflation also jedenfalls trotz QE entschieden ausblieb, ja genau umgekehrt so niedrig wie lange nicht geblieben ist, begann etwa Christian Ortner sie neu zu definieren: Waren würden zwar nicht teurer, wohl aber „wirkliche Werte" – er nannte Aktien, Gold, Immobilien, Nahrungsmittel. Das stimmt in Grenzen, sofern man nur Gold, Aktien und City-Immobilien als wirkliche Werte bezeichnet. Schon bei Nahrungsmitteln stimmte es nicht, obwohl die *Presse* die „gefühlte

---

5 Dass den Banken mehr Geld zur Verfügung steht, muss überhaupt keinen Einfluss auf die Preise haben, solange sie es nicht in Form von Krediten weitergegeben haben, so dass Bürger oder Unternehmen damit mehr Güter nachfragen – Geld muss also „nachfragewirksam" werden, und das ist auch bei gesteigerter Geldmenge nicht zwangsläufig der Fall. QE bemüht sich daher um erhöhte Nachfragewirksamkeit, indem die Zentralbank das Parken des Geldes bestraft.

Inflation" zulasten der Hausfrauen entdeckte: Die Nahrungsmittelpreise stiegen zwischen 2008 und 2014 trotz „Geldschwemme" nicht stärker als zwischen 2000 und 2007. Die Goldpreise hingegen stiegen tatsächlich kurz und kräftig an, fielen allerdings wieder und verweilen mittlerweile auf einem jedenfalls höheren Niveau als vor QE – Gold zählt nicht umsonst zu den relativ knappen Gütern.

Durchschnittsbürger trifft sein Preisanstieg freilich mäßig, es sei denn, eine junge Russin will sich von einem Oligarchen mit Goldschmuck verwöhnen lassen oder ihr Liebhaber dringt auf Goldplomben.

Deutlich mehr betreffen den Durchschnittsbürger die Immobilienpreise. Die stürzten im Süden (Griechenland, Portugal, Spanien) trotz „Geldschwemme" teilweise auf die Hälfte ab, erhöhten sich aber deutlich in den Stadtzentren Österreichs oder Deutschlands. Denn City-Baugrund in Wien, Salzburg oder Innsbruck ist wie in München oder Frankfurt denkbar knapp und durch die laufende Zuwanderung noch knapper geworden. In diesen Stadtzentren ist der Preisanstieg bei vergrößerter, nachfragewirksamer Geldmenge in der Tat unvermeidlich, weil sich Baugrund dort kaum vermehren lässt.

(Neoliberale treten allerdings selten dafür ein, ihrem Anstieg gesetzliche Grenzen zu setzen, weil er auch ohne QE weitgehend unvermeidlich ist.)

Ist der Anstieg der Aktienpreise kritisch?

Die auffälligste Preissteigerung gab es – erwartungsgemäß – bei Aktien, weil ihre Stückzahl ex definitione begrenzt ist: So ist das Kurs-Gewinn-Verhältnis der DAX-Werte seit seinem Tief im Jahr 2009 von acht auf 14,5 im Jahr 2018 gestiegen, er lag allerdings Mitte der Neunzigerjahre schon bei 31.

In den USA ist der Anstieg massiver – wahrscheinlich kritischer –, allerdings ist die Konjunktur dort auch viel besser als in der EU verlaufen. Aber am Aktienmarkt verlieren vornehmlich Superreiche plötzlich und schnell, was sie zuvor plötzlich und schnell gewonnen haben. (Pensionsfonds spekulieren im Allgemeinen vorsichtiger). In den USA mit seinem weitgestreuten Aktienbesitz ist plötzlicher Kursverfall aber zweifellos auch für Normalbürger ein Problem, obwohl ihm jahrelanger Kursanstieg samt Dividenden gegenübersteht.

Meines Erachtens signalisiert der Kursrückgang, der im Herbst 2018 von Europas Börsen auch auf die Börsen der USA übersprang, dass eine nützliche Kurskorrektur im Gange ist. In Deutschland ist man freilich der Überzeugung, dass sie nur auf Donald Trumps Forderung nach Zöllen gegen China und Deutschland zurückzuführen ist – aber das ist ein anderes Kapitel, auf das ich noch eingehen werde. Ich jedenfalls halte diese Kurskorrektur für begründet, nötig und richtig.

Unternehmen haben vom Kursanstieg dank „Geldschwemme" aber dennoch primär profitiert: Sie hatten es noch leichter zu investieren. Musste ein Topunternehmen wie BASF vor der „Geldschwemme" noch 5,1 Prozent für Kredite bezahlen, wenn es deren Aufnahme aus steuerlichen Gründen oder der Größenordnung der Investition wegen der Nutzung von Eigenmitteln vorzog, so begibt Daimler seine jüngste Anleihe zu 0,5 Prozent, bezahlt also minimale Zinsen für viel Geld.

Zusammenfassend lässt sich sagen: Mit meiner Theorie der Inflation stimmt die Entwicklung der Preise jedenfalls allenthalben überein. Die Preise beliebig vermehrbarer Güter steigen durch QE in keiner Weise – die Preise schwer vermehrbarer oder gar knapper Güter steigen sehr wohl, wenn auch in sozial verträglichen Grenzen. Denn Gott sei Dank deckt die überwältigende Mehrheit der Bevölkerung ihre Bedürfnisse durch vermehrbare Güter, und selbst Wohnraum kann außerhalb der Stadtzentren ausreichend geschaffen werden, wenn man es nicht durch grenzenlos marktwidrige Mietgesetze erschwert.

Wenn deutsche oder österreichische Unternehmen trotz QE nicht im erwarteten Ausmaß investierten, dann hat das andere, „saldenmechanische" Gründe (siehe S. 77 ff.): Diese Unternehmen sahen nach wie vor keine ausreichend erhöhte Nachfrage.

Die Vorteile, die QE mit sich brachte, indem es das Wachstum der realen Wirtschaft ankurbelte oder zumindest nicht völlig erliegen ließ, scheinen mir damit größer als die beschriebenen Nachteile und Risiken.

Zumindest Stefan Ultsch revidierte in der *Presse* die Ansicht seines einstigen Ressortleiters Frank Schellhorn: QE, so schrieb er, habe keine gefährliche Inflation mit sich gebracht.

Sind die Sparer arm wie nie?

Seit das Argument mit der Hyperinflation ad absurdum geführt ist, bevorzugen deutsche Ökonomen und die *Frankfurter Allgemeine Zeitung* das Argument, dass QE die „Sparer wie nie zuvor benachteiligt". Auch das stimmt so nicht: Es hat (schon gar in Österreich) mehrfach Jahre gegeben, in denen die Sparer deutlich mehr Geld verloren haben, weil der Sparzinssatz zwar zwei oder drei Prozent, die Inflation aber fünf oder sechs Prozent betragen hat. Heute liegen die Sparzinsen zwar bei null, aber lange bewegte sich auch die Inflation in diesen Regionen.

Letztlich ist es aber der Sinn von QE, Sparen unattraktiv zu machen. Denn auch aufseiten der Konsumenten wird zu viel gespart, statt dass Geld ausgegeben und Waren eingekauft würden.

Das Hauptproblem von QE ist bisher nicht, dass es Katastrophen heraufbeschworen hätte, sondern dass es die Wirtschaft nicht schnell genug ausreichend anzukurbeln vermochte.

Auch das werfen Wolfgang Schäuble und Deutschlands herrschende Ökonomen der EZB mittlerweile vor: QE halte nicht, was es versprochen hat. Aber das liegt daran, dass Sparpakt und Einkommenspolitik leider den viel größeren Einfluss auf die Wirtschaft haben: Banken können noch so viel Geld noch so billig zur Verfügung stellen – Unternehmer werden dennoch nur dann vermehrt Kredite aufnehmen, wenn sie sich von zusätzlichen Investitionen mehr Geschäft erwarten. Wie aber sollen sie mehr Geschäft erwarten, wenn der Staat weiterhin mit Aufträgen und Ausgaben spart und wenn der Teil der Bevölkerung, der noch viele Konsumwünsche offen hätte, weiterhin geringere Realeinkommen als vor zwanzig Jahren bezieht?

Die EZB kann nicht so viel richtig machen, wie Deutschland wirtschaftspolitisch falsch macht.

Gelingt die Normalisierung?

Etwas nachdenklichere deutsche Ökonomen mussten sich daher etwas Neues einfallen lassen, um QE weiterhin negativ zu beurteilen: Es würde zu gefährlichen wirtschaftlichen Verwerfungen führen, wenn die Zentralbanken es langsam wieder zurücknähmen.

Mittlerweile hat es die FED seit Dezember 2015 zurückgenommen: Die damalige Chefin der US-Zentralbank, Janet Yellen, hat den US-Leitzins nach Jahren, in denen er zwischen 0,0 und 0,25 Prozent pendelte, in kleinsten Schritten von jeweils 0,25 Prozent mehrfach angehoben, so dass er heute bei zwei Prozent fast wieder normal genannt werden kann – und die gefährlichen Verwerfungen sind ausgeblieben. Die *Presse*, die Yellens Zinswende am 5. August 2017 noch „echt" nannte und „Gefahren" sah, reduzierte sie daher am 8. August zur „Alibi-Aktion", weil die Zinserhöhung „längst in den (Aktien-)Kursen enthalten" sei. Nur sprach die Problemlosigkeit, die sie diesem Vorgang damit attestierte, nicht minder für die Qualität der US-Geldpolitik. Und die anerkennen *Frankfurter Allgemeine Zeitung* oder *Presse*, Agenda Austria oder Christian Ortners „Zentralorgan des Neoliberalismus" nur höchst ungern an, haben sie doch ganz im Sinne des neoliberalen Monetarismus gepredigt, dass die „Geldschwemme", die die FED in den USA und die EZB in der Eurozone im Sinne Keynes erzeugten, zu nichts als Problemen führen würde.

Dass sie Risiken birgt, ist natürlich auch Janet Yellen und Mario Draghi klar: Alan Greenspan, der in meinen Augen unfähigste FED-Präsident der jüngeren Geschichte, trug entscheidend zum Ausbruch der aktuellen Krise bei, indem er die Zinsen zuerst aus Angst um den Aktienmarkt dramatisch senkte, um sie dann aus Angst um den US-Dollar dramatisch anzuheben. Das musste Menschen, die Kredite für Aktien- oder Immobilienkäufe zu niedrigsten Zinsen aufgenommen hatten und dann zu hohen Zinsen rückzahlen mussten, in Katastrophen stürzen.

Daher Yellens extreme Vorsicht bei der Zinserhöhung.

Allerdings glaube auch ich, dass die USA ihre bessere Erholung dennoch weit weniger dem billigen Geld als den um zwanzig Prozent erhöhten Rüstungsausgaben verdanken – so wie die Eurozone ihre trotz des billigen Geldes so schleppende Erholung dem Sparpakt, der „schwarzen Null" und der Überschuss-Idiotie verdankt.

DAS WUNDER VON WÖRGL

Der Text dieses Buches war bis zu dieser Stelle gediehen, als auf ORF 2 der Spielfilm „Das Wunder von Wörgl" gezeigt wurde, auf den ich eingehen möchte, weil er vieles von dem, das ich hier mühsam zu erklären suche, einprägsam vor Augen führte, indem er ein Intermezzo der österreichischen Wirtschaftsgeschichte beinahe dokumentarisch nacherzählt: Anfang der Dreißigerjahre wurde die Tiroler Gemeinde Wörgl wie ganz Österreich von der Weltwirtschaftskrise heimgesucht. Alles Wirtschaftsleben war so gut wie tot. Geschäfte und selbst Gaststätten waren leer. Rundum wurde kaum mehr produziert, gehandelt und konsumiert.

Da bestellte der Gemeinderat in seiner Verzweiflung einen Außenseiter zum Bürgermeister: Den der Sozialdemokratie zugehörigen, aus der Kirche ausgetretenen Lockführer Michael Unterguggenberger, der zumindest Optimismus ausstrahlte.

Unterguggenberger, ein Autodidakt mit Hauptschulabschluss, übernahm aufgrund eines Buches, das er gelesen hatte, die ökonomischen Thesen eines Außenseiters der Nationalökonomie, Silvio Gesell.

Gesell, ein recht erfolgreicher deutscher Kaufmann, der lange in Argentinien gelebt und dort erlebt hatte, wie die Bindung des Geldes an den Goldstandard eine schwere nationale Wirtschaftskrise auslöste, hatte sich, ähnlich autodidaktisch wie Unterguggenberger, in Theorien zum Wesen des Geldes vertieft. Dabei kam er zu dem Schluss, dass Geld der Wirtschaft nur als „Tauschmittel", nicht aber als „Hortungsmittel" dienen sollte, weil es im Gegensatz zu Waren und menschlicher Arbeitskraft „weder rostet noch verdirbt". Man müsse es daher „natürlichen Dingen nachbilden": Es müsse in der Hand seines Besitzers wie menschliche Arbeitskraft und Waren mit der Zeit an Wert einbüßen. Damit wäre es einem ständigen Weitergabedruck ausgesetzt und büßte seine Vormachtstellung ein. Denn kein Geldbesitzer würde es ohne Schaden für sich selbst zurückhalten, „horten" können. Er würde es vielmehr ausgeben müssen, so dass damit ständig Güter und Dienstleistungen gekauft beziehungsweise produziert würden.

Zumindest diese letzten Schlüsse müsste jeder mit der Saldenmechanik vertraute Ökonom bejahen.

In der Praxis empfahl Gesell sogenanntes „Freigeld": dem Geld optisch nachgebildete Scheine, die aufgrund einer gemeinsamen Abmachung zwar jederzeit gegen Waren getauscht werden können, aber Monat für Monat einen bestimmten Anteil ihres Wertes einbüßen, so dass sie ausgegeben werden müssen.

Tatsächlich bewährte sich Gesells Idee innerhalb einer kleinen bayrischen Gemeinde, die von einem Unternehmen dominiert wurde, das die Idee übernahm und seine Angestellten mit solchen Scheinen bezahlte, die in werkseigenen Geschäften eingelöst werden konnten.

Unterguggenberger verwirklichte die Idee Gesells in seiner Tiroler Heimatgemeinde Wörgl und später in deren Umgebung in ungleich größerem Umfang, indem er gemäß dem Gesell-System selbstentworfenen Scheine – er nannte sie AB-Scheine – in Umlauf brachte, die Monat für Monat einen kleinen Prozentsatz ihres Wertes verloren und überall, auch in der Gemeinde selbst, anstelle von Geld ausbezahlt bzw. angenommen wurden und schließlich bei allen Geschäften als Zahlungsmittel dienten. Das Schwierigste dabei war, die Bevölkerung zu überzeugen, und Unterguggenburger tat das, indem er vorführte, was ein Hundertschillingschein bewirkt, den ein Gast auf dem Tresen eines Gasthofs deponiert, um die kommende Übernachtung zu begleichen. Die Gastwirtin nimmt ihn erfreut, um damit endlich einen Einkauf bei einem Nahrungsmittelhändler zu tätigen, der damit endlich eine Bestellung bei seinem Lieferanten aufgibt und so fort und so fort. Ununterbrochen werden Waren aufgrund dieses Hundertschillingscheins produziert und weitergegeben, bis am Ende auch wieder jemand ins Gasthaus zur Übernachtung kommt. Nur der ursprüngliche Gast, der übernachten wollte, kommt und nimmt seinen eigenen Hunderter, der so viel Gutes bewirkt hat wieder mit, weil er es sich anders überlegt hat.

Besser hätte man die Wirkung versprochenen Geldes nicht demonstrieren können.

Nachdem er, der Freigeist, die Einwohner ausgerechnet mithilfe des über die Not der Bevölkerung bestürzten Pfarrers überzeugt hatte, die von ihm gedruckten AB-Scheine anzunehmen, bewährten sie sich unter seiner Führung glänzend. Denn die Gemeinde beschloss gleichzeitige Großaufträge – die Reparatur des Schulhauses, die Errichtung eines Kanalsystems, den Bau einer Sprungschanze und eines Schwimmbades, das bis heute existiert. Selbst Gemeindeabgaben konnten mit AB-Scheinen bezahlt werden. Die gesamte Wirtschaft Wörgls, vom Modegeschäft bis zum Gasthaus erlebte dank der ausgegebenen AB-Scheine eine ebenso unerwartete wie einsame Blüte.

Denn im Rest Österreichs tat der Christlich-Soziale Engelbert Dollfuß weitgehend das Gegenteil von dem, was Unterguggenberger unternahm: Er fuhr, vor allem zu Beginn seiner Regierung, die letztlich im Austrofaschismus endete, einen Sparkurs, der Wolfgang Schäuble begeistert hätte und der die Wirtschaftskrise und die damit verbundene gewaltige Arbeitslosigkeit nicht und nicht zu überwinden vermochte.

In der Region rund um Wörgl ging die Arbeitslosigkeit unterdessen mehr und mehr zurück, nachdem immer mehr der umliegenden Gemeinden das Modell Unterguggenbergers übernahmen und ebenfalls zunehmend florierten.

Aber obwohl vierzig Tiroler Bürgermeister für ihn demonstrierten und den Aufschwung anhand von Fotos und Bürgerzeugnissen dokumentierten, wurde Unterguggenberger vom Verwaltungsgerichtshof – wenn auch auf Bewährung – verurteilt und durfte sein „Freigeld" nicht mehr verbreiten, weil er damit das Monopol der Nationalbank auf die Herstellung von Geld verletzt hatte.

Innerhalb kurzer Zeit brach das Wirtschaftswunder von Wörgl wieder in sich zusammen. Wenig später ergriff Hitler auch in Österreich die Macht.

Lehren aus dem Wirtschaftswunder von Wörgl

Der mit dem großartigen Karl Markovics auch künstlerisch überzeugende Film zeigt eindringlich, was ich in diesem Buch mühsam zu vermitteln suche:

- Die Basis jedes Geldes ist ausschließlich das Vertrauen, das die Menschen in seine Funktion setzen.
- Selbst eine winzige Gemeinde kann funktionierendes Geld schaffen. Wie sehr kann das erst der Staat.
- „Gedrucktes Geld" kann aus sich heraus den Wirtschaftskreislauf beleben und die Produktion von Gütern und Leistungen bewirken.
- Große Ausgaben der öffentlichen Hand für Investitionen in die Infrastruktur wie die Errichtung eines Kanalsystems, die Sanierung eines Schulhauses oder der Bau von Sportstätten, die voran dem

Vergnügen und der Gesundheit dienen, können, obwohl sie keinen Gewinn abwerfen, auf der Basis solchen „gedruckten" Geldes getätigt werden und befördern das Florieren der gesamten Wirtschaft. Der Staat schafft Güter, indem er Geld druckt und verspricht, dass es überall angenommen wird und selbst zur Bezahlung von Steuern verwendet werden kann. Keynes hätte nicht besser als Unterguggenberger wirtschaften können. Die Saldenmechanik erfährt durch das Wunder von Wörgl eine weitere, frühe empirische Bestätigung.

• Eine in engen Grenzen gehaltene Geldentwertung, Inflation, ist nützlich, weil sie das Ausgeben des Geldes befördert und das Sparen von Geld behindert.

• Sparen des Staates, wie Dollfuß es verwirklichte und die Finanzminister Wolfgang Schäuble oder Hartwig Löger es predigen und nach Kräften verwirklichen, behindert eine florierende Wirtschaft und kann eine erholungsbedürftige im Extremfall einbrechen lassen.

Nur am Rande sei erwähnt: „Bitcoin" ist Gesells und Unterguggenbergers „Freigeld" weitgehend nachgebildet, indem es ebenfalls auf den Tausch von Waren abstellt. Es tut das allerdings auf sehr aufwendige Weise durch stromfressende digitale Verknüpfung und hat, mehr noch als AB-Scheine eines Bürgermeisters, den alle im Ort kennen, ein Vertrauensproblem, das sich allerdings beseitigen ließe, wenn der Staat hinter der digitalen Währung steht. Mehrere Staaten prüfen daher die Herausgabe digitalen Tauschgeldes.

Man sollte Wolfgang Schäuble und Hartwig Löger, Sebastian Kurz und Angela Merkel auf irgendeine Weise dazu bringen, sich den Film über das Wunder von Wörgl anzusehen – vielleicht ist er mehr als jeder Text in der Lage, ihre emotionalen Denkblockaden zu beseitigen.

Das „Wunder von Wörgl" leitet aber auch perfekt zu den nachfolgenden Kapiteln dieses Buches über: Es führt vor, wie wichtig eine präzise eingehaltene Inflationsrate für den Gang der Wirtschaft ist: Geld soll, ganz im Gegensatz zur Überzeugung von Schäuble und aller Hausfrauen dieser Erde, ständig leicht und begrenzt an Wert verlieren, damit es ausreichend ausgegeben wird. Deflation, das Gegenteil dieser permanenten Entwertung, stellt, wie die EZB richtig feststellte, eine massive Gefährdung der Wirtschaft dar. Das Anhäufen von Geld als „Hortungsmittel" – eine dauerhaft sehr hohe „Sparrate" – ist eine extreme Gefährdung der Wirtschaft.

WARUM WEHREN SICH DIE BÜRGER NICHT?

Warum hält trotz der in den vorangegangenen Kapiteln aufgezeichneten vernichtenden Bilanz nicht nur die überwältigend Mehrheit der Österreicher, sondern auch die überwältigende Mehrheit der Deutschen den Sparpakt für weise, obwohl sie die zugehörigen Reallohnverluste anders als ein Finanzminister oder ein Wirtschaftsfunktionär am eigenen Leib verspüren?

Weil es den Erfahrungen der Hausfrauen und, bei den Deutschen, der protestantischen Sozialisierung entspricht; weil beider Regierungen im Fernsehen ständig unwidersprochen behaupten dürfen, wie wichtig das Sparen des Staates ist und wie schlecht es angeblich allen geht, die zu wenig sparen; weil „die Wirtschaft" diesen Schwachsinn nicht infrage stellt; weil Zeitungen, die behaupten, Wirtschaftsblätter zu sein, ihn genauso wenig infrage stellen; weil Jean-Claude Juncker und die EU-Funktionäre ihn predigen, obwohl zumindest die Volkswirte der OECD und des IWF inzwischen eingestanden haben, dass zumindest die gleichzeitige Verhängung des Sparpaktes über alle Länder der EU und die Forderung nach rascher Rückführung der Staatsschuld eine unglückliche Strategie gewesen ist.

Warum halten die Österreicher, die diese Stellungnahme des IWF aus ihren Medien erwartungsgemäß kaum kennen, den Sparpakt für besonders weise, obwohl er nicht auf ihrem Mist gewachsen ist?

Weil das vielbewunderte Deutschland den Sparpakt erfunden hat; weil Hartwig Löger aus der neuen türkis-blauen „Traumregierung" den Sparpakt noch energischer als Hans Jörg Schelling vertritt; weil das Sparen des Staates nicht zuletzt den ausdrücklichen Segen des Helden der Balkanroute, Sebastian Kurz, besitzt und von ihm als Glanzleistung der besten Regierung aller Zeiten verkauft wird.

Dazu kommt, für Österreicher wie für Deutsche, als wohl entscheidendes Argument, dass es ihren Ländern jedenfalls besser als den meisten anderen, ihnen persönlich bekannten Ländern geht. Ein Gefühl, das sich vor allem an der Arbeitslosigkeit festmacht, die in Deutschland mit 3,7 und in Österreich mit 5,5 Prozent besonders niedrig ist. Vor allem, wenn man sie mit Frankreichs 9,3, Italiens 11,2 und Spaniens 17,2 Prozent vergleicht.

Diese niedrige Arbeitslosigkeit ist freilich in keiner Weise dem Sparpakt zu verdanken, sondern hat sich, genau umgekehrt, trotz Sparpaktes ergeben, weil beide Länder Volkswirtschaften wie Frankreich, Italien oder Spanien etwas ganz anderes, Entscheidendes voraushaben: „Lohnzurückhaltung".

Sie ist daher das zentrale Thema der folgenden Kapitel.

LOHNZURÜCKHALTUNG – DIE DEUTSCHE WUNDERWAFFE

Begonnen mit der nicht mehr adäquaten Erhöhung der Löhne hat schon Mitte der Neunzigerjahre Holland – die Schweiz und Österreich sind gegen Ende der Neunzigerjahre gefolgt. Auf quantitativ etwas unterschiedliche Weise hat jedes dieser Länder das Gleiche getan: Es hat seine Löhne nicht mehr, wie bis dahin, real – also stets auch unter Berücksichtigung der Inflation – im Ausmaß des Produktivitätszuwachses erhöht.

Bis dahin hatte diesbezüglich in den entwickelten EU-Volkswirtschaften praktisch überall eine Formel gegolten, die in Österreich nach dem langjährigen Präsidenten des ÖGB, Anton Benya, „Benya-Formel" genannt wurde und besagte: Lohnerhöhung = Produktivitätszuwachs + Inflationsrate. Beziehungsweise zur Anwendung bei Verhandlungen: Produktivitätszuwachs + Inflationsrate muss gleich Lohnerhöhung sein.

Diese Formel hat einen sehr realen volkswirtschaftlichen Sinn, der durch Jahrzehnte von volkswirtschaftlich Gebildeten auch nicht infrage gestellt wurde: Eine Steigerung der Produktivität um z. B. drei Prozent, bedeutet, dass in dem betreffenden Land pro Jahr um drei Prozent mehr Güter und Dienstleistungen herstellt wurden; wenn man davon ausgeht, dass die Lohnsteigerungen diese Güter im Jahr um vielleicht zwei Prozent verteuert, „inflationiert" haben, dann erlaubt eine Gehaltserhöhung von fünf Prozent, wie sie sich nach der Benya-Formel ergibt, dass die Bevölkerung in der

Lage ist, diese Mehrproduktion auf dem Inlandsmarkt zu konsumieren.

Natürlich gilt das nicht für jedes einzelne Produkt oder jede einzelne Leistung, aber es gilt für die Summe aller in einem Land erzeugten Güter und Leistungen: Die Lohnerhöhung reicht aus, die Steigerungen des BIP im Wesentlichen im eigenen Land zu verkonsumieren.

Nicht dass das wirklich so geschieht oder geschehen muss. Es findet vielmehr ständig ein Güteraustausch unter den Volkswirtschaften statt, der normalerweise so beschaffen ist, dass jedes Land die Güter in andere Länder exportiert, die es besonders gut herstellt oder die dort besonders gefragt sind, während es aus diesen Ländern eine vergleichbare Menge von deren besonders guten, besonders gefragten Gütern importiert. Die gegenseitigen Handelsbilanzen sind zwar nicht zu jedem Zeitpunkt, wohl aber über mehrere Jahre hinweg einigermaßen ausgeglichen oder zumindest nicht völlig disparat.

Der permanente Export-Weltmeister

Mit Deutschland hat kein Land der Welt selbst über zwei Jahrzehnte hinweg eine auch nur halbwegs ausgeglichene Handelsbilanz – es exportiert ununterbrochen ungleich mehr als es importiert. Das ist eine zwingende Folge des Tatbestandes, dass auch Deutschland ab dem Jahr 2000 zur „Lohnzurückhaltung" übergegangen ist und diese „deutsch", also besonders effizient betreibt. Weil deutsche Löhne seit damals nicht mehr auf der Basis der Benya-Formel steigen, sondern Jahr für Jahr mehr zurückbleiben – weil zum Beispiel die Inflation gar nicht oder den Produktivitätsanstieg nur zu einem Teil berücksichtigt wird –, bleiben die Lohnkosten deutscher Unternehmen Jahr für Jahr immer weiter hinter den Lohnkosten der Staaten zurück, bei denen die Benya-Formel weiter zur Anwendung kommt. Das verschaffte deutschen Produkten gegenüber deren Konkurrenz einen von Jahr zu Jahr wachsenden, mittlerweile gewaltigen Preisvorteil.

Das hat eine Reihe zwingender Folgen:

- Deutsche Produkte gewinnen (erobern) überall immer größere Marktanteile. Unternehmen anderer Länder, die ihre Löhne wie bisher erhöhen, verlieren sie im gleichen Ausmaß.
- Da die deutschen Löhne deutlich zurückbleiben, bleibt auch die innerdeutsche Kaufkraft deutlich zurück. Deutsche Konsumenten

waren also immer weniger in der Lage, den Zuwachs, den ihr BIP dank Produktivitätssteigerung erfuhr, auch nur annähernd selbst zu konsumieren. Also müssen Deutschlands Unternehmen mehr Waren als je zuvor exportieren.

- Zugleich importiert Deutschland angesichts seiner relativ gesunkenen Kaufkraft relativ immer weniger ausländische Produkte. Das Gleichgewicht aus Export und Import ist dramatisch gestört: Seit 2000 hat Deutschland immer gewaltigere Handelsbilanzüberschüsse. Der direkte deutsch-französische Handel ist dafür ein charakteristisches Beispiel: Deutschland exportiert 2017 nach Frankreich Waren im Wert von 105,2 Milliarden und importiert aus Frankreich Waren im Wert von 64,16 Milliarden.

Auch davor erzielte es stets Handelsbilanzüberschüsse und konnte sich stets „Export-Weltmeister" nennen. Nur erzielte es diese Überschüsse vornehmlich, weil es tatsächlich mehr besonders gute, besonders gefragte Güter als andere Volkswirtschaften produzierte, und dieser Erfolg war Deutschland durchaus zu gönnen.

Seit dem Jahr 2000 erzielt es diese Überschüsse aber in ständig steigendem Ausmaß, auch ohne dass sich die Qualität seiner Waren verbesserte, dank der beschriebenen „Lohnzurückhaltung", die ich daher „Lohndumping" nenne: Deutschlands Produkte gewinnen Marktanteile, weil Deutschlands Arbeitskräfte dank Verzichts auf bis dahin angemessene Löhne die Preise dieser Güter subventionieren. Denn natürlich kann jedes Unternehmen jedes Produkt besser als seine Konkurrenten verkaufen, wenn es dank relativ zu ihm schrumpfender Lohnkosten billiger ist. Aber dieses Unternehmen bringt dabei keine größere unternehmerische Leistung, sondern es beutet seine Mitarbeiter aus.

Anlass der ab 2000 auch und vor allem deutschen „Lohnzurückhaltung" waren Probleme, die die „Wiedervereinigung" mit sich gebracht hatte. Die nämlich war nicht, wie die meisten deutschen Ökonomen (im Gegensatz zu Erich W. Streissler) vermuteten, in ein neues „Wirtschaftswunder" gemündet, sondern hatte im Gegenteil beträchtliche Schwierigkeiten mit sich gebracht: Die wirtschaftliche Umstellung von der kommunistischen Zwangswirtschaft auf freie Marktwirtschaft hatte im Westen gewaltige Kosten, im Osten gewaltige Arbeitslosigkeit verursacht: Der Westen musste die darniederliegende Infrastruktur Ostdeutschlands für zig Milliarden der Infrastruktur Westdeutschlands annähern (ich erinnere bei dieser Gelegenheit an den gewaltigen Wert staatlicher Infrastrukturen) und die bis dahin unwirtschaftlich funktionierende, längst nicht mehr konkurrenzfähige ostdeutsche, exkommunistische Staatsindustrie musste massenweise Arbeitskräfte abbauen, so dass die Arbeitslosigkeit in Ostdeutschland eine anfangs gewaltige war. In Westdeutschland wieder war sie schon vor der Wiedervereinigung eine für deutsche Begriffe hohe, weil – so zumindest meine Deutung, aber auch jede andere ist möglich – der weit fortgeschrittenen Automatisierung keine entsprechend ausgeweitete Nachfrage gegenüberstand.

Die deutsche Politik hatte – und hat – kein adäquates Mittel zur Bekämpfung der Arbeitslosigkeit.

Statt ihr zum Beispiel durch eine intensivierte Verbesserung der staatlichen Infrastruktur auch im Westen – viel mehr Lehrer, Sozialarbeiter, Kindergärtnerinnen, Pfleger, Ärzte, mehr U-Bahnen, mehr soziale Wohnbauten, grandiose öffentliche Bauten nach Art der Hamburger Oper, mehr Theater- und Musikbühnen oder, schon damals, alternative Kraftwerksbauten – entgegenzutreten, vielleicht auch große, nicht primär egoistische Beiträge zur Entwicklungshilfe zu leisten, die heute das Flüchtlingsproblem linderten, oder – horribile dictu – die Arbeitszeit zu verkürzen, entschloss sich die rot-grüne Regierung unter Kanzler Gerhard Schröder, Deutschlands erhöhte Arbeitslosigkeit mit „Lohnzurückhaltung" zu bekämpfen. Das hieß: zur Gewinnung neuer, zusätzlicher Arbeitsplätze wurde die Produktion maximal in Richtung Export ausgeweitet, indem man – siehe oben – ganz ungleich mehr Waren und Leistungen exportierte als man gleichzeitig importierte, weil die dank „Lohnzurückhaltung" massiv gesteigerte Konkurrenzfähigkeit diesen Mehr-Export auf denkbar einfache Weise ermöglichte. Der Minder-Import ergab sich ebenso einfach aus der durch „Lohnzurückhaltung" geminderten deutschen Kaufkraft.

Deutschlands Wirtschaft wuchs – und wächst – immer stärker zulasten aller konkurrierenden Volkswirtschaft, es konnte und anderen Volkswirtschaften sie weniger einstellen konnten und können.

Es exportiert mit seinen Waren seine Arbeitslosigkeit und ist darin jedenfalls Europameister. Seit 2007 wurden nicht weniger als 5,4 Millionen neue Arbeitsplätze geschaffen – 480.000 allein 2018. Das vermeldeten Deutschlands Zeitungen zum Jahreswechsel 2018/19 als „Beschäftigungswunder". Von Wunder jedoch kann keine Rede sein: Alle diese Arbeitsplätze sind von Portugal bis Spanien, von Italien bis Frankreich verlorengegangen.

Es ist eine Ironie der Geschichte, dass „Lohnzurückhaltung" als ein ausschließlich der Politik gedankter Eingriff ins Marktgeschehen – denn ein solcher war es, wie ich noch ausführen werde – von Neoliberalen dennoch als Beweis für die Richtigkeit ihrer These angesehen wird: Wenn die Löhne nur niedrig genug sind, finden automatisch alle Arbeit.

DIE AGENDA 2010

Ich glaube nicht, dass der ehemalige VW-Vorstand Peter Hartz und seine Mitstreiter, die nicht zuletzt auch aus gewerkschaftsnahen Organisationen kamen, die nach ihm benannte Reform im Auftrag Gerhard Schröders mit dem Ziel konzipiert haben, die Löhne zu senken. Hartz haben sie vermutlich in der Absicht gestaltet, nicht nur dem Wohl der deutschen Wirtschaft, sondern auch dem Wohl der deutschen Arbeitnehmer zu dienen, zumal das im Neoliberalismus ein und dasselbe ist, weil Neoliberale glauben, dass es den Menschen automatisch umso besser geht, je besser es der Wirtschaft geht.

Arbeitslose gibt es in der neoliberalen Vorstellung von funktionierenden Märkten nicht – diese Märkte sorgen von selbst für ausreichende Beschäftigung, wenn ihre Unternehmen ausreichend günstige Bedingungen vorfinden. Wenn es trotz günstiger Bedingungen Arbeitslose gibt, dann deshalb, weil sie sich aus irgendeinem Grund den Marktbedingungen nicht anpassen. Nicht vielleicht deshalb, weil es die Jobs nicht in ausreichender Menge gäbe, sondern weil sie nicht in ausreichendem Maße willens sind, sie auch zu ergreifen.

Daher enthielt Hartz' Reform folgende entscheidenden Regelungen:
- Arbeitslosengeld wird maximal für ein Jahr ausbezahlt. Danach ist dem Arbeitslosen jeder angebotene Job „zumutbar" – im Extremfall einem Mechatroniker auch der eines Hilfsarbeiters. Lange hat die Bevölkerung dem applaudiert – „natürlich soll jeder schnellstens wieder arbeiten" – erst langsam und viel zu spät scheint sie zu bemerken, wie sehr das ihr Lohnniveau gesenkt hat.
- Gleichzeitig wurden Strafen für alle eingeführt, die die Regeln des durch die Hartz-Reform (zu Recht) massiv gestärkten und ausgebauten Arbeitsmarktservices für die Stellenvermittlung nicht ausreichend beachten: Schon ein erstes Vergehen – ein versäumter Termin beim AMS, eine versäumte Vorstellung bei einem potenziellen Arbeitgeber – führt zu einer spürbaren Reduktion der Zahlung. Unter 25-Jährigen, die zwei Termine versäumen, kann die gesamte Zahlung gestrichen werden. Auch dem hat die Bevölkerung anfangs applaudiert – natürlich muss man es ahnden, wenn jemand nicht das nötige Interesse bei der Arbeitssuche zeigt –, bis klar wurde, was es bewirkt: Derjenige, der dann plötzlich mit sehr wenig oder ohne Geld dasteht, ist gezwungen, schnellstmöglich jedweden sich bietenden Job zu jedweder Bedingung anzunehmen. Am einfachsten den bei einer Leiharbeitsfirma, weil der meist sofort zu haben ist. Auf diese Weise entsteht eine Gruppe zum Teil durchaus qualifizierter Arbeitskräfte, die jedes Unternehmen je nach Bedarf einsetzen kann, ohne schwer auflösbare Arbeitsverträge abzuschließen oder bestimmte Arbeitsbedingungen zuzugestehen. Das wieder hat Rückwirkungen auf die „feste" Mannschaft des betreffenden Unternehmens: Ihre Mitglieder müssen mit diesen Leiharbeitskräften konkurrieren. Ihre Kosten dürfen kaum höher sein, damit das Unternehmen auf sich nimmt, ihre Arbeitsverträge nicht jederzeit kündigen zu können. Entsprechend stark drückt die Leiharbeit die Löhne der Angestellten.

Deutschlands niedrige „Mindestlöhne" verhindern solche extrem billigen Anstellungen nicht, so dass etwa Amazon in Deutschland eine riesige Belegschaft zu extrem niedrigen Löhnen und extrem ungünstigen Arbeitsbedingungen beschäftigen kann.

Freilich ist Europas Amazon-Zentrale auch eben deshalb in Deutschland angesiedelt.

Eine weitere wesentliche Neuerung der Hartz-Reform ist die „Aufstockung" sehr niedriger Löhne durch das Arbeitsmarktservice. Auch hier scheint der Grundgedanke im ersten Moment überzeugend: Es gäbe eben durchaus nützliche Tätigkeiten, für die der „Markt" nur relativ niedrige Löhne bereitstelle. Es sei doch besser, wenn jemand wenigsten eine solche als gar keine Tätigkeit ausübe. Damit er sein Leben dennoch finanzieren könne, würde sein niedriges Gehalt vonseiten des AMS aufgestockt.

Die praktische Folge: Die Aufstockung wird zur Unternehmenssubvention. Der Arbeitgeber weiß, dass er der betreffenden Arbeitskraft durchaus ein niedriges Gehalt anbieten kann – der Staat stockt es sowieso auf.

Natürlich haben beide Regelungen wenig Einfluss auf die Gehälter qualifizierter Facharbeiter – um die muss jedes Unternehmen, das sie braucht, mit guten Gehältern und guten Bedingungen kämpfen, und derzeit herrscht diesbezüglich schon allein aus demografischen Gründen ein beträchtlicher Mangel, weil der „Markt" die Fortbildung offenkundig vernachlässigt hat – aber auf die Löhne wenig qualifizierter Arbeitskräfte hat die Hartz-Reform enorme Auswirkungen: Sie nähern sich dem „Aufstocker"-Niveau.

Auf diesem Niveau kommt tatsächlich jeder unter. Es trifft zu, dass die Agenda 2010 ein Treibsatz der deutschen Vollbeschäftigung war und ist – aber der Vollbeschäftigung zu den schlechtestmöglichen Bedingungen: Deutschland hat zulasten der Reallöhne seiner Werktätigen den größten Niedriglohnsektor der EU geschaffen.

Deutschlands zurückhaltende Gewerkschaften

Normalerweise wäre es die selbstverständliche Aufgabe der Gewerkschaften und der mit ihnen verbundenen Sozialdemokratie gewesen, der beschriebenen Senkung des Lohnniveaus entgegenzutreten, weil es in krassem Gegensatz zum gesteigerten BIP steht. In der Vergangenheit hatte der sozialdemokratisch dominierte Deutsche Gewerkschaftsbund (DGB) auch stets auf adäquate Lohnerhöhungen gepocht. Aber gegenüber dem sozialdemokratischen Kanzler Gerhard Schröder an der Spitze einer sozialdemokratisch-grünen Regierung waren die sozialdemokratisch dominierten Gewerkschaften in einem erstaunlichen Ausmaß bereit, diese Politik zulasten des Lohnniveaus zu akzeptieren.

Sie waren es, die die „Lohnzurückhaltung" politisch ermöglichten. Die abzubauenden Lohndifferenzen zwischen Ost- und Westdeutschland boten dafür eine scheinbar auch sachliche Begründung. Unternehmer und neoliberale Wirtschaftsmedien applaudierten zwangsläufig begeistert und verankerten diese Politik in der öffentlichen Meinung.

Die Sozialdemokratie hatte ihr wichtigstes Anliegen verraten: Auf der Seite der Arbeitnehmer für höhere Einkommen zu kämpfen, den Sozialstaat auszubauen, die Qualität öffentlicher Leistungen zu maximieren und die Gesellschaft zu verbessern, indem für das größtmögliche Glück der größtmöglichen Zahl gesorgt wird – was übrigens auch das zentrale Anliegen der „kapitalistischen" Gründerväter der USA gewesen ist.

DIE WIRKUNG DER WUNDERWAFFE

Dass mit Deutschland die absolut größte und stärkste Volkswirtschaft der EU „Lohnzurückhaltung" übte, musste für alle anderen Volkswirtschaften eine Reihe gewichtiger Folgen haben:

Die am einfachsten messbaren betrafen die Bezieher voran niedriger Einkommen in Österreich, Holland und der Schweiz, deren Reallöhne gleichfalls zurückblieben – wenn auch nicht ganz im deutschen Ausmaß, weil diese Länder „Hartz" nicht als Instrument zur Verfügung hatten. So blieb etwa Österreichs Lohnstückkosten-Niveau nur rund zehn Prozent unter dem französischen.

Allerdings hätte man in Österreich, der Schweiz oder Holland ab 2000 selbst dann nicht mehr zur einstigen (vernünftigen) Lohnpolitik zurückkehren können, wenn man es gewollt hätte, weil Deutschland ihr mit Abstand größter Handelspartner war und ist. Ihr Lohnniveau ist bis heute unter Beibehaltung der bisherigen Unterschiede – die Schweiz hat vor Holland und Österreich das mit Abstand höchste – an das zurückgehaltene deutsche Lohnniveau gefesselt.

Die schmerzhaftesten Folgen hatte Deutschlands „Lohnzurückhaltung" für ein Land wie Italien, das die Löhne zuvor stärker, als es dem Produktivitätszuwachs entsprach, erhöht hatte.

Denn entscheidend für jede Konkurrenz – ich muss daran erinnern – sind die Lohnstückkosten. Selbst wenn ein Land sehr hohe Löhne hat, schadet ihm das nicht, wenn es gleichzeitig eine sehr hohe Produktivität ausweist. Ein deutscher Mechatroniker, der mit einem Arbeitslohn von zwanzig Euro pro Stunde auf einer hervorragenden Maschine hundert Zylinder zu fräsen vermag, stellte sie nicht teurer her, als ein Italiener, der zu einem Stundenlohn von nur zehn Euro pro Stunde nur fünfzig Zylinder fräste. Schweizer oder schwedische Unternehmen können daher trotz ihrer Spitzenlöhne dank höchster Produktivität Weltmarktführer sein. Vor allem aber funktioniert das auch umgekehrt: Ein Spanier, der auf einer veralteten Maschine vielleicht nur 25 Zylinder pro Stunde fräsen kann, bleibt dennoch konkurrenzfähig, sofern sein Stundenlohn fünf Euro nicht überschreitet. Auch schwächere Volkswirtschaften können deshalb in eine für sie nicht aussichtslose Konkurrenz mit viel stärkeren treten.

Innerhalb eines größeren volkswirtschaftlichen Raumes wie der Europäische Union pendelt sich so ein für alle halbwegs tragbares Gleichgewicht ein, bei dem es manchen natürlich immer besser als anderen geht, aber alle leben können.

Genau das fällt Deutschlands Konkurrenten heute so viel schwerer.

Die Folgen für Frankreich

So wirkt sich Deutschlands „Lohnzurückhaltung" gegenüber der zweitgrößten Volkswirtschaft der EU, jener Frankreichs, so fatal wie beschrieben aus, weil dieses Land seine Löhne exakt im Ausmaß seines Produktivitätszuwachses plus Inflationsrate erhöhte und damit exakt die in der EU vereinbarte Zielinflation von ca. zwei Prozent einhielt.

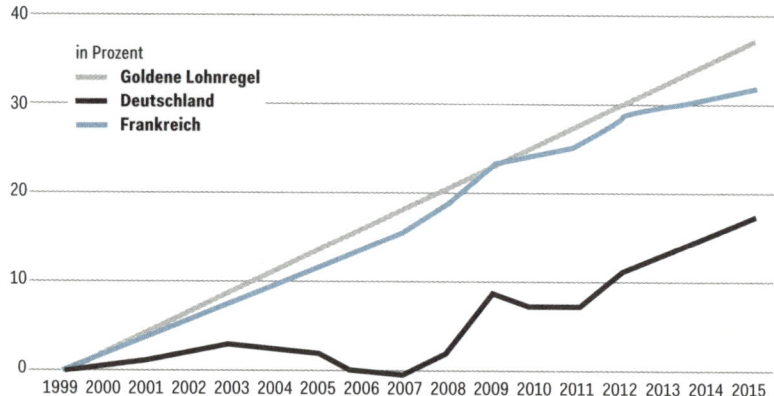

Entwicklung der Lohnstückkosten in Deutschland und Frankreich

Im Vergleich zur „Goldenen Lohnregel", wie sie seit Einführung des Euro im Jahr 1999 gilt. Die Goldene Lohnregel drückt aus, dass die Lohnstückkosten in den einzelnen Euroländern um jährlich 1,9 Prozent steigen müssen – das ist die Zielinflation der Europäischen Zentralbank.

Quelle: iAGS 2017/taz

2017 lagen Frankreichs Lohnstückkosten rund zwanzig Prozent über den deutschen.

Aus der Grafik ist ersichtlich, in welchem Ausmaß die deutschen Lohnstückkosten die Lohnstückkosten Frankreichs zunehmend unterboten: 2017 lag die Differenz bei zwanzig Prozent. Dem entsprechen Deutschlands Marktanteilsgewinne und Frankreichs Marktanteilsverluste. Um diese Märkte zurückzugewinnen, müsste Frankreich sein Lohnniveau also um mindestens 25 Prozent senken – was ein Ding der Unmöglichkeit ist.

Frankreichs Unternehmen mussten und müssen an Auslastung verlieren, was deutsche Unternehmen hinzugewonnen haben.

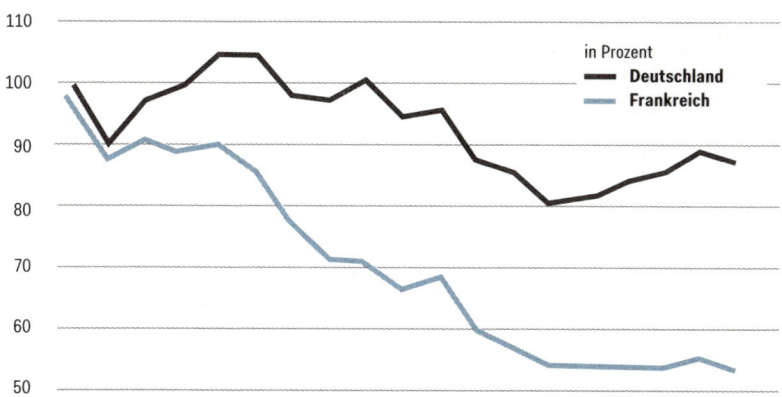

Quelle: Makroskop

Entsprechend stark wuchs der Abstand zwischen Frankreichs und Deutschlands Exporten.

Frankreich musste und muss die Arbeitslosigkeit erleiden, die Deutschland sich ersparte. Entsprechend groß musste der politische Profit ausfallen, den der Front national aus dieser zunehmenden Missstimmung ziehen konnte.

Emmanuel Macrons unerwarteter Wahlsieg konnte kurzfristig zwar die Stimmung aufhellen, nicht aber die ihr zugrunde liegende wirtschaftliche Entwicklung unterbrechen. Sein kurzfristiges Popularitätshoch ist mittlerweile dem beschriebenen Tief gewichen, das im November 2018 im Aufstand der „Gelbwesten" seinen Höhepunkt erfuhr.

Die Folgen für Italien

Noch drastischer musste sich Deutschlands „Lohnzurückhaltung" gegenüber Ländern wie Griechenland, Italien oder Spanien auswirken, die ihre Löhne sogar über den eigenen Produktivitätszuwachs hinaus angehoben hatten. Griechenland liegt trotz massiver Lohneinbußen wie beschrieben am Boden. Italien geht es dank seiner riesigen „schwarzen Wirtschaft" zwar etwas besser, als die Zahlen aussagen (siehe S. 18 ff.), aber bei Gott alles andere als gut. Seine Export-Konkurrenzfähigkeit gegenüber Deutschland erschließt sich aus der Grafik:

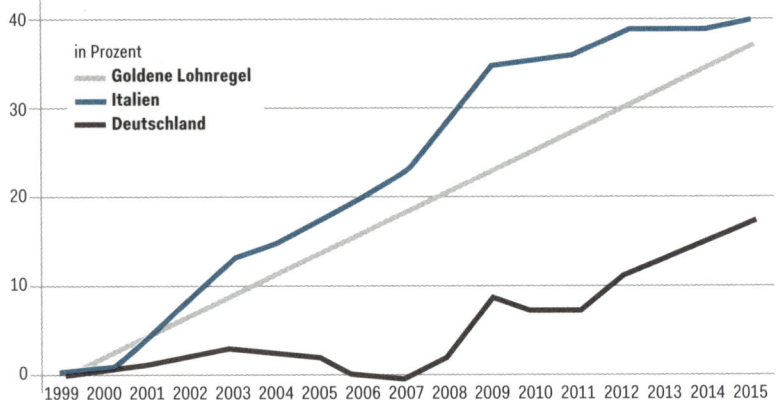

Entwicklung der Lohnstückkosten in Deutschland und Italien

Im Vergleich zur „Goldenen Lohnregel", wie sie seit Einführung des Euro im Jahr 1999 gilt. Die Goldene Lohnregel drückt aus, dass die Lohnstückkosten in den einzelnen Euroländern um jährlich 1,9 Prozent steigen müssen – das ist die Zielinflation der Europäischen Zentralbank.

Quelle: iAGS 2017/taz

2017 lagen Italiens Lohnstückkosten rund dreißig Prozent über den deutschen.

Die politischen Verhältnisse in Italien entsprechen dieser wirtschaftlichen Lage: Die Lega Nord wird bei Neuwahlen deutlich vor den Fünf Sternen sein.

Der verschlossene Notausgang

Wenn Italien, was auch in der Vergangenheit immer wieder geschah, bei seiner Produktivität gegenüber einem Land wie Deutschland allzu sehr in Rückstand geriet und gute Löhne zahlte, obwohl seine Lohnstückkosten nicht mehr ausreichend konkurrenzfähig waren, so besaß es vor dem gemeinsamen Euro bekanntlich einen Notausgang: Es wertete die Lira ab und vermochte seine Exporte durch diese Änderung des Wechselkurses doch wieder konkurrenzfähig zu machen. Das hatte zwar immer den Nachteil, dass es sein Problem nicht an der Wurzel beseitigt, seine Produktivität nicht schleunigst in einem Ausmaß gesteigert hat, das den Löhnen angemessen ist – aber es hatte immer den Vorteil, dass es relativ sozialverträglich ablief: Innerhalb Italiens blieben Waren und Dienstleistungen ja trotz Abwertung der Lira für die Bevölkerung vorerst gleich erschwinglich. Erst mit der Zeit hat die wegen der verteuerten Importwaren verminderte Konkurrenz auch die Preise eigener Produkte über Gebühr verteuert – aber im Allgemeinen reichte diese Zeit aus, um doch eine halbwegs ausreichende Steigerung der Produktivität oder der Produktqualität stattfinden zu lassen.

Seit der Einführung des Euro ist Ländern der Eurozone dieser Notausgang verschlossen. Die Erfinder des Euro verbanden damit die Hoffnung, dass das, wie einst die D-Mark zwischen Deutschland und Österreich, die Annäherung der gegenseitigen Produktivität befördern würde. Aber dieser Prozess verläuft sehr viel langsamer, als man dachte. Umgekehrt wird die verminderte Sozialverträglichkeit vergleichsweise schnell schlagend: Ein Land, das mit seinen Lohnstückkosten gegenüber der Konkurrenz deutlich zurückfällt, müsste die Löhne schnell spürbar senken, und das fiele bekanntlich extrem schwer und machte es gleichzeitig außerdem noch viel schwerer, die eigenen Produkte wenigstens am Inlandsmarkt in ausreichendem Umfang abzusetzen, weil der bei gesenkten Löhnen sofort weniger Kaufkraft aufwiese.

Derzeit müsste Italien, da seine Lohnstückkosten um dreißig Prozent über den deutschen liegen, sein Lohnniveau um 35 Prozent senken, um an deutsche Unternehmen verlorene Marktanteile zurückzugewinnen. Das ließe seine Konjunktur noch einen Wimpernschlag schneller als in Frankreich zusammenbrechen.

Es war die Unmöglichkeit solcher Vorgänge, die mich 1993 in der *Wochenpresse/Wirtschaftswoche* den gemeinsamen Euro infrage stellen ließ – um letztlich doch für seine Einführung zu plädieren. Hätte ich gewusst, zu welchen Bedingungen er eingeführt wird (siehe S. 56 f.), ich wäre bei meiner Ablehnung geblieben.

Die Folgen für die Schweiz

Zu einem Problem ganz spezieller Art wurde die „Lohnzurückhaltung" Deutschlands für die Schweiz, die vor allem auf dem Gebiet von Werkzeugmaschinen weltweit mit deutschen Unternehmen konkurriert.

Denn die wirtschaftlich unverändert starke Schweiz hat zwar nicht den mit Deutschland gemeinsamen Euro, den sie locker aushielte, sondern den in keiner Weise an ihn gebundenen Franken – und der wertete sofort massiv auf. Schweizer Exporte verteuerten sich drastisch.

Die Schweiz geriet auf diesem Umweg in einen für sie völlig ungewohnten Wettbewerbsnachteil und musste und muss ihm begegnen, indem ihre Nationalbank ständig gegen die Aufwertung des Franken interveniert, um seinen Kurs in einigermaßen exportverträglichen Grenzen zu halten. Zur Hilfe kommt ihr dabei die enorme Menge ihr zur Verfügung stehenden, extrem billigen Geldes. Gleichzeitig der Umstand, dass viele ihrer größten Unternehmen auch in EU-Ländern domiziliert sind und dort keine Schweizer Löhne zahlen. Und schließlich, dass Schweizer Top-Unternehmen tatsächlich zu den besten der Welt gehören: Sie vermochten die Qualität ihrer Produkte und die Effizienz der Produktion noch einmal anzuheben und die gewachsene Währungshürde auf diese Weise halbwegs zu überwinden.

Ein Problem hat sie damit allemal.

Die Folgen für die Iberische Halbinsel

Obwohl Spanien wie Italien über eine gewaltige „schwarze Wirtschaft" verfügt und seine Löhne mittlerweile auch schon um ca. 15 Prozent gesunken sind, müsste es sie ebenfalls um weitere zwanzig Prozent senken, um verlorene Marktanteile zurückzugewinnen, denn sein „Lohnstückkosten-Abstand" war ähnlich groß wie der italienische.

Der durch die Krise bedingte Konjunkturabschwung hat zwar dank des terrorbedingten Tourismusbooms die beschriebene deutliche Unterbrechung erfahren. Aber die Industrie bleibt durch die Lohnstückkosten-Differenz unverändert gefährdet und liegt entsprechend zurück.

Während Mariano Rajoys Partido Popular bei den Wahlen im Juni 2016 den massiven Unmut über die zurückliegenden katastrophalen Jahre zu spüren bekam, hatte die sozialdemokratisch PSOE das Glück aller Oppositionsparteien und wurde stärker. Da ihr die Bevölkerung die mittlerweile deutliche Mehrbeschäftigung im beschäftigungsintensiven Fremdenverkehr gutschreibt, konnte die PSOE sogar eine vorerst relativ stabile Minderheitsregierung bilden, deren Chef Pedro Sánchez derzeit alles tut, um den Sparpakt stillschweigend zu unterlaufen.

Wie Italiens Regierung hat er höhere Pensionen und Mindestlöhne angekündigt.

Dennoch hat die unverändert hohe Arbeitslosigkeit auch in Spanien mit Vox eine neue Rechtsaußenpartei entstehen lassen, die vor allem dank Sánchez vergleichsweise humaner Haltung gegenüber Bootsflüchtlingen den schon in Italien beobachteten Zustrom erhielt. Im zuvor traditionell sozialdemokratischen Andalusien hat sie auf Anhieb zwölf Prozent der Stimmen erreicht und der Partido Popular zur Regierung verholfen. Das wird nach Neuwahlen in ganz Spanien geschehen, nachdem die Katalanen Sánchez aus „nationalen" Gründen, die mit der Ökonomie nicht das Geringste zu tun haben, die Zustimmung zum Budget verweigert haben.

Auch in der viertgrößten Volkswirtschaft der EU wird damit eine rechtsextreme, neofaschistische, EU-kritische Partei entscheidenden Einfluss auf die Politik gewinnen.

Die Folgen für die USA

Deutschlands „Lohnzurückhaltung" ist sehr wohl auch ein Problem für die USA. Sie haben gegenüber Deutschland ein fortdauerndes Handelsbilanzdefizit von 50,5 Milliarden Euro, das zum größten Teil auf Autoimporten beruht.

Donald Trump will sich wehren, obwohl die USA ob ihrer schieren Größe selbst ein Defizit dieser Größe aushielten, wenn sie das wollten. Aber Trump – von Natur aus nicht allzu zurückhaltend – hat bereits getwittert, dass er Zölle mag. Nach Zöllen für Eisen und Aluminium aus der EU, die Deutschland kaum treffen, träfen Zölle für Autos aus der EU fast nur Deutschland – und als wichtigen Zulieferer auch Österreich.

Natürlich gilt wie überall, dass deutsche Autos gegenüber amerikanischen Autos besonders gut sind und in den USA daher immer besonders gefragt waren. Aber dank „Lohnzurückhaltung" sind sie nun auch deutlich preiswerter, und das tut seine Wirkung.

Dass Deutschland angesichts der Gefahr von Zöllen, die voran seine Autos treffen, aufschreit, ist verständlich – auch wenn die EU bisher mit der größten Selbstverständlichkeit höhere Zölle für amerikanische Limousinen eingehoben hat, als die USA für europäische Personenkraftwagen einhebt: nämlich zehn Prozent gegenüber nur 2,5 Prozent, die die Amerikaner einheben.

Völlig absurd wäre eine Umkehrung dieser Verhältnisse also schon aus diesem Grunde kaum.

Deutsche Medien stellen freilich die Behauptung auf, dass Zölle grundsätzlich eine katastrophale, unfaire Beschränkung wirtschaftlichen Erfolges und daher übelster Protektionismus wären, während schrankenloser Freihandel das einzig Faire sei und die Wirtschaft rundum maximal befördere. Das möchte ich zweifach relativieren: „Lohnzurückhaltung" ist mindestens so unfair. Und Zölle können notwendig sein – zum Beispiel, um unfaires Lohndumping abzuwehren.

IST FREIHANDEL IMMER DAS BESTE?

Folgt man Attac oder den Gegnern von CETA und TTIP, so ist globaler Freihandel des Teufels. Folgt man der *Frankfurter Allgemeinen Zeitung,* der EU-Kommission oder den Industriellenvereinigungen Österreichs und Deutschlands, so ist er eine epochale Errungenschaft und unverzichtbar für wirtschaftlichen Erfolg und Wohlstand.

Letztere Sicht teilt die Mehrheit der Medien wie der Ökonomen. Daher konzentriere ich mich hier auf die Einwände der Minderheit.

Mein Ausgangspunkt ist dabei die Vision eines „fairen Handels", wie er dann gegeben ist, wenn für alle Unternehmen gleiche Bedingungen gelten: wenn sie den gleichen Steuer- und Umweltgesetzen unterliegen, gleichartig bemessene Löhne zahlen und keine Verzerrung durch Währungen erfolgt. Optimal gibt es das nur im eigenen Land. Doch auch im Verbund der EU sind fast alle Währungen mit dem Euro verzahnt und Umweltgesetze differieren zumindest nicht unerträglich stark. Bei den Steuergesetzen kann man darüber allerdings schon heftig streiten, wenn man nach Irland, Holland, Malta oder in die Londoner City schaut. Dass die Löhne im Ex-Ostblock ungleich niedriger sind, wird dagegen dadurch mehr als egalisiert, dass dort auch die Produktivität viel niedriger ist. Damit klaffen die Lohnstückkosten gegenüber dem ehemaligen Ostblock doch nicht zu weit auseinander.

Dass sie in Deutschland mit der höchsten Produktivität dank „Lohnzurückhaltung" mittlerweile aber die relativ niedrigsten sind, schafft selbst im EU-internen Freihandel die angeführten gewaltigen Probleme, an denen, wenn man sie nicht in den Griff bekommt, die EU zerbrechen könnte und die Eurozone akut vom Zerbrechen bedroht ist.

Freihandel zwischen Mythos und Realität.
Die absolute Gleichsetzung von Freihandel mit wirtschaftlichem Erfolg ist ein absoluter Mythos. Historisch sind alle starken Industrien, die Englands, Deutschlands oder der USA, im Gegenteil hinter hohen Zollmauern entstanden und in der jüngeren Geschichte war das in Japan, Südkorea oder China nicht anders. Südkorea zum Bei-

spiel hat seine hervorragende Automobilindustrie entwickelt, indem es ausländische Autos mit 400 Prozent Zoll belastet hat.

Das erklärt im Umkehrschluss, warum „Freihandel" für (afrikanische) Entwicklungsländer so problematisch ist: Ihre Industrien sind jenen starker Industrienationen im freien Wettbewerb derart unterlegen, dass sie sich ohne schützende Zollmauern nicht entwickelt können.

Aber vielleicht erhöht Freihandel den Wohlstand starker Nationen? Seine Befürworter beziehen sich bis heute auf die Argumente des britischen Ökonomen David Ricardo (1772–1823): Wenn England dank seiner Manufakturen das beste Tuch und Portugal dank seines Klimas den besten Wein erzeuge, dann sei es unsinnig, wenn sie den freien Handel (Austausch) dieser Waren durch Zollmauern erschwerten.

In einer arbeitsteiligen Welt sollte jedes Land produzieren, was es am besten kann – dann hätten alle den größten Nutzen.

Es scheint mir kein reiner Zufall, dass Ricardo Brite war: Der Ausbau der Industrie erwies sich als ungleich lukrativer als der der Landwirtschaft.

Daran hat sich nichts geändert: Freihandel bevorzugt die starken Industrienationen, weil ihre Waren in der jüngeren Vergangenheit, die viel größeren Produktivitätszuwächse und Gewinnmargen verzeichneten. Auch heute sind Nationen mit einem gegenüber der Landwirtschaft sehr viel höheren Industrieanteil klar im Vorteil, weil es in der Industrie derzeit die noch viel höheren Produktivitätszuwächse und damit auch Einkommenszuwächse gibt. Ein Wettbewerb extrem industriell geprägter Wirtschaften mit solchen, in denen Agrarprodukte nach wie vor eine beträchtliche Rolle spielen, wird sich daher nie auf Augenhöhe abspielen. Aber es kann sich einspielen und die Betroffenen können damit leben, wenn die Handelsbilanzen nicht total entgleisen. Zölle zum Schutz landwirtschaftlicher Produkte können allemal nötig sein. Vor allem, wenn eines der beteiligten Länder, wie die USA, sowohl industriell wie landwirtschaftlich extrem stark ist, also Ricardos Beispiel in keiner Weise entspricht.

Das aktuell stärkste Sachargument für globalen Freihandel kommt von Wirtschaftsnobelpreisträger Paul Krugman: Indem industrielle Waren (etwa Autos) weltweit gehandelt werden, lassen sie sich in wesentlich größeren Serien produzieren – das spart zweifelsfrei Kosten. Was Krugman nicht berücksichtigt, ist die gewaltige ökologische Problematik: Waren konkurrieren in diesem Modell über riesige Distanzen. Und das funktioniert ökonomisch nur, weil ihre Verschiffung ohne jede Rücksicht auf die Umweltkosten erfolgt und Treibstoffpreise kaum vom „Markt" gebildet werden, sondern vor allem davon abhängen, wie viel Druck die Industrienationen, voran die Militärmacht USA, gegenüber den Ölfördernationen aufbauen können bzw. ob eine der Ölfördernationen gerade besonders viel Öl fördert, weil sie einen Krieg finanzieren muss.

Was Krugman auch nicht berücksichtigt, sind die Probleme, die der Freihandel für die Verteilung von Wohlstand schafft. Dabei hat sie der skandinavische Wirtschaftsnobelpreisträger von 1977, Bertil Ohlin, schon 1933 aufgezeigt: Wenn Land A bei vergleichbarer Technologie über sehr viele höher qualifizierte, höher bezahlte Arbeitnehmer als Land B verfügt, so spezialisiert es sich gemäß Ricardo auf Hochtechnologieprodukte, während Land B sich auf einfachere Güter (etwa einfachen Stahl) konzentriert. Das aber bedinge bei freiem Handel, dass im Land A zwar die „Hochqualifizierten" profitierten – die Minderqualifizierten aber Einkommensverluste erlitten, weil ihre Produkte preislich mit denen des Landes B nicht konkurrieren könnten.

Dergleichen kann schockartig erfolgen. So vergrößerte der Freihandel mit China in den USA die Einkommensschere zwischen der eher kleinen Gruppe Hochqualifizierter und der großen Gruppe Minderqualifizierter in kurzer Zeit dramatisch. Betrugen die US-Importe aus China bis zu dessen Beitritt zur Weltfreihandelsorganisation WTO 2005 nur fünf Prozent der US-Industrie-Produktion, so schnellten sie bis 2014 auf dreißig Prozent hoch. Der Handelsbilanzüberschuss Chinas gegenüber den USA explodierte auf 278 Milliarden US-Dollar.

Die Wut verarmender Amerikaner, die in einfachen Industrien arbeiten – etwa einfachen Stahl herstellen – ist nachfühlbar. Sie kann Trump nicht egal sein.

Man muss sich, wenn man über seine Zölle gegen China diskutiert, auch folgendes Problem vor Augen halten: China nutzt mittlerweile bei manchen Produkten von Beginn an die modernste Technologie, erzeugt also etwa einfachen Stahl sowohl mit höchstmöglicher Produktivität als auch zu ungleich geringeren Löhnen als die USA oder auch Deutschland. Es ist daher ausgeschlossen, dass amerikanischer oder deutscher Einfachstahl mit chinesischem konkurrieren kann. Daher ist es schwer vorstellbar, dieses akuten drängenden Problems ohne Zölle Herr zu werden, es sei denn, man will China weiterhin Entwicklungshilfe leisten. (Worüber man allenfalls diskutieren könnte.)

Donald Trump verhängt seine Zölle auf chinesischen Stahl jedenfalls aus durchaus verständlichen Motiven und keineswegs aus Jux und Tollerei – auch Obama hatte das bereits geplant. Und die EU folgt Trump dabei nicht nur, weil sich Chinas konkurrenzlos günstige Stahlexporte nunmehr auf ihr Gebiet konzentrieren, sondern weil auch ihre Stahlindustrie ein beträchtliches Problem damit hat.

Man kann Chinas hochproduktive Stahlindustrie auch von links nicht so leicht wie Industrien Afrikas als schützenswert betrachten.

Dass Deutschlands Autoproduktion schützenswert sei, meinen begreiflicherweise die Deutschen – ich meine es angesichts der deutschen „Lohnzurückhaltung" nicht. Der deutsche Handelsbilanzüberschuss von rund sechzig Milliarden US-Dollar gegenüber den USA ist der relativ zur Bevölkerung mit Abstand größte der Welt. Zudem wird Deutschlands Lohnstückkostenvorteil in keiner Weise durch eine „Aufwertung" des Euro abgefedert, sondern es findet das Gegenteil statt: Aufgrund der insgesamt so schwachen wirtschaftlichen Performance der restlichen Eurozone hat der Euro, der unmittelbar nach der Krise 1,5 US-Dollar gekostet hat, mittlerweile bis nahe zum Gleichstand abgewertet und diese Kursrelation begünstigt deutsche Exportgüter zusätzlich gewaltig. Schließlich kostete ein 10.000 Euro teures deutsches Auto 2009 am Höhepunkt der Krise 15.000 US-Dollar, heute dank der neuen Kursrelation nur mehr um die 11.500 US-Dollar.

Diese extreme Abhängigkeit von Währungsrelationen ist ein weiteres Grundproblem des Freihandels. Denn Wechselkurse sind extrem beeinflussbar und folgen keineswegs zwingend wirtschaftlicher Logik: Als Brasilien 2007 unter hoher Inflation litt und der Real eigentlich abwerten sollte, wertete er im Gegenteil auf. Denn internationale Investoren borgten in Japan zu niedrigen Zinsen Yen und tauschten sie via Carry-Trade in hochverzinste Reals. Prompt ließ der so verteuerte Real Brasiliens Export kollabieren. In der Türkei drohte erst kürzlich Ähnliches.

Auch für „Freihandel" gilt leider Fred Sinowatz' unsterblicher Ausspruch: „Es ist alles sehr kompliziert."

WAS BEDEUTET LOHN-ZURÜCKHALTUNG ZU HAUSE?

Für die deutsche wie österreichische Bevölkerung sind die Folgen der „Lohnzurückhaltung" beträchtlich. Der Rechnungshof hat die Real-lohnverluste der österreichischen Durchschnittsbevölkerung inner-halb der letzten zehn Jahre mit zehn Prozent, die der Arbeiter mit 14 Prozent beziffert.

Wenn ein Geringverdiener jeden Monat 14 Prozent weniger für Mieten zur Verfügung hat, die in innerstädtischen Lagen aus den ange-führten Gründen zwingend besonders stark steigen mussten, dann sollte das eigentlich ziemlichen Eindruck auf ihn gemacht haben – und einen gewissen Eindruck hat es zweifellos auf ihn gemacht: Er hat immer öfter FPÖ und gelegentlich sogar KPÖ gewählt.

Dass es nicht wie jetzt in Frankreich zu regelrechten Revolten kommt, liegt daran, dass die Wohnkosten in Wien dank einer ext-remen Benachteiligung der Eigentümer von Altbauwohnungen im Rahmen der Wiener Mietgesetzgebung im internationalen Vergleich dennoch nicht so exorbitant wie etwa in Salzburg, Innsbruck oder München gestiegen sind. Es liegt aber nicht zuletzt an der vorläufig nach wie vor gegebenen Kanalisierung jeglichen Protests durch die relativ starke gewerkschaftliche Organisation. Vor allem liegt es wohl daran, dass das Ausgangsniveau der Löhne in Österreich ein sehr gutes und in Deutschland ein passables war: dass selbst ein deutscher oder österreichischer Geringverdiener schon im benachbarten Italien ein Krösus ist. Niemand der arbeiten will, leidet in Österreich oder Deutschland Not, wie man sie etwa in Italien kennt.

Aber 18,1 Prozent der Österreicher und jeder sechste Deutsche sind „armutsgefährdet": Ihr Einkommen liegt sechzig Prozent unterhalb des Medianeinkommens.

Kein Wunder, dass die neoliberale *Frankfurter Allgemeine Zeitung* diese Definition ständig infrage stellt, weil es im Neoliberalismus grundsätzlich nur durch den Markt gerechtfertigte Löhne gibt. Des-halb rätselt diese Zeitung auch so sehr, dass die AfD im so erfolg-reichen, exportweltmeisterlichen Deutschland ständig derart an Zulauf gewinnt. Aber das liegt eben daran, dass man sich nicht nur mit einem Italiener vergleicht, sondern doch ein wenig in Erinnerung hat, wie es einem vor zehn Jahren gegangen ist – nämlich zumindest als Geringverdiener bedeutend besser.

Dennoch herrscht unter Neoliberalen und in den von ihnen dominierten Medien auch nach zehn Jahren „Lohnzurückhaltung" noch die ständige Sorge, dass die Löhne zu stark steigen und damit die Konkurrenzfähigkeit Deutschlands vermindern könnten – nie aber die Sorge, dass Konkurrenz auf der Basis von Lohndumping unfair sein und die Nachfrage beeinträchtigen könnte. Dabei funktioniert Dumping dank niedriger Löhne nicht anders als Dumping dank niedriger Umweltauflagen – da finden es auch die Deutschen unfair.

Dabei hat Deutschland höhere Löhne so überhaupt nicht zu fürchten: Seine modernen Maschinen, nicht seine niedrigen Löhne, sind sein Erfolgsgeheimnis.

Die verringerte Kaufkraft deutscher Arbeitnehmer ist die viel größere Gefährdung der deutschen Konjunktur. Denn die niedrigen Löhne vermindern den Verkauf deutscher Waren im Inland in einem doch ganz erheblichen Ausmaß. Und dass Deutschlands „Lohnzurückhaltung" die Löhne in ganz Europa zurückhält, beeinträchtigt den Verkaufserfolg deutscher Waren innerhalb der EU vermutlich schon jetzt weit mehr, als selbst das Lohndumping ihn befördert.

Die niedrigen Mindestlöhne

Gerade weil Deutschland via Hartz einen derartigen Druck auf die Löhne ausübt, wären „Mindestlöhne" zumindest eine Mindestbarriere gegen diese Entwicklung. Aber wann immer irgendwer für ihre Erhöhung plädiert, löst das im deutschen Zentralorgan des Neoliberalismus, der *Frankfurter Allgemeinen Zeitung,* gewaltige Bedenken aus. Dass Deutschland 2017 einen Mindestlohn von 8,50 Euro einführte, wurde dort wochenlang diskutiert, und diverse Starökonomen rechneten vor, wie viele Stellen es kosten würde. (Tatsächlich hat es nicht eine einzige gekostet.) In Großbritannien will die konservative Regierung den Mindestlohn von derzeit umgerechnet 8,95 Euro 2019 immerhin auf 9,02 Euro und bis 2020 auf 11,31 Euro anheben.

Aber für Deutschland ist das offenbar „linkslinks".

Obwohl es die Lohnstückkosten nur marginal erhöhte. Denn ob die Stunde Arbeit bei der Herstellung von 500 Einheiten auf einer älteren Maschine zehn Euro statt 8,50 Euro kostet, macht pro Einheit einen Bruchteil dessen aus, was eine neuere Maschine mit einer Leistung von tausend Einheiten pro Stunde ermöglicht.

Deutschlands moderne Maschinen – ich wiederhole mich aus gutem Grund –, nicht seine niedrigen Löhne, sind sein Erfolgsgeheimnis.

Niedrige Löhne haben vielmehr einen weiteren von den Neoliberalen übersehenen gravierenden Nachteil: Sie verlangsamen das Ausmaß, in dem Unternehmen neue Maschinen anschaffen. Das kann Deutschland auf lange Sicht viel eher auf den Kopf fallen. Denn eine erfolgreiche „kapitalistische" Wirtschaft braucht Lohnerhöhungen als Peitsche zur Erhöhung ihrer Produktivität.

Die doppelte Benachteiligung der „anderen"

Auf kurze Sicht fällt das niedrige Lohnniveau freilich allen Konkurrenten Deutschlands auf den Kopf, indem es ihre Exporte auf zweifache Weise minimiert: Weil sie im Konkurrenzkampf unterlegen sein müssen, und weil Deutschland angesichts ungenügend wachsender Kaufkraft ungenügend importiert. Ich erinnere daran, dass Deutschland nach Frankreich um 41,3 Milliarden Euro mehr exportiert, als es von dort importiert.

Dass selbst die größten Volkswirtschaften der Eurozone unter derartigen Handelsbilanzüberschüssen Deutschlands leiden und die kleineren schwerlich froh darüber sein können, muss aus Gründen der Mathematik zur zunehmenden Verschuldung aller nicht-deutschen europäischen Volkswirtschaften führen und irgendwann werden deren Bürger und Banken diese Schulden – da teile ich vollauf den Schuldenhorror Merkels oder Schäubles – nicht mehr aushalten. Wenn auf diese Weise mehrere der angeführten Volkswirtschaften teilweise oder ganz zusammenbrechen, wird das auch in Deutschland zu einem gewaltigen Einbruch führen – es wird ernüchtert feststellen, dass es immer noch die meisten seiner Güter und Leistungen innerhalb der EU verkauft.

Derzeit weist Deutschlands Industriekonjunktur denn auch eine erste Delle auf, die Deutschlands Ökonomen und Medien freilich vorerst ausschließlich Trumps Einschränkung des Freihandels zuschrieben, obwohl seine Zölle auf Stahl und Aluminium Deutschland allenfalls hinter dem Komma getroffen hatten.

Einen ernsthaften Grund, die deutsche Politik zu ändern, sieht niemand.

Und das, obwohl die Aufträge für Deutschlands Industrie mittlerweile seit zwei Quartalen geschrumpft sind und die Wirtschaft zuletzt sogar ein Minuswachstum zu verzeichnen hatte, so dass einige Ökonomen bereits von „Rezession" sprechen. Aber der Verstand schießt Scholz und Schäuble leider nicht ein: Sie begreifen nicht, dass am Ende auch Deutschland darunter leiden wird, dass die Wirtschaft aller Staaten der EU unter Deutschlands Wirtschaftspolitik – Sparpakt samt Lohndumping – leidet.

Es gibt noch immer niemanden, der das Ende des Sparpaktes fordert.

Und noch weniger gibt es jemanden, der begreift, dass gemeinsames Wirtschaften Lohndumping noch weniger verträgt als Steueroasen.

Völlig unbeeindruckt nimmt der deutsche Leser zur Kenntnis, dass Deutschland, das sonst so penibel auf die Einhaltung von EU-Vereinbarungen pocht, mit seiner „Lohnzurückhaltung" seit 18 Jahren konsequent gegen deren ökonomisch wichtigste – das gemeinsame Inflationsziel von 1,9 Prozent im Jahr – verstoßen hat.

Deutschlands Wirtschaft wächst seit Jahren grundsätzlich, indem sich „die anderen", ausländischen Konsumenten und Staaten bei Deutschland verschulden. Deshalb hat Deutschland diesen gigantischen Leistungsbilanzüberschuss, deshalb vermag der Staat seine Schulden sogar zu reduzieren und vermögen wohlhabende Bürger, aber selbst Unternehmen, Sparguthaben anzuhäufen.

In der gesamten angelsächsischen ökonomischen Literatur sieht man in permanenten massiven Leistungsbilanzüberschüssen einen gravierenden Verstoß gegen die Prinzipen einer gesunden internationalen Wirtschaft und nennt ihn, wie der nicht gerade linke *Economist*, „Merkantilismus": den einsamen Gewinn eines Landes zulasten aller anderen Volkswirtschaften im Wege von Lohndumping.

Dass der Merkantilismus sich als Wirtschaftsordnung nicht hielt, liegt daran, dass er letztlich auch dem anfänglichen Gewinner Nachteile beschert hat. Dass Deutschland durch seine „Lohnzurückhaltung" alle EU-Länder sukzessive zu Lohnsenkungen zwingt, begrenzt seinen Exporterfolg – es kann außerhalb der EU kaum so viel zusätzliche Nachfrage generieren, wie es innerhalb der EU verliert.

Und seine Exporte können einbrechen, wenn der „Süden" der EU wirtschaftlich kollabiert.

Deshalb sieht der *Economist* in Deutschlands extremen Überschüssen wie ich eine eminente Gefahr.

Wie Heiner Flassbeck meint das britische Wirtschaftsmagazin, dass das „deutsche Problem" nur zu lösen ist, wenn Deutschland seine Löhne nicht nur um jährlich zwei bis drei Prozent, sondern deutlich stärker, mindestens ums Doppelte erhöht. Wie ich glaubt er, dass das angesichts der Vollbeschäftigung u. a. dadurch möglich sein sollte, dass der Staat in große öffentliche Projekte investiert, wie das jüngst Emmanuel Macron gefordert hat. Die daraus resultierende Arbeitskräfteknappheit machte höhere deutsche Löhne unausweichlich. Und die Investitionen sollten der Regierung umso leichter fallen, als Deutschlands Infrastruktur – ich erinnere an Eisenbahn, digitales Netz und Schulen –sich in erstaunlich schlechtem Zustand befindet.

Flassbeck wie der *Economist* wie ich zweifeln nur daran, dass Deutschlands Politiker und Ökonomen irgendwann zur nötigen Einsicht kommen.

Die Folgen für die Österreicher

Vieles, was ich hier über Deutschland schreibe, gilt in Grenzen auch für Österreich. Schon weil Deutschland sein wichtigster Handelspartner ist, hat auch bei uns bis heute „Lohnzurückhaltung" – wenn auch nicht im deutschen Ausmaß – geherrscht. Die aktuelle türkisblaue Regierung glaubt, dass sie mit Deutschland gleichziehen soll, indem sie die Bedingungen am Arbeitsmarkt „verHartzt". Tatsächlich hat unsere „Lohnzurückhaltung" schon in der Vergangenheit den Export – wenn auch nicht im deutschen Ausmaß – befördert. Gleichzeitig hat sie auch bei uns die Inlandskaufkraft beschränkt. Und so wichtig Exporte auch sind – die meisten Waren setzten Österreichs Unternehmen, mehr als deutsche Unternehmen, eindeutig im Inland ab.

Es kann aus Gründen der Mathematik nicht lauter Export-Weltmeister geben.

Man kann zulasten anderer Länder und der eigenen Arbeitnehmer, die sich mit niedrigen Löhnen bescheiden, so lange leben, als die eigenen Arbeitnehmer und die anderer Länder diese Politik akzeptieren bzw. sich gefallen lassen müssen, weil ihnen der gemeinsame Euro die einfachste Gegenwehr, nämlich die Abwertung = Aufwertung der deutschen/österreichischen Währung, versperrt.

Gäbe es den Euro nicht, so sorgte der Markt für ein EU-verträglicheres Gleichgewicht: Die deutsche und österreichische Währung werteten wie in der Vergangenheit gegenüber allen anderen Währungen dramatisch auf, deutsche Produkte verteuerten sich dramatisch und österreichische kräftig. Aber es gibt den Euro, und so fallen alle konkurrierenden Industrieländer – voran die von vornherein am wenigsten konkurrenzfähigen des Südens – immer weiter hinter Deutschland/Österreich zurück.

Deshalb bleibt es so fraglich, ob Italiens Erholung gelingen kann, obwohl die EU sein Abgehen vom Sparpakt hinnimmt. Deshalb bleibt so fraglich, ob Frankreich sich fängt. Deshalb bleibt es fraglich, ob Spanien und Portugal durchhalten, wenn der aktuelle Bonus aus dem Fremdenverkehr verbraucht ist. (Wirtschaftsnobelpreisträger Joseph E. Stiglitz hat beiden den Austritt aus dem Euro empfohlen.)

Mit einem siechen Griechenland, kranken Italien, kränkelnden Frankreich, Spanien und Portugal gleicht die Eurozone 2018 doch ziemlich stark einem Krankenhaus. Es ist leider nicht absolut ausgeschlossen, dass sie dort angelangen könnte, wo Wirtschaftsnobelpreisträger Paul Krugman sie seit langem sieht – am Ende.

Wie Deutschland vom Ende seines Lohndumpings profitierte

Ich kann daher nicht ganz verstehen, warum Deutschland den Empfehlungen des konservativen *Economist* und des gewiss nicht linkslinken Heiner Flassbeck so wenig folgt und seine Löhne nicht doch sowohl im direkten Wege massiv erhöht, indem es bei den vom Staat bezahlten Krankenpflegerinnen, Kindergärtnerinnen, Lehrern und – horribile dictu – auch Beamten damit beginnt und die private Wirtschaft damit zum Nachziehen zwingt. Und indem es diese massiven Lohnerhöhungen durch Milliardeninvestitionen in die vernachlässigte eigene Infrastruktur – zwar schrittweise, aber massiv – steigert. Das nützte Deutschland gleich mehrfach.

Die deutsche Infrastruktur verbesserte sich massiv zugunsten künftiger Generationen. Die massiv gesteigerte deutsche Kaufkraft erlaubte deutschen Unternehmen, wesentlich mehr deutsche Waren in Deutschland selbst abzusetzen. Die nicht mehr an Deutschlands niedrige Löhne gefesselte Lohnentwicklung aller anderen EU-Staaten erhöhte deren Kaufkraft, so dass sie den deutschen Import vielleicht ohne zusätzliche Verschuldung vertrügen. Und auf jeden Fall verhinderte es das Wegbrechen von Märkten, indem Volkswirtschaften wie Griechenland, Italien und wohl auch Frankreich wieder Fahrt aufnähmen.

Dass Deutschland der Empfehlung Flassbecks in keiner Weise gefolgt ist, hat die Eurozone und die EU in den Zustand versetzt, in dem sie sich befinden.

Deutschland ist der Sprengmeister Europas.

DIE POLITISCHEN FOLGEN DER LOHNZURÜCKHALTUNG

In Italien wird Matteo Salvinis rechtsextreme Lega Nord bei den nächsten Wahlen stärkste Kraft. In Spanien wird die rechtsextreme Vox mit großer Wahrscheinlichkeit Mitglied der kommenden Regierung. In Frankreich hat ein kluges Wahlrecht Marine Le Pen gerade noch verhindert – sie hat durch Deutschlands Exportpolitik nur wirksamste Unterstützung erfahren. Mit Emmanuel Macron kam dann ein persönlich ungemein charismatischer Politiker dank enormen PR-Talents zu einem unerwarteten Sieg und Frankreichs Niedergang im Verhältnis zu Deutschlands Aufstieg erfuhr eine Atempause. Aber Macron, ökonomisch ein Neoliberaler, versuchte diese Atempause zu neoliberalen Reformen – mehr privat, weniger Staat und vor allem weniger Gewerkschaft – zu nutzen, die nichts als Widerstand produzierten.

Seine einzige politische und damit auch ökonomische Chance hätte darin bestanden, sich mit Italien, Spanien, Portugal und vielleicht noch dem einen oder anderen unter dem Sparpakt leidenden Land zu verbünden und über dessen mittlerweile beschlossene

Lockerung hinaus (es wird nur mehr die Einhaltung eines strukturellen Defizits gefordert und Infrastruktur-Investitionen werden dabei nicht mitgezählt) vielleicht doch dessen völlige Aufgabe durchzusetzen: Aufgrund der jüngsten Delle in Deutschlands Konjunktur könnte es dort dafür vielleicht doch eine etwas größere Bereitschaft geben, wenn man die Aufgabe gesichtsschonend als Modifizierung zu verpacken vermag.

Am ungleich gravierenderen, weil nachhaltigeren Problem der deutschen „Lohnzurückhaltung" änderte freilich auch das nichts. Es sei denn, es gelänge Juristen dieser Länder, Deutschland der schuldhaften Vernachlässigung des EU-Inflationsziels zu überführen und es durch ein Urteil des EuGH zu ausgleichenden massiven Lohnerhöhungen zu zwingen.

Aber das ist trotz der Qualität der meisten bisherigen wirtschaftspolitischen Urteile des EuGH sehr unwahrscheinlich.

Man muss also auf Deutschlands Einsicht hoffen.

Und diesbezüglich ist meine Hoffnung leider – siehe oben – gering.

Ja, die Deutschen sind die besten, aber ...

Konfrontiert man die Deutschen mit dem Vorwurf des politisch lebensgefährlichen, merkantilistischen Lohndumpings, so ist ihre Reaktion von der *Frankfurter Allgemeinen Zeitung* bis zum Stammtisch die gleiche: Deutsche Löhne wären doch (gar im Vergleich zu italienischen) stets hoch gewesen – in der Autoindustrie sogar die höchsten weit und breit. Wenn deutsche Autos (Waren) dennoch mehr als andere Autos (Waren) gekauft würden, habe das einen einzigen Grund: Sie seien eben die mit Abstand besten.

Das stimmt weitgehend. (In deutschen Autotests sogar immer.) Aber es beschreibt selbst betriebswirtschaftlich nur einen Ausschnitt der Wahrheit: Erstens stecken etwa in einem BMW nicht nur Teile, die hochentlohnte BMW-Fachkräfte montieren, sondern auch die Komponenten zahlloser Zulieferer, deren Lohnniveau keineswegs das höchste weit und breit ist. Zweitens und vor allem – hier muss ich mich wiederholen – kommt es eben darauf an, wie viel Stück einer Ware pro Stunde auf einer Produktionsanlage gefertigt werden können. Der Deutsche, der an seiner Maschine hundert Werkstücke zum hohen Stundenlohn von siebzig Euro fräst, fertigt sie pro Stück billiger als der Italiener, der zum niedrigen Stundenlohn von vierzig Euro an seiner Maschine nur fünfzig fräsen kann. Es sind eben – ich wiederhole mich aus gutem Grund abermals – die Lohnstückkosten, nicht die Lohnkosten, die über die Konkurrenzfähigkeit einer Ware entscheiden, sonst könnte die Schweiz mit den tatsächlich höchsten Löhnen weit und breit nicht mit so vielen Firmen Weltmarktführer sein.

Nun sind natürlich auch die perfekten Produktionsanlagen (Anlagen mit hoher Produktivität) deutscher Unternehmen ein Verdienst der deutschen Volkswirtschaft, das ich ihr sofort zugestehe. Zu Recht ist es Deutschland daher immer am besten unter den großen Volkswirtschaften der EU gegangen. Nur konnten die anderen – von Frankreich über Italien bis Spanien – bis ca. 2000 mithalten, indem sie eben die in absoluten Zahlen niedrigeren Löhne zahlten.

Jetzt können sie das nicht mehr.

Das geht – ich wiederhole mich einmal mehr – so lange gut, als die anderen Volkswirtschaften sich diese Schuldnerrolle gefallen lassen bzw. aushalten. Wenn sie sie nicht aushalten und zusammenbrechen, erleben sie und erlebt Europa – ich wiederhole mich zum dritten Mal, weil es derart wichtig ist – eine Wirtschaftskrise, die auf entsprechend höherem Niveau an die Dreißigerjahre erinnern könnte.

DER JAMMER DER SOZIALDEMOKRATIE

Die Partei, die eine Veränderung der deutschen Politik theoretisch am ehesten durchsetzen könnte, ist die SPD (unter Mithilfe der Grünen und am besten unter intellektueller Führung der Linken, die leider als einzige etwas von „kapitalistischer" freier Markwirtschaft versteht). Nur ist die SPD in der Praxis so schwach wie noch nie. Sie hat 2018 bei nahezu allen Wahlen die schlechtesten Ergebnisse ihrer Geschichte eingefahren.

Auch unter der neuen Führung von Andrea Nahles fällt es ihr zum einen parteiintern unendlich schwer, an einer „Lohnzurückhaltung" zu rütteln, für die die SPD die Hauptverantwortung trägt. Zum anderen kann sie das unmöglich tun, solange sie mit einer CDU-CSU koaliert, die aus Unverstand davon überzeugt ist. Ich bezweifle zudem, dass Olaf Scholz die Problematik der „Lohnzurückhaltung" besser als die des Sparpaktes versteht, an dem er bekanntlich gegen alle Vernunft und empirischen Erfahrungen eisern festhalten will.

Die SPD scheint mir leider kaum minder vom deutschen Sparwahn und vom deutsch-amerikanischen Neoliberalismus infiziert als CDU, FDP und CSU.

Aber auch in allen anderen Ländern der EU hat die Sozialdemokratie in den letzten zwanzig Jahren keineswegs zufällig immer mehr an Einfluss verloren. Sie bestimmt seit langem nicht mehr Europas Geschick.

Die zentrale Ursache dafür sehe ich in der Schwäche der Gewerkschaften: Sie erzielt die Erfolge nicht mehr, die die Sozialdemokratie sich an ihre Fahne heften konnte.

Die Dilemmata der Gewerkschaften

Die Sozialdemokratie, so lehrte mich der verstorbene sozialdemokratische Professor für Politikwissenschaften Norbert Leser, als wir beide noch sozialistische Studenten waren, hatte zwei Treibsätze bzw. später zwei Standbeine: die Gewerkschaftsbewegung und den Marxismus.

Das war primär eine Fehlkonstruktion, denn die beiden sind unvereinbar: Wenn Marx' „ehernes Gesetz der Geschichte" zwangsläufig zur Überwindung des Kapitalismus durch den Sozialismus führt, dann braucht es keine Gewerkschaften, die das mühsam erkämpfen. Tatsächlich ist ihnen Marx die längste Zeit mit größter Reserve gegenübergestanden, indem er behauptet hat, ihre kurzfristigen Erfolge dienten nur dazu, die Brüchigkeit des kapitalistischen Systems zu verdecken. Erst in späteren Jahren ersann er eine mühsame Hilfskonstruktion: Es gäbe Personen und damit auch Organisationen, die in der Lage wären, das „eherne Gesetz der Geschichte" zu erkennen und im Wissen um den Sieg des Sozialismus beschleunigend zu ihm beizutragen.

Während die kommunistischen Parteien in aller Welt die Unvereinbarkeit von Marxismus und Gewerkschaft gelebt und verwirklicht haben – wo sie die Macht ergriffen, gab es keine Gewerkschaften mehr –, haben die sozialdemokratischen Parteien auf jede Auseinandersetzung mit dem inneren Widerspruch verzichtet: Sie haben sich in der Praxis auf die Gewerkschaftsbewegung gestützt und in der Theorie die Marx'schen Thesen (oder zumindest sein Vokabular) beibehalten.

Das war in der Praxis nützlich, theoretisch ein Sündenfall: Sie hätten Marx' „ehernes Gesetz der Geschichte" (keineswegs alle seine Beobachtungen) besser als durch die Gewerkschaftsbewegung falsifiziert angesehen und beiseitegelegt.

Nach dem Zweiten Weltkrieg war die niemals durchtrennte Verbindung zu Marx für die SPÖ leider ein entscheidendes Hindernis für neues, kreatives politisches Wirtschaftsdenken: Im Schatten des Marxismus vermochte die Sozialdemokratie bis heute keine tragfähigen Ideen zu entwickeln, die an seine Stelle getreten wären.

Die vergessenen Verdienste der Gewerkschaft

Ich persönlich war durch meine Freundschaft mit Karl Popper gegenüber den Versuchungen des Marxismus relativ immun – aber ich war und bin ein begeisterter Anhänger der Gewerkschaftsbewegung. Alles, was Sozialdemokraten in Österreich, Deutschland und anderswo für die Bevölkerung durchgesetzt haben, haben sie mittels der Gewerkschaften durchgesetzt.

Niemand, der Gewerkschaften heute „Bremser" nennt, sollte das vergessen: Noch vor 150 Jahren hat man die ganze Woche hindurch zwölf Stunden am Tag gearbeitet. An Maschinen, die nicht abgesichert waren. Im Ziegel- oder Kohlestaub. Und wenn man dann krank war – halb Wien litt an TBC –, gab es keine Krankenversicherung und keine Pension. Erst die Gewerkschaften haben diese Zustände durch ihre Streiks und erste Krankenkassen beendet.

Es ist leider symptomatisch, dass der Zwölfstundentag 2019 wieder angeordnet werden kann.

Die sozialistischen Parteien haben in diesem Kampf um bessere Arbeitsbedingungen „nur" insofern eine Rolle gespielt, als es ihnen gelungen ist, die von der Gewerkschaft erzielten Fortschritte im Verein mit einsichtigen Christlich-Sozialen auch in Gesetzen zu verankern. In den USA, wo es den Sozialismus als Weltanschauung nicht gegeben hat, so dass ihm auch keine Partei entsprach, unterblieb – sehr zum Nachteil der Amerikaner – diese massive gesetzliche Verankerung gewerkschaftlicher Erfolge. Die Erfolge als solche hat es aber in den USA nicht anders als in Österreich oder Deutschland gegeben. Oder genauer: Sie sind von den USA ausgegangen. Dort, nicht in Europa, wurde erstmals der Achtstundentag eingeführt.

Und zwar ganz ohne jede Sozialdemokratie – wohl aber, weil es, anders als in Europa, dort damals keine „industrielle Reservearmee" gegeben hat. Arbeitskräfte wurden in den Weiten des riesigen Landes vielmehr dringend gebraucht und die besseren Arbeitsbedingungen haben sich beinahe von selbst durch die gleiche Stärke von Arbeitgebern und Arbeitnehmern am Arbeitsmarkt ergeben: Es konnte ein denkbar gerechter Preis der Arbeit ausgehandelt werden.

Es ist eine Schwäche der Sozialdemokratie zu meinen, dass sie ein Monopol auf sozialen Fortschritt besitzt: Gewerkschaft ist nichts primär „Sozialistisches". Sie ist vielmehr eine logische Ergänzung zum Kapitalismus: durch die Erkenntnis, dass nicht nur Betriebe an Stärke gewinnen, indem sie sich zu Konzernen zusammenschließen, sondern auch Menschen, indem sie ihre Kampfkraft in Gewerkschaften bündeln. Dieser Erkenntnis der „Werktätigen" verband sich (einmal mehr gegen Marx' Thesen) die Erkenntnis des „Kapitalisten" Henry Ford, dass seine Arbeiter besser verdienen müssen, wenn sie seine Autos kaufen sollen.

Es war daher kein Zufall, dass Gewerkschaften in den USA lange Zeit die weit größeren Erfolge hatten, weil sie sich nicht als Stoßtrupp der Weltrevolution, sondern als Interessenvertretung verstanden. Die sozialdemokratischen Parteien Europas haben dieses Erfolgsrezept eher von den USA kopiert, als selbst entwickelt.

Das muss noch kein Nachteil sein: Man kann (wie heute Japan oder China zeigen) auch mit kopierten Rezepten überaus erfolgreich leben. Bis vor etwa zwanzig, dreißig Jahren war das in Österreich, Deutschland, Frankreich oder Italien auch der Fall: Die Gewerkschaften haben immer größere Anteile am geschaffenen Mehrwert für die „Werktätigen" herausgeholt. Die Sozialdemokratie hat sich das auf ihre Fahne heften können, weil der Gewerkschaftsbund zwar eine bürgerliche Fraktion aufweist (wie das mit kapitalistischer Logik absolut vereinbar ist), in seiner Mehrheit aber doch klar sozialdemokratisch geführt war und ist.

Schockstarr gegenüber der Globalisierung

Doch spätestens ab 1980 haben die Gewerkschaften massiv an Macht und Einfluss verloren. Als Ursache wurde lange Zeit und wird jetzt wieder nicht zu Unrecht angeführt, dass sie so gut wie alles erreicht hätten, was Sozialisten je gefordert haben: Wohlstand, humane Arbeitsbedingungen, Krankenversicherung, Pensionsversicherung, kostenlosen Zugang zu Bildung, Aufstiegsmöglichkeiten und soziale Sicherheit. Die Gewerkschaften, so hieß es und so argumentierte Hans Rauscher während der Entstehung dieses Buches im *Standard* nicht anders als die *Frankfurter Allgemeine Zeitung,* hätten sich durch ihre Erfolge sozusagen selbst überflüssig gemacht.

Aber heute, und das scheint mir wesentlich, sind diese Erfolge längst nicht mehr sicher: Krankenversicherung und Pensionsversicherung kämpfen mit künstlich herbeigeredeten Finanzierungsproblemen[6]; Bildungschancen wurden nicht im erhofften Umfang wahrgenommen; Reallöhne schrumpfen; und vor allem ist die Sicherheit des Arbeitsplatzes extremer Unsicherheit gewichen.

Trotzdem sind die Gewerkschaften nicht wieder erstarkt.

Ihre Hilflosigkeit ist an allen Ecken und Enden fühlbar: Schon seit langem sind ihnen die höher qualifizierten Arbeitskräfte entglitten, die vertreten ihre Interessen lieber in Eigenregie; sie vermögen unzureichend qualifizierte Arbeitnehmer in ihren neuen, oft kurzfristigen und isolierten Arbeitsverhältnissen nicht zu organisieren, geschweige denn erfolgreich zu vertreten; vor allem aber stehen sie den Herausforderungen der Globalisierung schockstarr gegenüber.

Es ist für einen Betriebsrat schon sehr schwer hinzunehmen, dass gelegentlich Arbeitsplätze abgebaut werden müssen, um der nationalen Konkurrenz standzuhalten – aber wie schwer muss es ihm erst fallen hinzunehmen, dass sein Betrieb schließen muss, weil die Arbeitskräfte im benachbarten Ungarn billiger sind und sein Betrieb es nicht geschafft hat, dem durch gesteigerte Produktivität zu begegnen?

Und selbst wenn er Ungarn, Polen oder Tschechien irgendwann zähneknirschend als Mitgliedsstaaten desselben Wirtschaftsraumes

---

[6] Obwohl es auch ein echtes gibt: Es muss berücksichtigt werden, dass die Menschen immer älter werden und nicht zwingend im gleichen Ausmaß länger verdienen können.

akzeptiert – wie soll er damit fertig werden, dass billige Arbeitskräfte in Indien oder Indonesien die Schließung seines Betriebes herbeiführen können, weil die notwendige Produktivitätssteigerung verabsäumt wurde?

Gewerkschaften sind immer national organisiert, die Weltwirtschaft ist zunehmend global organisiert. Das Problem wird so lange akut sein, als in den unterschiedlichen Ländern des Globus die unterschiedlichsten Einkommensverhältnisse herrschen, beziehungsweise wird erst gelöst sein, wenn sich die Einkommen einander angeglichen haben. Liberale Ökonomen sind der Ansicht, dass man diesen Prozess am besten dem Markt überlässt, auch wenn er sehr, sehr lange dauert: Produktionen wandern so lange aus Ländern mit hohen Lohnkosten in Länder mit niedrigeren Lohnkosten ab, bis die teuren Arbeitskräfte der Hochlohnländer es relativ billiger geben, während die Löhne in den ursprünglichen Niedriglohnländern ständig steigen, weil die zugewanderte Produktion den Bedarf an Arbeitskräften laufend erhöht.

Dieser Prozess ist für die Niedriglohnländer, deren Gehaltsniveau ständig steigt, allerdings zwangsläufig sehr viel angenehmer als für Hochlohnländer, deren Gehaltsniveau, zumindest relativ, ständig sinkt.

Ökonomen mit großer internationaler Erfahrung wie Heiner Flassbeck meinen daher, dass es in der Praxis nur einen wirksamen Schutz gegen extreme Verwerfungen aufgrund dieser Lohnungleichheit geben kann: Zölle bzw. abgesprochene Handels-beschränkungen, wie sie die deutsche Presse als Todsünde brandmarkt.

Solange die Gewerkschaften keine tragfähige Idee haben, wie sie durch ihre Aktivität die Angleichung der Einkommen auf internationaler Ebene schmerzlos beschleunigen können, haben sie zwangsläufig sehr viel schlechtere Karten als noch vor dreißig Jahren: Nur bei Beamten, Müllmännern oder Lokführern können sie noch relativ einfach (und gelegentlich zulasten aller anderen Bürger) deutlich höhere Löhne durchsetzen, weil die auf nationaler Ebene unersetzbar sind.

Der gewerkschaftliche Kampf ist auf eine neue Weise wieder so schwer wie vor 200 Jahren geworden.

Aber das heißt nicht, dass man ihn aufgeben kann. Man muss ihn nur mit noch mehr Einsatz führen und vor allem ökonomisch zu argumentieren lernen: Man muss allen Beteiligten, auch Unternehmern, klarmachen, dass die Wirtschaft besser, nicht schlechter funktioniert, wenn die Arbeitnehmer ein Maximum des Möglichen verdienen, weil gut bezahlte Arbeitnehmer, wie der „Kapitalist" Henry Ford sehr gut wusste, mehr Autos kaufen können.

Wolfgang Stützels Saldenmechanik beweist es mit mathematischer Gewissheit: Wenn die Bürger mehr einkaufen können, können die Unternehmer mehr verkaufen. Das kann man auch Unternehmern oder zumindest den sie vertretenden Organisationen und Parteien erklären.

Der einzelne Unternehmer wird wohl immer für die jeweils niedrigste Entlohnung eintreten – das ist seine betriebswirtschaftliche Rolle. Aber es ist die betriebs- wie volkswirtschaftliche Rolle der Gewerkschaft und sollte die politische Rolle der Sozialdemokratie sein, ihm dabei maximalen Widerstand zu leisten.

Dass DGB wie ÖGB die Probleme der prekär Beschäftigten und der Arbeitslosen stets zugunsten der Anliegen der Beschäftigten vernachlässigt haben – dass sie die prekär Beschäftigten so wenig zu organisieren vermochten –, erweist sich jetzt als ein ähnlich gravierender Nachteil wie der, den Europas Gewerkschaften seinerzeit gegenüber den amerikanischen Gewerkschaften zu tragen hatten: Die prekär Beschäftigten sind eine neue industrielle Reservearmee – sie haben solche Angst um ihren jeweiligen Job, dass sie noch so schlechte Bezahlung und Arbeitsbedingungen akzeptieren.

Dass weder Gewerkschaften noch sozialdemokratische Parteien in der Lage sind, die prekäre Beschäftigung durch Gesetze einzudämmen, ist ein eminentes praktisches Versagen und ein struktureller Hintergrund der Krise beider Organisationen. Dass sie nicht in der Lage sind, falsche ökonomische Überlegungen der Neoliberalen öffentlich zu widerlegen und auf der Basis einer veränderten öffentlichen Meinung bei Verhandlungen doch wieder Druck – nämlich politischen Druck – auszuüben, ist ein eminentes intellektuelles und politisches Versagen und der zweite strukturelle Hintergrund der Krise der Sozialdemokratie.

So wie sie in besseren Zeiten die Erfolge der Gewerkschaften auf ihre Fahne heften konnte, leidet sie jetzt unter deren relativer Erfolglosigkeit.

DER RECHTE WEG, WEG VON DER SOZIALDEMOKRATIE

Schweden, Österreich, Italien, Spanien, Frankreich und Deutschland haben dabei eines gemeinsam: Zulasten der Sozialdemokratie sind fast nur die rechtspopulistischen Parteien groß geworden. Der Grund ist klar und ich wiederhole mich, weil es so wichtig ist: SPÖ und SPD sind seit zwanzig Jahren nicht mehr in der Lage, ihre Stammwähler – Arbeiter und Geringverdiener – in ihren zunehmend prekären Jobs abzusichern. Seit sich diese Menschen darüber hinaus durch die Konkurrenz von „Migranten" bedroht fühlen, laufen sie zu Schwedendemokraten, FPÖ, Lega Nord, Front national, Vox und AfD über.

Die Sozialdemokratie muss diese doppelte Gefahr begreifen und ihre Politik doppelt überdenken: Mehr als die Wahrung des Menschenrechts auf Asyl ist ihrer Wählerschaft meines Erachtens nicht zuzumuten – wirtschaftsbedingte Zuwanderung muss von SPÖ wie SPD abgelehnt werden, obwohl sie derzeit quantitativ keineswegs ein Problem darstellt, das sich nicht bewältigen ließe. Das war die Zuwanderung nicht einmal 2015. Aber so lange es eine so große Gruppe der Bevölkerung gibt, die selbst um Sozialleistungen kämpfen muss, wird sie emotional nicht mit der Zuwanderung fertig. Sie fühlt sich dadurch bedroht, obwohl sie es nicht ist, und ihr mäßiges wirtschaftliches Wohlergehen ganz andere Ursachen hat.

Ich habe zeit meines Lebens Flüchtlinge in meiner Wohnung aufgenommen – meine Kinder sind mit ihnen aufgewachsen –, daher glaube ich nicht, dass man meine Argumentation als inhuman zurückweisen kann:

• Man tut den Ländern, aus denen Wirtschaftsflüchtlinge kommen, nichts Gutes, wenn man die meist am besten ausgebildete, oft auch wirtschaftlich potenteste, jedenfalls initiativste Gruppe ihrer Bevölkerung bei sich aufnimmt – denn diese Gruppe fehlt zu Hause. Aus ihr müssen die politischen Führer kommen, die diese Länder von innen heraus reformieren.

• Natürlich hat George Soros recht, wenn er fordert, dass es ein gewisses Maß an geordneter, legaler Auswanderung in die EU geben muss. Aber in Grenzen, die die Menschen in den aufnehmenden Ländern ziehen. Wenn es weniger Abgehängte unter ihnen geben wird, werden die Grenzen nicht so eng ausfallen, wie Salvini und Strache sie derzeit bestimmen.

- Und natürlich soll und muss man vor Ort helfen. Das ist zwar unendlich schwierig, aber es geht. Männer wie Karlheinz Böhm oder Frauen wie Christine Wallner führten bzw. führen es im Kleinen vor. Im Großen sollte eine der wichtigsten, vornehmsten Aufgaben von Wirtschaftsuniversitäten darin bestehen, Entwicklungshilfe-Experten heranzubilden. (Ich kenne zum Beispiel keine Literatur, die überzeugend klärt, wie weit Eigennutz der Geberländer dabei ein Vor- oder Nachteil ist, obwohl mir eben dies eine der wesentlichsten Fragen scheint.)

- Neben finanzieller Hilfe muss es sicher auch intellektuelle, weltanschauliche Hilfe geben. Dabei scheint mir der Hinweis auf die Notwendigkeit der Geburtenkontrolle der wichtigste: Selbst die gelegentlich gar nicht so schlechten Wachstumsraten mancher afrikanischen Staaten reichen nicht aus, die Bevölkerung dieser Länder zu versorgen, solange sie mit noch größeren Raten wächst. Dass ausgerechnet katholische Organisationen sich einerseits bei Hilfeleistungen hervortun, anderseits aber Geburtenkontrolle ablehnen, scheint mir ein gravierendes strukturelles Handicap.

- Extrem unterlegenen Volkswirtschaften „Freihandel" zu predigen ist unverantwortlich, denn ohne schützende Zollmauern kann sich weder deren Industrie noch selbst deren Landwirtschaft entwickeln. Wahrscheinlich müssen wir ihnen erlauben, ihre Produkte zollfrei an uns zu liefern, obwohl unseren Produkten auf ihrer Seite Zollschranken gegenüberstehen. Wann die vermindert oder aufgegeben werden können oder sogar sollen – weil die ausländische Konkurrenz die Unternehmen des Entwicklungslandes dann nicht mehr umbringt, sondern ihre Leistung befördert –, ist eine der unendlich komplexen Fragen, die die von mir geforderten Entwicklungshilfe-Experten vielleicht zufriedenstellend lösen können.

- Eine mit Sicherheit richtige, wichtige wirtschaftliche Hilfe für unterentwickelte Länder besteht darin, diesen Ländern nicht, wie zeitweilig der IWF, einzureden, dass Sparen des Staates der beste Weg zu ihrem Aufstieg ist. Auch und gerade in Afrika gilt diesbezüglich die Saldomechanik. Der Staat muss in Infrastruktur investieren. Man muss „nur" dafür sorgen, dass das auch wirklich geschieht – mit aller

Energie verhindern, dass die politischen Führer erhaltene Entwicklungshilfegelder vor allem für Waffen ausgeben oder auf ihre Schweizer Konten umleiten. (Man könnte zum Beispiel strengste Strafen für Bankinstitute festlegen, denen solche Korruptionskonten nachgewiesen werden. Der nötige politische Druck ließe sich herstellen, indem man der Öffentlichkeit klarmacht, dass diese Korruptionskonten einer der Gründe für die aktuelle Fluchtbewegung nach Europa sind.)

WIE NEOLIBERALE DEN MARKT MISSVERSTEHEN

Mit dem Sparen des Staates bzw. der Saldenmechanik bin ich wieder zurück bei den Problemen der Sozialdemokratie: Sie muss dringend volkswirtschaftliche Gesetzmäßigkeiten verstehen lernen und vor allem lernen, auf Basis dieses besseren Verständnisses der freien „kapitalistischen" Marktwirtschaft zu argumentieren. Die Saldenmechanik erlaubt es, neoliberale Missverständnisse vom Funktionieren der Wirtschaft öffentlich und öffentlichkeitswirksam aufzuzeigen.

Die Sozialdemokraten müssen, wie Bruno Kreisky das einmal formulierte, die besseren Marktwirtschaftler sein.

Denn genau das ist eines der zentralen aktuellen wirtschaftlichen Probleme: Unter dem Eindruck des Neoliberalismus und der deutschen Sparwut haben die konservativen bürgerlichen Volksparteien aufgehört, das Wesen und die Vorteile des von ihnen vertretenen „kapitalistischen" marktwirtschaftlichen Wirtschaftssystems zu verstehen, für das die Investitionen des Staates und die adäquate Steigerung der Löhne eine entscheidende Rolle spielen.

Die neoliberale Weltanschauung – denn eine solche ist es und keine Wissenschaft – hat ihnen die Sicht verstellt. Ich möchte das am Beispiel des deutschen Lohndumpings demonstrieren.

Wann gewinnen die besten Unternehmen?

Das wohl zentralste Gebot „kapitalistischer" freier Marktwirtschaft lautet: Unser Wohlstand beruht auf dem fairen Wettkampf vornehmlich privater Unternehmen um den jeweils größten Erfolg beim Verbraucher. Bessere Unternehmen sollen die schlechteren verdrängen, die besten sollen siegen: diejenigen, die Neues erfinden oder Bisheriges mit weniger Zeit-, Material- oder Energieaufwand produzieren.

Eben das ist in der vom Neoliberalismus dominierten EU, voran durch Deutschlands Lohndumping, nicht gegeben.

Theoretisch hat die EU den fairen Wettbewerb zwar sehr wohl zum Ziel. Sie fordert, dass die Unternehmen unter gleichen Bedingungen miteinander konkurrieren, und stellt das sogar durch Strafbestimmungen sicher. Unternehmen dürfen zum Beispiel weder staatliche Zuschüsse erhalten noch staatliche Vorzugsbehandlungen erfahren. Zu Recht bestraft die EU solche Vorzugsbehandlungen aufs Strengste: Wenn ein Staat einem Unternehmen einen begünstigten Kredit oder ein verbilligtes Grundstück zur Verfügung stellt, so muss es diesen unberechtigten Vorteil rückerstatten.

Aber gleichzeitig lässt die EU zu, dass die einzelnen Mitgliedsstaaten darin wetteifern, wer „seinen" Unternehmen den „Standort" bietet, der sie finanziell am stärksten bevorzugt.

Das muss den fairen Wettbewerb der Unternehmen untereinander zwangsläufig ad absurdum führen.

So verschafft ein Staat „seinen" Unternehmen zum Beispiel einen gewaltigen Konkurrenzvorteil, in dem er ihnen steuerliche Vorteile gewährt. Ein ebensolcher gewaltiger Vorteil ist es, wenn sie bei Lohnerhöhungen nicht das vereinbarte Inflationsziel von zwei Prozent sicherstellen müssen, denn damit haben sie wesentlich niedrigere Lohnstückkosten als die Konkurrenz.

Unter diesen Umständen gewinnen Unternehmen Marktanteile, obwohl sie weder die Qualität ihrer Produkte verbessert, noch den Zeit-, Material- oder Energieaufwand bei der Herstellung verringert haben.

Verringert hat sich durch „Lohnzurückhaltung" vielmehr ausschließlich der Wohlstand der betroffenen Arbeitnehmer – ihre Reallöhne schrumpfen. Das wieder verringert zwangsläufig die Absatzchancen aller (eigenen wie fremden) Unternehmen auf dem betreffenden Staatsgebiet, weil dessen reale Kaufkraft schrumpft, schafft also einmal mehr unfaire Bedingungen im Konkurrenzkampf.

Bezogen auf Deutschland: Die Qualität deutscher Waren ist im Verhältnis zu der französischer, italienischer oder skandinavischer Waren in den letzten 15 Jahren nicht gestiegen – eine aktuelle Studie der OECD sagt sogar das Gegenteil: sie habe sich leicht vermindert –, aber sie verkaufen sich dennoch so gut wie nie, weil die deutsche Lohnpolitik (der deutsche Arbeitnehmer) sie mit niedrigen Löhnen subventioniert. Dieser finanzielle Vorteil in Gestalt konkurrenzloser Lohnstückkosten ist ganz ungleich größer als der durch eine verbotene staatliche Subvention. Deutsche Unternehmen liegen dank hinzugewonnener Marktanteile uneinholbar voran, ohne die geringste bessere unternehmerische Leistung erbracht zu haben.

Das ist das Gegenteil von Marktwirtschaft.

Im Umkehrschluss: Fairen Wettkampf der Unternehmen, wie die freie „kapitalistische" Markwirtschaft sie fordert, kann nur funktionieren, wenn die beteiligten Staaten sich auf eine gleichartige Lohnpolitik für ihre Unternehmen einigen: wenn die Löhne durchwegs im Einklang mit der Produktivität steigen, wie das bis ca. 1997 geschah, und die Subventionierung von Preisen durch Lohnverzicht, der nicht das Geringste mit Produktqualität oder Produktionseffizienz zu tun hat, grundsätzlich unterbleibt. Nur dann kann es wirklich geben, was Neoliberale sonst so lautstark fordern: eine Marktwirtschaft, in der wirklich die besten Unternehmen siegen.

Die neoliberale SPD

Leider hat die Sozialdemokratie aber einfach einen beträchtlichen Teil der deutsch-neoliberalen Missverständnisse zum Gang der Wirtschaft übernommen – sie muss sich so rasch wie möglich aktiv davon trennen.

Die SPÖ hat das in ihrem neuen Programm im Sommer 2018 getan: Dieses Programm wendet sich gegen Sparpakt und Lohndumping. Die SPD ist neuerdings zumindest gespalten: Ihr Finanzminister Olaf Scholz ist fast so neoliberal wie die CDU und will keinen Millimeter von der „schwarzen Null" abrücken. Andrea Nahles will zwar eine Reform der Hartzreform Gerhard Schröders, hat aber nicht die Kraft, sie durchzusetzen.

Damit bleibt die SPD noch auf Jahre hinaus chancenlos, und das ist entscheidend für die EU: Solange Deutschland seine Spar- und Niedriglohnpolitik fortsetzt, kann kein EU-Land sich ihr erfolgreich entziehen oder gar widersetzen. Deutschlands Sozialdemokratie hat die „Klasse der Werktätigen" restlos verraten. Zwar nicht mit Absicht, aber aus volkswirtschaftlicher Ahnungslosigkeit

WAS BEDEUTET NEOLIBERALISMUS IN DER PRAXIS

In dem Ausmaß, in dem Sozialdemokratie und Gewerkschaft an Boden verloren haben, ist der Neoliberalismus auch in Europa zur herrschenden wirtschaftlichen Weltanschauung geworden. Deshalb, und weil er in diesem Buch eine so wesentliche Rolle spielt, will ich klären, was ich darunter verstehe, denn eine exakte Definition gibt es nicht. „Wikipedia" etwa spricht von „unterschiedlichen Strömungen" und führt darunter Ludwig Erhards soziale Marktwirtschaft ebenso an wie Milton Friedmans Chicagoer Schule. Ich hingegen zähle die soziale Marktwirtschaft Erhards eher zum Gegenteil des Neoliberalismus und sehe den Einfluss der Chicagoer Schule als entscheidend an: Sie lehrt zwar nicht mehr, dass der Staat, wie im Manchester-Liberalismus, gar keinen Einfluss auf die Wirtschaft haben soll – denn das mündete nicht zuletzt in die Weltwirtschaftskrise –, wohl aber, dass dieser Einfluss sich auf das Nötigste beschränken soll und die „Marktkräfte" klar den Vortritt haben müssen.

Weil daher eigentlich entscheidend wäre, was man unter dem „Nötigsten" versteht, bringt auch diese Definition – wie die meisten Definitionen – nicht viel. Auch ich halte die Marktkräfte zum Beispiel für überaus bedeutsam und sehe eine eminente Gefahr darin, sie ungenügend zu respektieren, und bin doch kein Neoliberaler. Aber dann wird eben entscheidend, was „ungenügend respektieren" bedeutet.

Ich will mich daher weniger mit Definitionen als mit der Praxis neoliberal gesinnter politischer Funktionäre auseinandersetzen und meine, dass folgende Überzeugungen sie eint:
- Sie sind überzeugt, dass der Markt immer recht hat.
- Sie sind überzeugt, dass es den Menschen umso besser geht, je besser es der Wirtschaft geht.
- Und sie sind überzeugt, dass es der Wirtschaft umso besser geht, je mehr die sogenannte „Angebotsorientierung" verwirklicht ist: Je leichter Unternehmen Kredite erhalten, je weniger Steuern sie zahlen müssen und je weniger Einschränkungen sie unterliegen, desto besser können sie sich angeblich entwickeln und für ein preisgüns-

tiges, hochwertiges Angebot an Gütern und Dienstleistungen sorgen. Die Nachfrage nach diesem Angebot und diesen Dienstleistungen, so meinen Neoliberale, ergäbe sich von selbst.

• Und sie sind überzeugt, dass der Staat sparen soll.

Es ist keineswegs so, dass ich überall das absolute Gegenteil dieser Behauptungen für richtig halte – das tue ich nur bezüglich des Sparens des Staates. Ich bin bloß nicht so absolut sicher, dass sie immer und überall absolut zutreffen. Daher will ich mich Stück für Stück und im Detail damit auseinandersetzen.

Geht es uns besser, wenn es der Wirtschaft besser geht?

So geht es der „Wirtschaft" zum Beispiel derzeit ausgezeichnet, agiert sie doch denkbar „angebotsorientiert: Unternehmenssteuern sind niedrig wie nie, Kredite sind günstig wie nie, es gibt keinen Mangel an wesentlichen Rohstoffen oder Energie. Also sprudeln die Unternehmensgewinne – dennoch sprudeln die Einkommen bzw. Löhne der Bevölkerung in keiner Weise. Die nachfolgende, unbestreitbare und unbestrittene Grafik der Arbeiterkammer zeigt unmissverständlich, wie sich der Anteil der Löhne am BIP (die Lohnquote) im Verhältnis zum Anteil der Gewinne am BIP (der Gewinnquote) zwischen 1979 und 2011 in Österreich entwickelt hat. (Siehe nebenstehende Grafik.)

Die Turbulenzen in den Jahren 2009/10 signalisieren in keiner Weise ein Ende dieser Auseinanderentwicklung, sondern zeigen nur an, dass die Finanzkrise die Gewinnquote kurzfristig beeinträchtigt hat, weil Aktionäre Geld verloren haben.

Daher halte ich die neoliberale Behauptung, dass es den Menschen umso besser geht, je besser es der Wirtschaft geht, zumindest für die letzten vierzig Jahre für widerlegt. Ich riskiere sogar eine Gegenprognose: Es könnte den Aktionären für eine Weile – bis zum Kippen dieser ungesunden Entwicklung – gelingen, zulasten der Werktätigen noch größere Gewinne zu erzielen, weil sich das Kräfteverhältnis zwischen ihnen und den Gewerkschaften noch weiter zulasten der Gewerkschaften verschieben könnte.

Wie das Kippen aussehen wird, darüber kann ich nur spekulieren: Ein massiver Einbruch der Nachfrage aufgrund zurückbleibender Löhne könnte die Aktienkurse abstürzen, die Gewinne einbrechen lassen.

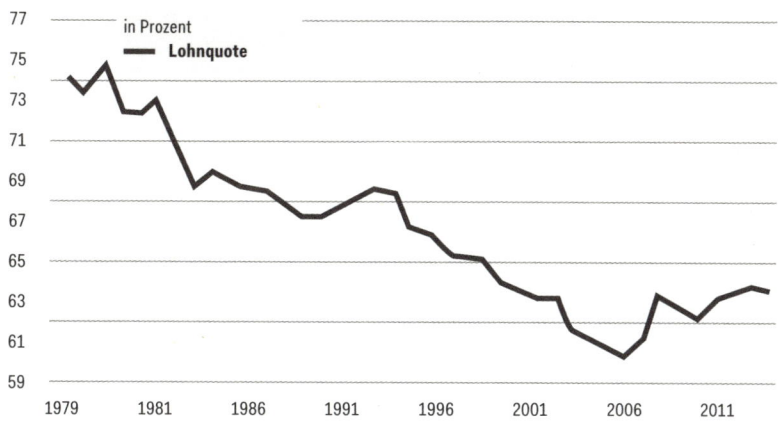

Die Lohnquote Österreichs fällt in dem Ausmaß, …

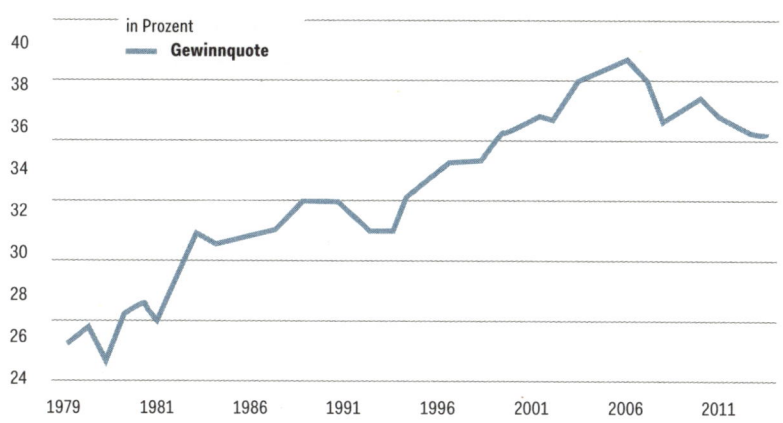

Quelle: Ameco-Datenbank

… in dem die Gewinnquote steigt

Ich habe die Kräfteverschiebung zulasten der Gewerkschaften in den Achtzigerjahren im *Profil* unter Außerachtlassung der Globalisierung folgendermaßen begründet: Die steigende Arbeitslosigkeit entwickelter Volkswirtschaften, voran der BRD, sei sehr wohl auch die Folge des Ersatzes menschlicher Arbeitskraft durch Maschinen. Das vernünftigste Gegenmittel sei die Verkürzung menschlicher Arbeitszeit. Das hat mir damals den Ruf eines Narren eingetragen, während heute zumindest einige Ökonomen von Gewicht mit mir davon ausgehen, dass der technologische Fortschritt mehr Arbeitsplätze vernichtet, als er schafft. (Auch Keynes hat übrigens, von der britischen Regierung um eine Vorschau auf die Zukunft gebeten, gemeint, dass es mit fortgeschrittener Produktion zur Verkürzung der Arbeitszeit kommen müsse.)

ÖGB wie DGB hatten Arbeitszeitverkürzung auch immer im Programm – aber neoliberal infiziert haben sie kaum dafür gekämpft. (Auch ich bin im Übrigen nicht sicher, dass Arbeitszeitverkürzung Arbeitslosigkeit unmittelbar beseitigt – wohl aber, dass eine generell verkürzte Arbeitszeit auf die Dauer weniger Arbeitslosigkeit mit sich bringt. Ich sehe in der 38-Stunden-Woche kein logisches Ende auf dem Weg zu geringeren Arbeitszeiten.)

Jedenfalls ist das Ende meiner damaligen Prophezeiung eingetreten: Es hat sich jene „industrielle Reservearmee" prekär Beschäftigter gebildet, die den gewerkschaftlichen Kampf heute so erschwert. Denn alle Menschen – ich wiederhole mich aus gutem Grund –, die um ihren Job bangen, geben jeder Arbeitgeberforderung nach, wenn sie ihn nur behalten oder bekommen.

In Österreich wie Deutschland sind Reallohnerhöhungen auf breiter Basis angesichts dieser Reservearmeen kaum mehr durchsetzbar.

Wobei das BIP im Übrigen nur scheinbar eine absolute Größe darstellt, die zwischen Bevölkerung und Unternehmen aufzuteilen ist. Es ist nicht so, dass die einen zwingend umso weniger bekommen, je mehr die anderen bekommen, sondern das BIP wächst – siehe einmal mehr die Saldenmechanik – umso stärker, je mehr Bevölkerung, Unternehmen und vor allem der Staat ausgeben.

Der Staat kann sogar – siehe die Bewältigung der Weltwirtschaftskrise – jede Menge ausgeben, die er auszugeben beschließt: Er schafft Güter und Leistungen durch seinen Beschluss, sie zu bezahlen.

Ich weiß, dass das erstaunlich klingt und Wolfgang Schäuble aufjaulen ließe. Aber es ist nicht erstaunlich, sondern logisch: Jeder durchschnittliche Österreicher oder Deutsche erzeugt in seinem Leben wesentlich mehr Güter und Leistungen, als er verbraucht. Wenn der Staat also durch sein Versprechen, dafür zu bezahlen, alle Österreicher oder Deutschen, also auch alle zuvor Arbeitslosen, alle teilzeitbeschäftigten oder unbeschäftigten Frauen zu gutbezahlter Vollzeitbeschäftigung bewegen kann, wird das Staatswesen in nie da gewesenem Ausmaß reicher, als es vorher war. Das „Wunder von Wörgl" bietet dafür Anschauungsunterricht. Die Saldenmechanik bestätigt es. Und es liegt auch Keynes Überlegungen zur Beschäftigung zugrunde.

Nur begrenzte Rohstoff-, Umwelt- oder Humanressourcen setzten diesem Zuwachs Grenzen. (Aber das ist ein ganz anderes Kapitel und müsste Teil eines eigenen Buches sein.) Für das Wirtschaftswachstum, das wir derzeit durchaus brauchen, stimmt dieser Zusammenhang immer: Je mehr der Staat ausgibt, desto reicher wird er.

Die These, dass es den Menschen gut geht, wenn es der Wirtschaft gut geht, ist durch alle vorangegangenen Einwände und selbst das dramatische Diagramm mit der steigenden Gewinnquote und der fallende Lohnquote im Übrigen dennoch nicht grundsätzlich widerlegt – es könnte der Bevölkerung meines Erachtens sehr wohl am besten gehen, wenn es der Wirtschaft tatsächlich am besten geht –, wenn sie z. B. weder neoliberal missverstanden noch calvinisch gedrosselt wird.

Mit Karl Popper bezweifle ich, dass es ein „ehernes Gesetz der Geschichte" gibt, das uns eine bestimmte wirtschaftliche Entwicklung aufzwingt.

So ginge es der Wirtschaft, wie ich mehrfach argumentiert habe, in absoluten Zahlen noch viel besser, wenn die Bevölkerung ein größeres Einkommen erzielte. Denn ein stabil größeres Einkommen ließe mehr Einkäufe vor allem der geringverdienenden Bevölkerung zu, und die ermöglichten saldenmechanisch deutlich mehr Verkäufe aufseiten der Unternehmen, die daraufhin Erweiterungsinvestitionen tätigen müssten, um der gestiegenen Nachfrage nachzukommen. Was saldenmechanisch einmal mehr zum Wohlstand beitrüge.

Wie niedrig müssen die Löhne sein?

Mit der Osterweiterung erfuhr die Auseinandersetzung zwischen Arbeitgebern und Arbeitnehmern ihre erste, mit der Globalisierung ihre zweite massive Verschärfung und die Arbeitnehmer haben dabei zunehmend schlechtere Karten. Seit Unternehmer auch noch die Chance haben, ihre Produktion nicht nur nach Polen oder Ungarn, sondern auch nach Indien oder China zu verlagern, ist der Kampf der Gewerkschaften um höhere Löhne schwieriger denn je.

Aber das ist kein Grund, den Kampf aufzugeben, sondern im Gegenteil, sich mehr denn je anzustrengen.

Dass das nicht geschehen ist, wird DGB und SPD, ÖGB und SPÖ von den Arbeitnehmern extrem verübelt, denn es ist kein „Sachzwang": Produktionsanlagen in Österreich oder Deutschland gehören zu den leistungsfähigsten der Welt. Ein Deutscher, der für achtzig Euro eine Stunde an einer Maschine steht, die tausend Zylinder fräst, produziert sie nach wie vor billiger als ein Chinese, der für einen Euro in der Stunde mit seiner Maschine nur drei Zylinder fräsen kann.

Solange unsere „Lohnstückkosten" auf diese Weise konkurrenzfähig sind – und das sind sie –, sind es auch die meisten unserer Waren. Im Rahmen konkurrenzfähiger Lohnstückkosten kann daher sehr wohl um höhere Löhne gerungen werden.

Und wir haben alle Chancen, dass unsere Waren in Zukunft noch viel konkurrenzfähiger werden, wenn wir Digitalisierung und künstliche Intelligenz in dem Ausmaß nutzen, in dem uns das dank unserer überlegenen Kapitalausstattung möglich ist. Wir können Industrieroboter herstellen, neben denen auch die billigsten chinesischen Facharbeiter teuer und vor allem schlecht arbeiten.

Es ist schwachsinnig, der Billiglohnkonkurrenz der Entwicklungsländer durch Ermäßigung der Löhne entgegenzutreten – man muss vielmehr genau umgekehrt die Produktivität maximal erhöhen. Es ist daher grober Unfug, wenn Neoliberale meinen, dass die Gewerkschaften für Arbeitnehmer überflüssig bis schädlich geworden sind. Sie sind nicht nur für die Arbeitnehmer höchst nützlich, sondern sie sind es auch für den Gang der Wirtschaft, weil zusätzliches Einkommen nicht nur zusätzliche Kaufkraft schafft, sondern weil nur maximal steigende Löhne die maximale Steigerung der Produktivität bewirken.

Die *Frankfurter Allgemeine Zeitung* wundert sich, dass gemäß einer Umfrage erstaunlich wenige deutsche Manager mit der Umsetzung der Digitalisierung im eigenen Betrieb begonnen haben. Ich wundere mich nicht: Wenn man nicht einmal die Mindestlöhne erhöhen will und bei jeder Lohnerhöhung den Verlust der Konkurrenzfähigkeit an die Wand malt, dann gibt man den Unternehmern das Gefühl, dass weiteres Lohndumping sinnvoller als vorangetriebene Automatisierung sei.

Lohnerhöhungen hören auf, eine Peitsche für den technologischen Fortschritt zu sein. Gute bürgerliche Ökonomen wussten um diese wichtige Funktion von Lohnerhöhungen – Neoliberale kennen sie nicht.

Was leistet der Markt?

Was die „Marktkräfte" anlangt, so verwahre ich mich nur gegen jenen neoliberalen Marktfundamentalismus, der im Markt den zu jeder Zeit einzig zuständigen, einzig korrekten Richter sieht, der daher problemlos Staaten-Henker sein darf.

Auch für mich ist der Markt bis auf Weiteres – künstliche Intelligenz könnte das ändern – sehr wohl das mit Abstand beste theoretische wie praktische Modell zur Herstellung eines Gleichgewichtes von Angebot und Nachfrage beziehungsweise zur Ermittlung des niedrigsten dazu geeigneten Preises. Nur muss zum optimalen Funktionieren des Marktes eine Reihe von Voraussetzungen erfüllt sein, auf die ich im Folgenden eingehe:

Bekanntlich geht der Markt mit Adam Smith davon aus, dass sich ein optimales Ergebnis für alle Teilnehmer gerade dann ergibt, wenn jeder einzelne Teilnehmer nur seinen persönlichen, egoistischen Erfolg anstrebt. Allerdings kann dieses Smith-Modell nur funktionieren, wenn alle Teilnehmer dieses Marktes auch die logischen Voraussetzungen des theoretischen Modells erfüllen:

- Alle Marktteilnehmer müssen im gleichen Ausmaß über alle marktrelevanten Informationen verfügen.
- Und alle Teilnehmer müssen im gleichen Ausmaß in der Lage sein, gemäß diesen Informationen rational und zu ihrem Vorteil zu handeln. (Wobei rationales Handeln dann gegeben ist, wenn es ihnen auch längerfristig zum Vorteil gereicht.)

In der Praxis, in real existierenden Märkten, sind diese Bedingungen so gut wie nie auch nur annähernd vollständig erfüllt: Manche Marktteilnehmer besitzen durch ihre wirtschaftliche Macht ständig einen erheblichen Informationsvorsprung; manche Marktteilnehmer haben die Möglichkeit, Informationen zu manipulieren; manche Marktteilnehmer sind in der Lage, allen anderen die Sicht zu verstellen, indem sie etwa marktrelevante Aktivitäten ins Ausland verlagern; manche Marktteilnehmer sind durch ihre faktische (etwa militärische) Macht in der Lage, andere an der Wahrnehmung ihres Vorteils zu hindern usw., usf.

Es ist daher unverantwortlich, den real existierenden Markt wie so viele Neoliberale mit dem theoretischen Modell des Marktes gleichzusetzen und zu erwarten, dass er zwingend und jederzeit das optimale Resultat liefert. Es ist aus dem gleichen Grund unerlässlich, den real existierenden Markt gegen die Einwände diverser Neoliberaler Spielregeln zu unterwerfen, die ihn dem idealen theoretischen Markt wenigsten so weit wie möglich annähern. So ist es insbesondere notwendig, die möglichst präzise, gleichwertige Information aller Teilnehmer abzusichern, indem etwa Insiderhandel strikt verboten ist, Bilanzierungsvorschriften die Vergleichbarkeit von Bilanzen sicherstellen oder die Organe der Aktiengesellschaften jedes Quartal Auskunft über die wirtschaftliche Entwicklung geben müssen. Es ist notwendig, dass alle Beteiligten wissen, welche Chancen und Risiken komplexe Finanzinstrumente enthalten: Wenn das, wie bei vielen „Derivaten", niemand weiß und ihr Handel, weil sie als „Privatverträge" figurieren, durch das Machtwort eines neoliberalen Finanzministers und seines neoliberalen FED-Chefs keiner der Auflagen unterliegt, die ich eben für Aktien angeführt habe, dann verstößt man gegen eine der wichtigsten Voraussetzung eines funktionierenden Marktes: die Transparenz.

Ebenso selbstverständlich muss es Vorschriften geben, die dafür sorgen, dass unter den Teilnehmern des Marktes tatsächlich Chancengleichheit besteht. Wenn ein Unternehmen etwa das Monopol besitzt, Glühlampen herzustellen, dann hat der Konsument als Marktteilnehmer keine Möglichkeit mehr, den Preis mitzubestimmen, wenn er nicht im Dunkeln sitzen will. Deshalb muss es Anti-Trust-Gesetze geben, die marktbeherrschende Unternehmen verhindern. Es muss

Anti-Dumping-Gesetze geben, die verhindern, dass ein extrem kapitalstarkes Unternehmen seine Konkurrenz durch Preise ausschaltet, die gar nicht mehr am Markt, sondern per Vorstandsbeschluss gebildet werden.

Die EU-Wettbewerbsbehörde hat auf diesem Gebiet eine Menge geleistet. Sie muss aber eben auch unterbinden, dass eine Volkswirtschaft die Preise ihrer Unternehmen gegenüber den Preisen anderer Volkswirtschaften durch Lohndumping absenkt.

Einen Markt ohne Spielregeln zu fordern kann nur jemandem passieren, der, wie Ronald Reagan, den Unterschied zwischen theoretischem Modell und real existierenden Märkten nie verstanden hat, oder die, wie Alan Greenspan und andere Neoliberale, in einer im günstigsten Fall naiven Deregulierungsmanie befangen sind.

Die lange Leitung des Marktes

Selbst unter den ungünstigsten Voraussetzungen stellt der Markt allerdings des Öfteren – vielleicht sogar meist – ein letztlich eher richtiges „Gleichgewicht" her: Die privaten Schulden der Amerikaner sind ja letztlich schlagend geworden, die Aktienkurse sind ja letztlich trotz Greenspans Eingriffen eingebrochen, die von den Ratingagenturen falsch bewerteten Derivate sind ja letztlich auf ihren wahren Wert reduziert worden.

Es hat nur sehr, sehr lange gedauert: Immerhin hat Amerikas Bevölkerung zwanzig Jahre hindurch zu viel ausgegeben, ohne dass „selbst korrigierende Marktmechanismen" sie zu mehr Vorsicht gezwungen hätten.

Der real existierende Markt hat leider gelegentlich eine ziemlich lange Leitung. Seine Reaktionszeit ist sein gravierendstes Problem: Wenn es Jahre dauert, ehe eine extrem negative Entwicklung ausklingt oder eine positive sich einschleift, ist es nicht „links" oder gar „kommunistisch", für solche Eingriffe von außen zu plädieren, die nicht nur mehr Transparenz, sondern auch eine Verkürzung der Reaktionszeit bewirken.

Die ganze Gewerkschaftsbewegung bewirkte nicht zuletzt die Verkürzung zu langer Reaktionszeiten des real existierenden Marktes: Vielleicht hätten alle Unternehmer auch ohne Streiks, wie Henry Ford, irgendwann – in hundert Jahren – von sich aus erkannt, dass sie ihre

Arbeiter gut bezahlen müssen, damit die ihre Autos kaufen können. Beziehungsweise: dass sie weniger verdienen, wenn sie ihren Arbeitern minimale Löhne bezahlen, oder dass es sie letztlich teurer zu stehen kommt, wenn ungesicherte Maschinen ständig Arbeitsunfälle verursachen, als wenn die Sicherheit der Maschinen gewährleistet ist.

Aber gewerkschaftlich organisierte Streiks und die ihnen folgenden gesetzlichen Veränderungen, für die in Europa vor allem die Sozialdemokratie verantwortlich war, haben diesen Lernprozess doch sehr beschleunigt.

Was wieder nicht heißt, dass es solcher Eingriffe immer bedarf: In den USA hat es im 19. Jahrhundert weit weniger Streiks als in Europa gebraucht, um dort bessere Bedingungen für die Arbeitnehmer herzustellen. Es gab dort nämlich – ich wiederhole mich aus gutem Grund – anders als in Europa keine industrielle Reservearmee, sondern im Gegenteil einen ständigen Arbeitskräftemangel. Die höheren Löhne setzten sich daher auf dem Weg eines funktionierenden Arbeitsmarktes durch.

Es war also das Bestehen einer industriellen Reservearmee, die den entscheidenden Unterschied ausgemacht hat: In Europa, wo es sie gab, war es sehr schwer, höhere Löhne durchzusetzen, die sicherstellten, dass die produzierten Waren auch gekauft werden konnten; in den USA, wo es eine industrielle Reservearmee die längste Zeit nicht gegeben hat, war es leicht.

Die Besonderheit des Arbeitsmarktes

Es ist also insbesondere der Arbeitsmarkt, bei dem die Herstellung des markgerechten Gleichgewichtes ihre Tücken hat, und das liegt daran, dass die oben angeführten Voraussetzungen für ein klagloses Funktionieren kaum je gegeben sind: Arbeitnehmer verfügen nur selten über alle relevanten Informationen und sie haben vor allem große Probleme, gemäß diesen Informationen zu handeln. Das hat sogar schon Adam Smith in „Der Wohlstand der Nationen", erstes Buch, Kapitel 8, angemerkt: Er sah Arbeiter bei Lohnverhandlungen in einer schwächeren Position als Unternehmer, weil diese sich weit leichter zusammenschließen und ein Lohnkartell bilden können, während den Arbeitern ein Zusammenschluss wegen ihrer großen Zahl schwerer falle (und damals gesetzlich verboten war).

Adam Smith nahm also die Notwendigkeit eines gewerkschaftlichen Zusammenschlusses vorweg, und bis vor nicht allzu langer Zeit war das von ihm erwähnte Ungleichgewicht bei Lohnverhandlungen durch die Macht der Gewerkschaften beseitigt (ja es mag da oder dort zeitweilig sogar ins Gegenteil verkehrt gewesen sein), aber heute ist es von Neuem entstanden: Unternehmen sind mobil genug, ihre Produktion zunehmend in Entwicklungsländer fast ohne Gewerkschaften zu verlagern, während der Mobilität der Arbeitnehmer selbst innerhalb der EU, ja innerhalb des eigenen Landes, eine Vielzahl praktischer Widerstände entgegenstehen: Arbeitnehmer hängen an ihrem „Heimatort" – sie haben dort ein Haus, Verwandte und Freunde, die sie ungern verlassen; und Arbeitnehmer hängen an ihrem Beruf: Es ist nicht so einfach, ein guter Kellner zu werden, wenn man bisher ein guter Schlosser gewesen ist. Kapital kann den Ort seines Einsatzes und die Form seines Einsatzes blitzartig verändern – Menschen können das nicht.

Vor allem aber ist Arbeitslosigkeit nicht irgendeine von vielen möglichen Folgen des Marktgeschehens, sondern eine Konsequenz, die die gesamte Existenz des Betroffenen infrage stellt. Arbeitslosigkeit macht Angst – und Angst essen nicht nur Seele, sondern auch Verstand auf.

Gefährdete Arbeitnehmer sind daher nur in Ausnahmefällen in der Lage, „rational und zu ihrem längerfristigen Vorteil" zu handeln. Zwei Beispiele dafür:

1. Wenn die Gefahr von zu vielen Arbeitskräften für zu wenige Jobs besteht, müssten alle Arbeitnehmer, wenn sie informiert, rational und zu ihrem nachhaltigen Vorteil handelten, eigentlich so heftig wie nie zuvor konsumieren, denn das vergrößerte den Bedarf an Gütern und sicherte damit Arbeitsplätze. In der Praxis tun sie das Gegenteil: Sie schränken ihren Konsum so weit wie irgend möglich ein, um die erwarteten schwierigen Zeiten zu überleben. (Dass der Staat den Konsum dann auch noch einschränkt, zeigt, dass Politiker ihren Verstand selbst ohne materielle Existenzangst angeknabbert haben.)

2. Rationale Arbeitnehmer müssten, wenn sie Kündigungen befürchten, ihr Angebot an Arbeitskraft verknappen, das heißt Überstunden unbedingt ablehnen. In der Realität tun sie in ihrer Sorge das

Gegenteil: Sie erklären sich, jeder für sich, bereit, noch viel mehr Überstunden als bisher zu leisten und vielleicht sogar weniger Lohn dafür zu bekommen. Das wieder bedeutet, dass der Überhang des Angebotes von Arbeitskraft über den Bedarf an Arbeitskraft noch größer wird. Gleichzeitig bedeutet es, dass die geringer entlohnten Beschäftigten noch weniger einkaufen können, als sie aufgrund ihrer Ängste sowieso schon einkaufen wollen, was den Unternehmen, für die sie so lange und so billig arbeiten, in Wirklichkeit schadet, weil sie nicht mehr so viele Waren an diese Menschen verkaufen können. Aber bis die Unternehmer das erkennen, kann es viele, viele Jahre dauern, denn auch sie sind gelegentlich nicht in der Lage, ihren langfristigen Vorteil zu erkennen.

Die aktuelle Auseinandersetzung um den Zwölfstundentag illustriert diese Problematik plastisch: Die betroffenen Arbeitnehmer haben einschließlich ihrer Gewerkschaft akzeptiert, dass der Wirtschaft die Anordnung der Sechzig-Stunden-Wochen zugestanden werden muss, statt dass mehr Leute eingestellt werden, um Großaufträge zeitgerecht zu bewältigen. Die Gewerkschaft hat nicht einmal erreicht, dass Arbeitnehmer die Vier-Tage-Woche mit dem gleichen Recht einfordern können, wie Arbeitgeber die Sechzig-Stunden-Woche anordnen dürfen.

Wo nicht einmal Adam Smith an die Chancengleichheit von Arbeitgebern und Arbeitnehmern am Arbeitsmarkt glaubte, glauben Sebastian Kurz, Heinz-Christian Strache und Beate Hartinger-Klein daran, dass ein Arbeitnehmer drei Mal hintereinander verweigern kann, „freiwillig" zwölf Stunden zu arbeiten, obwohl der Arbeitgeber nicht einmal mehr zwingend die Gewerkschaft einbinden muss, wenn er es anordnet.

Was leistete Keynes?
Zu den Schlachtrufen der Neoliberalen zählt der Slogan „Keynes ist tot".

Der englische Wirtschaftswissenschaftler John Maynard Keynes hat sich, voran anlässlich der Weltwirtschaftskrise, ausgiebig mit dem angeführten Arbeitslosigkeit-Nachfrage-Problem auseinandergesetzt und empfiehlt für solche Situationen das energische Eingreifen des

Staates ins Marktgeschehen: Er soll zulasten des Budgets Großaufträge zur Verbesserung der Infrastruktur – Verkehrswege, Abwassersysteme, Spitäler usw. – vergeben, die möglichst viele Arbeitskräfte brauchen. Dadurch würden massive Arbeitslosigkeit und ein massives Absacken des Konsums vermieden und die Wirtschaft wieder zum Wachsen animiert. All dies soll er unterstützen, indem auch die Kosten des Geldes niedrig gehalten werden.

In dieser Form ist Keynes' Rezept nach dem Zweiten Weltkrieg bei kleineren Konjunkturdellen immer wieder angewendet worden und hat auch gut funktioniert.

Spätestens mit der Jahrtausendwende hat aber auch in Europa die neoliberale Weltanschauung der Wirtschaft die Volkswirtschaftslehre dominiert, das heißt von einer Volkswirtschaftslehre zu einer Unternehmenswirtschaftslehre umgewandelt. Es wurden plötzlich heftige Zweifel an Keynes Rezept angemeldet, die in dem Schlachtruf „Keynes ist tot" ihren Höhepunkt fanden.

Schlachtrufe sollten grundsätzlich misstrauisch machen. Wer beim toten Keynes nachliest wird feststellen, dass er ungemein überzeugend argumentiert und im Übrigen ein glühender Verfechter des freien Marktes gewesen ist. Er war nur nicht bereit, die vorhin angesprochenen langen Reaktionszeiten bzw. Zeitverzögerungen seines Funktionierens zu übersehen. Er forderte für diese Fälle die Intervention des Staates im Wege von Investitionen.

Die nach Keynes von Stützel entwickelte Saldenmechanik ist diesbezüglich – ich widerhole mich aus guten Grund – unmissverständlich: Die Wirtschaft kann nur signifikant und nachhaltig wachsen, wenn mehr verkauft wird. Mehr verkauft kann nur werden, wenn mehr eingekauft wird. Es ist unmöglich, signifikant mehr einzukaufen, wenn neben den Konsumenten auch die Unternehmer als Großeinkäufer ausfallen und der Staat durch Sparen am Großeinkauf gehindert wird. Seine Möglichkeit, die von Keynes angestrebte Vollbeschäftigung wieder herzustellen, ist daher, auf die EU in ihrer Gesamtheit bezogen, massiv und gefährlich verringert, wenn er daran gehindert wird, Schulden zu machen. Sparen des Staates führt immer zwingend zu verringertem Wachstum, wenn nicht andere – Bürger, Unternehmen, andere Staaten – mehr ausgeben und sich an der Stelle des sparenden Staates verschulden. Auf Sparen des Staates zu beharren, wenn diese Mehrverschuldung anderer nicht gegeben ist, ist schlicht dumm.

Wie sehen Neoliberale die Gewerkschaften?

Theoretisch könnte die Wirtschaft ja vom Geist des ersten Henry Ford beseelt sein – „ich muss meine Leute gut bezahlen, damit sie meine Autos kaufen können" –, dann müsste sie Gewerkschaften als sinnvolle Ergänzung des kapitalistischen Systems ansehen. Aber für Neoliberale sind Gewerkschaften Organisationen, die das klaglose Funktionieren des Marktes durch ihre Aktionen verhindern: die „überhöhte, von der Industrie nicht verkraftbare Lohnforderungen stellen", die durch ihre Forderungen nach strikten Arbeitszeiten, Freistellungen, Abfertigungen eine „Verkrustung des Arbeitsmarktes" herbeigeführt haben, die dringend durch „betriebsspezifische Vereinbarungen" und „Flexibilisierungen" aufgebrochen werden muss.

Die wirklich qualifizierten, arbeitswilligen Arbeitskräfte, so eine typische neoliberale Formulierung, brauchen die Gewerkschaften ja in keiner Weise, sie setzen ihre höhere Entlohnung, die von ihnen gewünschten Arbeitszeiten und Bedingungen ja jederzeit beim Arbeitgeber durch – dafür sorge der Markt, denn der Unternehmer braucht sie –, und für die anderen sei es am besten, wenn ihrer Anstellung „übertriebene Forderungen" oder „untragbare Kündigungsbedingungen" nicht im Wege stehen.

Eigentlich, so könnte man die neoliberale Haltung diesbezüglich zusammenfassen, gereichen Gewerkschaften den Arbeitnehmern zum Schaden.

Nun will ich nicht bestreiten, dass selbst das gelegentlich passiert: Dass in Spanien bis zu zwei Jahresgehälter bezahlt werden mussten, wenn man einen langjährigen Arbeitnehmer gekündigt hat, hat verhindert, dass jemand angestellt wurde – es hat die Schwarzarbeit zur Regel gemacht. Aber gute Gewerkschaften wissen um diese Problematik. Österreich zum Beispiel macht die Kündigung eines Arbeitnehmers vergleichsweise leicht – leichter als in Deutschland. Dänemark oder Schweden machen sie noch leichter –, aber die Arbeitsmarktgesetze sorgen gleichzeitig dafür, dass der Gekündigte von seinem Arbeitslosengeld passabel leben kann und das Arbeitsmarktservice ist etwa in Dänemark so ausgebaut, dass es denkbar schnell einen neuen Arbeitspatz vermittelt.

Historisch gewachsene große Gewerkschaften mit Tradition haben qualifizierte Volkswirtschaftler in ihrer Führungsriege oder, wie der österreichische Gewerkschaftsbund, einen ökonomischen Think-Tank in Gestalt der Arbeiterkammer. Ich kenne einige der Ökonomen dort und behaupte, dass jede Arbeitgeberorganisation sich freuen könnte, sie in ihren Reihen zu haben. Ich kann mich an eine Zeit erinnern, in der es in meiner deutschen Familie, in der Industrielle nach wie vor recht zahlreich sind, Unternehmenslenker gab, die ihre Söhne für eine Weile zur Ausbildung in den Deutschen Gewerkschaftsbund schickten, weil sie um dessen ökonomische Kompetenz wussten.

Leider hat die neoliberale Grundstimmung der großen konservativen Volksparteien dazu geführt, diesen gegenseitigen Respekt und diese gegenseitige Hochachtung abzubauen: Das Bemühen von Sebastian Kurz und Heinz-Christian Strache, die Sozialpartnerschaft abzubauen, ist dafür charakteristisch.

In Wirklichkeit zeugt sie von mangelndem Verständnis des „Kapitalismus": Die Unternehmer brauchen die Gewerkschaften als ebenbürtigen Widerpart.

Neos-Wirtschaftssprecher Sepp Schellhorn, ein persönlich sehr anständiger Neoliberaler, argumentierte in einem TV-Duell mit einem Vertreter der Bundeswirtschaftskammer, also der Arbeitgeberseite, zu der er als Hotelier selbst gehört, dass Österreich das einzige Land mit „Kammerzwang" sei. Ich hätte ihm als Kammer-Gegenüber geantwortet: „Ja! Da sind wir allen anderen voraus. Es gibt in Europa auch kein anderes Land, das sich seit 1945 wirtschaftlich derart verbessert hat."

Die Löhne der Masse der Österreicher wurden von Experten verhandelt, die nicht nur über betriebs-, sondern auch über volkswirtschaftliche Kenntnisse verfügten. Den Unternehmern saßen nicht nur von ihnen abhängige Betriebsräte gegenüber, die von einer Belegschaft entsandt worden sind, die panische Angst vor dem Verlust ihrer Jobs hat, sondern Funktionäre des ÖGB mit der Expertise der Arbeiterkammer.

Weil das Kräfteverhältnis dadurch relativ ausgeglichen war, wollen denn auch alle Neoliberalen – derzeit etwa Frankreichs Emmanuel

Macron und natürlich Sebastian Kurz oder Wirtschaftskammer-Chef Harald Mahrer – die Verhandlungen dringend auf die „Betriebsebene" verlagern. Und erhalten dafür sogar von manchen Arbeitnehmern Beifall, weil es auf den ersten Blick bestechend klingt:

Warum sollen z. B. Metallarbeiter in einem Betrieb, dem es gut geht, nicht die höchsten Löhne fordern? Ist es nicht äußerst vernünftig, dass sie in einem Betrieb, dem es miserabel geht, auch den niedrigsten Lohn akzeptieren?

Nein, ist es nicht! Weil es das absolute Gegenteil funktionierender Marktwirtschaft wäre: Schwache Betriebe sollen sich nämlich zu stärkeren zusammenschließen oder den Markt räumen. Starke Betriebe sollen expandieren, vielleicht sogar neue Branchen erschließen, statt höchste Löhne zu zahlen. Die VOEST zum Beispiel erwies sich einen Bärendienst, indem sie in guten Zeiten aufgrund des enormen Einflusses ihrer Betriebsräte extrem günstige Dienstverträge für ihre Mitarbeiter durchsetzte statt, wie sie das heute tut, zu rationalisieren, andere Unternehmen zuzukaufen bzw. neue Anlagen zu eröffnen. In der folgenden Stahlkrise hätte die VOEST damals nämlich massiv zu teures Personal abbauen müssen, beziehungsweise geriet sie in existenzielle Probleme, weil sie das aus politischen Gründen unterließ.

Nur höhere Löhne für die gleiche Leistung verbessern die Wirtschaftsstruktur maximal, indem die besten Bertriebe überleben und die Branchen mit der größten Zukunft am stärksten wachsen.

Die unterschiedliche Bezahlung, z. B. von Metallarbeitern, in schwachen bzw. starken Betrieben widerspricht dem Marktmodell maximal: Folgte der Arbeitsmarkt nämlich Marktgesetzen, so müssten schlechtbezahlte Metallarbeiter sukzessive aus schwachen Betrieben in stärkere mit besserer Bezahlung abwandern. Dort müssten die hohen Löhne angesichts des steigenden Metallerangebots sukzessive sinken, während sie in den schwachen Betrieben angesichts des drohenden Metallermangels sukzessive steigen müssten. (Eine Übersiedlung der Betriebe aus Metaller-Hochlohn- in Metaller-Niedriglohn-Gegenden führte zum selben Ergebnis.) Am Ende müssten sich die Metallarbeiterlöhne in einem funktionierenden Markt also angeglichen haben und es müsste die von seinen Anhängern geforderte Gerechtigkeit herrschen: Gleiche Leistung würde überall gleich bezahlt, und damit wäre auch der Wettbewerb der Unternehmen der denkbar fairste – es überlebten wirklich die eindeutig besten.

Wir wissen alle, dass der reale Markt nicht entfernt so funktioniert. Arbeitskräfte sind, schon gar in Österreich, nicht entfernt so beweglich – sie hängen an ihren Wohnungen, Schulen, Freunden. Betriebe sind kaum anders – sie hängen an ihren Standorten, Zulieferern, Bahnanschlüssen. Daher nähern sich die Löhne einander in der Realität nur sehr bescheiden an und schon gar nicht wird gleiche Leistung gleich entlohnt.

Der „Markt" ist mangels Beweglichkeit von Arbeitnehmern wie Betrieben weitgehend ausgeschaltet und wäre es zur Gänze, wenn die Gewerkschaften das nicht durch Kollektivverträge verhinderten: In einem Kompromiss zwischen Lebensrealität und Markterfordernis befördern Kollektivverträge die zumindest notdürftigste Verbesserung der Wirtschaftsstruktur, indem sie zumindest die restlos ungleiche Bezahlung gleicher Leistungen verhindern.

Bei den Gewerkschaften nennt man diese Nachhilfe für den Markt „solidarische Lohnpolitik" und hat sie leider in dem Ausmaß lascher betrieben, in dem auch dort die Angst vor der Schließung eines spezifischen Betriebes neoliberales – in diesem Fall marktfremdes – Denken Einzug halten ließ, statt dass man im Wissen um die Richtigkeit der eigenen Politik überall stärker auf höheren Lohnabschlüssen beharrt und damit die Entstehung stärkerer und neuer Betriebe und Branchen stärker befördert hätte.

Die OECD, von der die neoliberale Idee der „Flexibilisierung" durch betriebsspezifische Verträge ausging, musste jedenfalls, als sie kürzlich eine Studie abschloss, die eigentlich deren Vorteil bestätigen sollte, zu ihrer – nicht meiner – Überraschung das Gegenteil zur Kenntnis nehmen. Denn die Autoren kamen zu folgendem Schluss: „Stärker zentralisierte bzw. koordinierte Ökonomien haben bedeutend weniger Einkommensungleichheit als stärker dezentralisierte bzw. unkoordinierte. Darüber hinaus ... [zeigt sich] eine Tendenz, dass stärker koordinierte Verhandlungssysteme niedrigere Arbeitslosenquoten und höhere Erwerbstätigenquoten haben als andere, weniger koordinierte Systeme."

Neoliberale kopieren Marx' zentralen Fehler

Es ist charakteristisch, dass es im schlechtesten aller Wirtschaftssysteme, dem kommunistischen, keine Gewerkschaften gibt. Karl Marx hielt sie für Hindernisse auf dem Weg zur idealen Wirtschaftsordnung.

Die Neoliberalen sehen das amüsanterweise ähnlich und machen auch sonst erstaunlich ähnliche Fehler in der Beurteilung des wirtschaftlichen Geschehens.

Dabei waren Milton Friedman und Karl Marx für sich gesehen gleichermaßen hervorragende Ökonomen. Marx hat, wie Friedman, viele dem „Kapitalismus" innewohnende Tendenzen präzise erkannt. Voran die Tendenz zur Konzentration: Große Unternehmen verdrängen (fressen) kleine und streben Monopole an; um ihre „Profitrate" zu erhalten, streben sie wachsende Gewinne zulasten der Löhne der Werktätigen an; Vermögen und Produktionsmittel konzentrieren sich in immer weniger Händen – die daraus resultierende Macht befördert Gesetze, die diese ungleichen Eigentumsverhältnisse zementieren.

Ich meine, dass die Gegenwart eine Menge Belege für die Richtigkeit dieser Marx'schen Beobachtungen bereithält.

Marx hatte nur mit seiner entscheidenden Behauptung unrecht, dass diese Entwicklung einem, dem Wirtschaftsgeschehen innewohnenden, „ehernen Gesetz" entspräche und zwingend in eine Revolution der Werktätigen und den Sieg des Sozialismus münde.[7] (Leider hat er diesen Sieg des Sozialismus auch noch mit einer gefährlichen Utopie verbunden: dass der nämlich zur paradiesischen „Vergesellschaftung" der Produktionsmittel führe. Indem er es unterließ zu präzisieren, was er unter „Vergesellschaftung" versteht, ermöglichte er Lenin, „Vergesellschaftung" als „Verstaatlichung" auszulegen und damit die kommunistische Misswirtschaft grundzulegen[8].)

Außerhalb der Sowjetunion hat das Erstarken der Gewerkschaften bekanntlich statt zu einer Revolution zur (mehr oder minder) „sozialen Marktwirtschaft" geführt: Die Werktätigen erhielten befriedigende, mit den Gewinnen der Unternehmen steigende Löhne bzw.

---

[7] Karl Popper nennt diesen „Historizismus" in „Die offene Gesellschaft und ihre Feinde" zu Recht die entscheidende Schwachstelle des Marx'schen Denkgebäudes.

[8] Der Austromarxist Otto Bauer polemisierte gegen diese Verwechslung von Vergesellschaftung und Verstaatlichung, die er für eine besonders ungeeignete Form des Wirtschaftens hielt.

Sozialleistungen. Anti-Trust-Gesetze verhinderten Monopole. Die Eigentümer des „Kapitals" diktierten die staatlichen Gesetze nicht, sondern waren ihnen unterworfen.

Jedenfalls bis vor einigen Jahrzehnten.

Derzeit allerdings streben Gewinne und Löhne wieder massiv auseinander – bei immer größeren Schichten der Bevölkerung sinken die Reallöhne. Der „Sozialstaat" wird rückgebaut, obwohl Bruttosozialprodukt und „Gewinne" dramatisch gestiegen sind. Die Konzentration von Unternehmen und Vermögen hat einen einzigartigen Höhepunkt erreicht: 1995 hatten die hundert größten börsennotierten Konzerne der Welt den 31-fachen Marktwert der 2000 kleinsten – 2015 den 7000-fachen; acht Menschen besitzen mehr als die ärmere Hälfte der Weltbevölkerung.

Die Gesetzgebung hat sich diesen Zuständen angepasst.

Das für mich Absurdeste an der aktuellen Entwicklung unserer Wirtschaftsordnung ist freilich, dass immer mehr Ökonomen und Politiker in ihr wie Karl Marx „eherne Gesetze" walten sehen. Es seien die „Gesetze der Finanzmärkte" und der „Globalisierung", die diese Entwicklung herbeiführten, behaupten sie. Jeder Versuch, in diese „Marktmechanismen" einzugreifen – die Lohn-Gewinn-Relation oder die Vermögensverteilung etwa durch andere Steuergesetze oder gar gesetzlich beschlossene „Umverteilung" zu verändern – sei fatal.

„Neoliberal" machen sie exakt den entscheidenden Fehler Karl Marx': nicht zu begreifen, dass „Wirtschaft" niemals „ehernen Gesetzen" unterliegt, sondern von der Gesellschaft durch demokratisch beschlossene Gesetze gestaltet werden kann.

Stattdessen übernimmt man Marx' Vorstellung „eherner Gesetze" fast eins zu eins: „Sharholder Value" hat als Diktat immer höherer Gewinne seine „Profitrate" abgelöst. Die unsinnige Überzeugung, dass es den Menschen umso besser ginge, je besser es der Wirtschaft geht, ist an die Stelle seiner unsinnigen Überzeugung getreten, dass es ihnen umso schlechter gehen muss, je besser es der Wirtschaft geht. Die fahrlässige Vision, dass globaler Freihandel zum paradiesischen „Ende der Geschichte" führe, hat Marx' fahrlässige Vision abgelöst, dass an ihrem Ende paradiesischer „Sozialismus" stünde.

Wie Marx betrachten die Neoliberalen Gewerkschaften als überflüssig bis hinderlich und wollen ihren Einfluss vermindern.

Ein Sidestep

Der Leser möge mir verzeihen, wenn ich an dieser Stelle einen für mein Generalthema unerheblichen Sidestep einfüge, um auf das endgültige Begräbnis der Erbschaftssteuer durch die türkis-blaue Regierung Österreichs einzugehen:

Nicht dass Erbschaftssteuern zugunsten verringerter Lohnsteuern das Wirtschaftsgefüge auf den Kopf stellten – aber sie wären geeignet, die dramatisch angewachsene Ungleichverteilung von Vermögen ein ganz klein wenig zu reduzieren. Immerhin besitzt alleine das reichste Prozent der Österreicher ein Vermögen von 535 Milliarden Euro, das es in den kommenden Jahren vererbt wird. Diese Übergabe von Generation zu Generation zu auch nur minimaler Umverteilung zu nutzen, schließen Sebastian Kurz wie H.-C. Strache kategorisch aus. Obwohl wir damit in der kapitalistischen, freien Welt nicht „linkslinke" Vorreiter, sondern selbst gegenüber der Schweiz rechtsrechte Nachzügler sind.[9]

Ihrer Überzeugung nach muss dieses Vermögen vielmehr um keinen Cent geschmälert in den Taschen der immer gleichen Familien landen, um sich dort entsprechend zu mehren.

Wie Karl Marx – wenn auch nicht ganz so leistungsorientiert – sehen sie in der maximalen Konzentration von Kapital ganz offenkundig ein „ehernes Gesetz".

Ob sie auch sehen, dass das doch in eine Revolution münden könnte?

---

[9] „Vermögensbezogene Steuern", zu denen die Erbschaftssteuer zählt, machen im Durchschnitt der OECD fünf Prozent des Steueraufkommens aus – bei uns ein Prozent.

WO BLEIBT EINE NEUE WIRTSCHAFTSPOLITIK?

Wie kann ein „linkes" Programm für die Wirtschaft aussehen, wenn man unter „links" nicht neomarxistisches und auch nicht antiliberales oder anti-marktwirtschaftliches, sondern einfach kritisches Wirtschaftsdenken versteht. Ein Programm, das daher auch für intelligente Unternehmer, sie vertretende Organisationen und Parteien überzeugend ist, weil es ihre Interessen nicht minder als die der „Werktätigen" wahrnimmt.

1. Es muss den Sparpakt und jedes Sparen des Staates – anders als Sparsamkeit des Staates – energisch ablehnen und diese Ablehnung mit der Saldenmechanik stringent begründen. (Ich habe das in zahlreichen Diskussionen praktiziert und es war für meine Zuhörer immer einsichtig.) Die zentrale neoliberale Forderung, dass der Staat seine Gesamtausgaben maximal senken möge, ist mit Hinweis auf die Saldenmechanik als maximal verfehlt zurückzuweisen.

2. Ebenso energisch und explizit ist Lohndumping abzulehnen, weil es nicht nur zu einem die Konjunktur dämpfenden Verlust an Kaufkraft führt, sondern vor allem in Widerspruch zur zentralsten Forderung freien Marktwirtschaft steht: dass nämlich die wirklich besten, innovativsten, effizientesten Privatunternehmen im Konkurrenzkampf siegen. Statt ihrer, so ist zu argumentieren, siegen durch „Lohnzurückhaltung" die Unternehmen, die von den Werktätigen am höchsten subventioniert werden. Zumindest intelligenten, redlichen Journalisten kann man klarmachen, warum das dem marktwirtschaftlichen Grundprinzip fairen Wettbewerbs maximal widerspricht.

3. Ein ernsthaftes „linkes" wie „liberales" Programm muss klarstellen, dass die Forderung nach Chancengleichheit unvereinbar ist mit der extremen Ungleichheit von Einkommen und Vermögen, wie sie der Neoliberalismus geschaffen hat beziehungsweise zulässt. „Chancengleichheit" ist keineswegs ein ausschließlich „linker", sondern ein unbestritten auch bürgerlicher Wert und ein Beitrag zum Sieg der tatsächlich Besten.

4. Der zentralen These des Neoliberalismus, wonach es uns allen umso besser gehe, je besser es den Unternehmen gehe, muss solange widersprochen werden, als zugehörige Schaubilder über die Entwicklung der Lohn- und der Gewinnquote das Gegenteil belegen. In Wirklichkeit ist auch der berühmte „Mann von der Straße" keineswegs zu dumm, ein solches Schaubild, selbst in Form eines Straßenplakates, zu verstehen.

5. Es muss anhand ähnlich eindeutiger Schaubilder klargemacht werden, dass auch die neoliberale These nicht stimmt, wonach die Senkung der Unternehmenssteuern die Investitionen der Unternehmen steigert. Das österreichische Beispiel belegt das Gegenteil: Österreichs Körperschaftssteuer betrug in den Neunzigerjahren 34 Prozent, die sich mit der mittlerweile in diesem Zusammenhang abgeschafften Umsatzsteuer zu 39 Prozent summierten. In der Folge wurde dieser Prozentsatz auf insgesamt 35 Prozent gesenkt und schließlich 2005 drastisch auf 25 Prozent reduziert. Die Investitionsquote hingegen ist von 25,9 Prozent des BIP im Jahr 1996 auf 23,1 Prozent im Jahr 2005 gefallen und liegt heute bei nur mehr 22,9 Prozent. Zumindest intelligente, redliche Journalisten werden verstehen, dass es für die Investitionsquote viel entscheidender ist, ob ein Unternehmer von einer Erweiterungsinvestition einen erhöhten Absatz seiner Produkte erwarten kann. Man muss intelligenten Unternehmern klarmachen, dass dieses „linke" Programm dafür sorgen wird, dass sie mit mehr Absatz rechnen können, weil der Staat sein kontraproduktives Sparen beendet.

6. Jeder Abbau des Sozialstaates wegen der von Neoliberalen behaupteten Unfinanzierbarkeit ist zurückzuweisen, weil ihm erstens ein gesteigertes BIP gegenübersteht und weil zweitens das Angebot des Sozialstaates von entscheidender Bedeutung für das finanzielle Auskommen von Geringverdienern ist. Er ist das wesentlichste Instrument erfolgreicher Umverteilung und bringt nicht die offenkundigen Probleme der „Aufstockung" nach deutschem Muster mit sich, weil der Sozialstaat nicht zur Unternehmenssubvention pervertiert und Löhne nicht vergleichbar dämpft. Ein funktionierender Sozialstaat ist aber auch die Voraussetzung für eine optimal funktionierende Wirtschaft. Frauen beispielsweise können nur berufstätig sein, wenn es Kindertagesstätten und Ganztagsschulen

gibt. Kinder aus Familien, die mangels Sozialleistungen armutsgefährdet sind, werden schwer die Bildungsfortschritte machen, die unerlässlich für eine fortschrittliche Ökonomie sind.

7. Eine ersthafte, erfolgversprechende Abwehr des Klimawandels ist nur im Wege einer CO_2-Steuer zu erreichen. Das aktuelle Steuergefüge darf in keiner Weise sakrosankt sein, sondern ist ständig intensiv zu überdenken: Dort werden die entscheidenden Weichen gestellt.

8. Entwicklungshilfe sollte von einer lästigen Sonntagsverpflichtung zu einer Verpflichtung werden, die gleichermaßen im Interesse unterentwickelter Länder wie im Eigeninteresse wahrgenommen wird: Nur so kann ein „Flüchtlingsstrom" verhindert werden, der weder für die Fluchtländer noch für die Aufnahmeländer vorteilhaft ist.

Alles andere ist komplizierter und nur im Wege ständiger Diskussion zu erreichen:

9. Es sollte möglich sein, die von den Neoliberalen behauptete absolute Unfehlbarkeit des Marktes anhand eindrücklicher Beispiele – etwa der spanischen Staatsschuldenrate des Jahres 2007 – zu relativieren, ohne in den Fehler zu verfallen, den Markt zu diffamieren – denn das verdient er in keiner Weise.

10. Die neoliberale Idee von der freien Konkurrenz der Standorte ist zurückzuweisen, weil es keine faire Konkurrenz der Unternehmen geben kann, wenn die einen an „ihrem" Standort – etwa Irland – nur halb so viel Steuern wie andere im Rest Europas zahlen. Es muss intelligenten Medienvertretern klargemacht werden, warum insbesondere auch Lohndumping dieser fairen Konkurrenz maximal widerspricht. (Ich habe im persönlichen Gespräch die Erfahrung gemacht, dass das möglich ist.)

11. Es muss alles unternommen werden, dass sich das Macht-Gleichgewicht am Arbeitsmarkt nicht noch weiter zulasten der Arbeitnehmer verschiebt. Dazu zählt, dass man immer und überall auf die Einbindung der Gewerkschaft in jede Verhandlung zwischen Arbeitnehmern und Arbeitgebern besteht. Die Gewerkschaft muss begreifen, dass „betriebsspezifische Lohnabschlüsse" ein Anschlag auf diese Einbindung sind. Sie muss entschieden zu der einst für

sie selbstverständlichen „solidarischen" Lohnpolitik stehen und intelligenten Bürgerlichen begreiflich machen, dass diese Politik, im Gegensatz zu „betriebsspezifischen" Lohnabschlüssen, eine gesunde Wirtschaftsstruktur herbeiführt bzw. dass „solidarische Lohnpolitik" einen entscheidenden Beitrag zur Strukturverbesserung der Wirtschaft leistet.

12. Die „VerHartzung" des Arbeitsmarktes ist überall dort abzulehnen, wo sie voran ein Instrument der „Lohnzurückhaltung" darstellt, weil niedrige Löhne saldenmechanisch ein niedrigeres BIP herbeiführen und Henry Ford volkswirtschaftlich rundum recht hatte, als er meinte, er müsse gute Löhne zahlen, damit seine Arbeiter seine Autos kaufen können.

a) Die Zumutbarkeitsbedingungen für die Annahme angebotener Jobs sind daher nicht ständig aufzuweichen, sondern allenfalls intelligent zu reformieren, weil die moderne Wirtschaft natürlich nicht zulässt, dass man sich darauf versteift, im immer gleichen Beruf in der absolut gleichen Funktion tätig zu sein. Es ist z. B. wahrscheinlich sinnvoll, auf „gleichwertige Entlohnung" abzustellen.

b) Strafbestimmungen wegen Verstößen gegen das Regelwerk der Arbeitsmarkservices sind durch ein Anreiz- und Belohnungssystem zu ersetzen, damit sie nicht zu Instrumenten der „Lohnzurückhaltung" werden.

c) Ein wesentliches Instrument zur Senkung der Löhne ist die von den Neoliberalen geforderte „Flexibilisierung" des Arbeitsmarktes auf der Basis „betriebsspezifischer Vereinbarungen". Mit der populären Behauptung, dass die unmittelbar betroffenen Arbeitnehmer doch die besten Vereinbarungen mit den Arbeitgebern treffen könnten, wird die Gewerkschaft aus der Mitwirkung verdrängt. Weil die Unternehmer genau wissen, dass die „unmittelbar betroffenen Arbeitnehmer" aus verständlichen Gründen dazu neigen, die für sie schlechtesten Vereinbarungen zu akzeptieren, wenn ihnen mit der Schließung des Betriebes gedroht wird. Flexibilisierung ist daher nur unter besonders intensiver Einbindung der Gewerkschaft zu akzeptieren und darf nie mit einer Verschlechterung der Arbeitnehmer-Bedingungen verbunden sein. Einmal mehr muss Unternehmern klargemacht werden, dass verschlechterte Bedingungen für Arbeitnehmer die Wirtschaftsstruktur verschlechtern bzw. deren Verbesserung bremsen.

Ich meine nach bestem Wissen und Gewissen, dass ein solches Programm nicht „links" in dem Sinne ist, dass es die Interessen der Arbeitnehmer zulasten der Arbeitgeber vertritt, sondern dass es deren Interessen im gleichen Ausmaß wahrnimmt. Um den diesbezüglichen neoliberalen Slogan in diesem Sinne abzuwandeln: Es geht der Wirtschaft gut, wenn es den Menschen gut geht.

Wahrscheinlich braucht es auch für eine solche, meines Erachtens aus sehr rationalen Gründen erfolgversprechende Organisation der Wirtschaft im Hintergrund so etwas wie eine „Weltanschauung" und semireligiöse Motivation. Die sollte in erster Linie darin bestehen, sich eine Welt zu wünschen, in der es möglichst vielen Menschen gut geht.

Die „kapitalistischen" amerikanischen Gründerväter haben sich genau das gewünscht.

EPILOG: GREGOR GYSI ZUR EINFÜHRUNG DES EURO

Dr. Gregor Gysi, PDS, am 23.4.1998 im Deutschen Bundestag

Frau Präsidentin! Meine Damen und Herren! Zunächst noch ein Wort an den Abgeordneten Hans-Dietrich Genscher: Sicherlich sind die politischen Unterschiede zwischen uns beiden, aber vor allem auch zwischen der Gruppe der PDS und der Fraktion der F.D.P. und den dahinterstehenden Parteien gewaltig, insbesondere wenn ich an die Wirtschafts- und Finanzpolitik denke. Das ändert aber nichts daran, dass wir diese Gelegenheit Ihrer Abschiedsrede im Bundestag nutzen möchten, um Ihnen unseren Respekt für Ihre Arbeit in den vergangenen Jahrzehnten sowohl im Bundestag als auch in der Bundesregierung zum Ausdruck zu bringen.

Es war hier viel die Rede von europäischer Integration. Zweifellos ist die Einigung Europas ein großes politisches Ziel. Ich erinnere mich an die Tage, als die Mauer fiel, als die Diskussion um die Herstellung der deutschen Einheit begann und als die bange Frage gestellt wurde: Was wird das nun? Wird das ein deutsches Europa oder wird es ein europäisches Deutschland? Diese Frage hat damals nicht nur die Außenpolitikerinnen und Außenpolitiker in diesem Land und in anderen Ländern bewegt, sondern viele Menschen.

Die Frage, die sich bei der heutigen Debatte ergibt, ist meines Erachtens eine andere: Wie kommt man zu einer europäischen Integration? Kommt man tatsächlich zu einer europäischen Integration, indem man ein Europa der Banken schafft? Oder käme man nicht viel eher zu einer europäischen Integration, wenn man über den Weg der Kultur, wenn man über den Weg der Chancengleichheit in den Gesellschaften, wenn man über den Weg der Angleichungsprozesse und das Ziel der sozialen Gerechtigkeit ein solches Europa integriert?

Das ist unsere grundsätzliche Kritik an dem Vorhaben, über das es heute zu beschließen gilt. Man kann einen Kontinent nicht über Geld einen. Das hat in der Geschichte noch niemals funktioniert, und das wird auch hier nicht funktionieren. Sie, Herr Genscher, haben vor allem davor gewarnt, dass es schlimme Folgen hätte, wenn die Europäische Währungsunion scheiterte. Ich behaupte, sie kann auch scheitern, wenn man sie einführt, nämlich dann, wenn die Voraussetzungen nicht stimmen.

Darüber müsste nachgedacht und, wie ich finde, auch länger diskutiert werden. Ich sage: Im Augenblick wird das ein Europa für erfolgreiche Rüstungs- und Exportkonzerne, für Banken, vielleicht noch für große Versicherungen. Es wird kein Europa für kleine und mittelständische Unternehmen, kein Europa für Arbeitnehmerinnen und Arbeitnehmer, kein Europa für Gewerkschaftsbewegungen und auch kein Europa für die sozial Schwächsten in den Gesellschaften der Teilnehmerländer.

Wie verhält sich denn Deutschland zu diesem wirklichen europäischen Integrationsprozess? Ist es nicht so, dass es die Union – auch unter Kritik der F.D.P. – vor kurzem abgelehnt hat, auch nur den Kindern von Eltern, die seit Jahrzehnten in Deutschland leben und die noch eine andere Staatsangehörigkeit haben, die deutsche Staatsangehörigkeit zu gewähren?

Wer dazu nein sagt, will doch gar keine Integration, zumindest nicht auf dieser kulturellen, auf dieser menschlichen Ebene, auf die es in diesem Zusammenhang ankäme.

Ich weise darauf hin, dass die Bundesregierung den Euro vehement gefordert und gefördert hat, es aber gleichzeitig abgelehnt hat, die Arbeitslosigkeit europapolitisch anzugehen. Von dem, der die Arbeitslosigkeit nicht europäisch bekämpfen will, behaupte ich, dass dessen Integrationswille nur auf einer Strecke ausgebildet ist, und zwar im Hinblick auf das Geld, aber nicht bezüglich der sozialen Frage, bei der dies wichtig wäre.

Wir alle wissen, dass wir es mit sehr ernstzunehmenden, auch rechtsextremistischen Erscheinungen in unserer Gesellschaft zu tun haben, dass Rassismus zunimmt, dass zum Beispiel in einem Land wie Sachsen-Anhalt das Ansehen rechtsextremistischer Parteien leider zunimmt. Das alles macht uns große Sorgen. Ich sage: Da ist eine richtige, eine die Menschen mitnehmende, an ihre sozialen Interessen anknüpfende europäische Integrationspolitik entscheidend. Wenn man sie unter falschen Voraussetzungen betreibt, dann wird sie der Keim zu einem neuen Nationalismus und damit auch zu steigendem Rassismus sein. Das ist unsere große Sorge, die wir hier formulieren wollen.

Hier ist gesagt worden, dass es in Europa ohne Euro keinen Abbau von Arbeitslosigkeit geben werde. Das verstehe ich überhaupt nicht. Täglich wird uns erzählt, dass in bestimmten europäischen Ländern Arbeitslosigkeit durch verschiedenste Maßnahmen erfolgreich abgebaut wurde, ohne dass es den Euro gab. Ich halte es immer für gefährlich, wenn scheinbar zwingende Zusammenhänge hergestellt werden, die in Wirklichkeit nicht existieren, nur um ein anderes Ziel damit begründen und erreichen zu können.

Im Gegenteil, der Euro birgt auch sehr viele Gefahren für Arbeitsplätze, und es bringt uns gar nichts, auf diese nicht einzugehen. Der Bundeskanzler ist heute mehrmals historisch gewürdigt worden. Ich werde mich an dieser Würdigung zu Ihrem Wohle nicht beteiligen, Herr Bundeskanzler.

Ich würde mich an Ihrer Stelle nicht so sehr in der Vergangenheit definieren lassen. Das birgt ja auch Probleme. Man kann natürlich leicht den Euro einführen, wenn man sagt: Es wird eine andere Regierung sein, die ihn auszubaden hat. Das ist natürlich auch ein Problem, vor dem wir hier stehen.

Ja, unterhalten wir uns über die Voraussetzungen. Fangen wir mit den Demokratiedefiziten an, die es in Europa gibt. So haben zum Beispiel sehr viele Juristen erklärt, ob wir heute im Bundestag ja oder nein zum Euro sagten, ob der Bundesrat morgen ja oder nein zum Euro sagen werde, sei unerheblich. Er werde in jedem Falle kommen, weil dies nämlich längst mit dem Vertrag von Maastricht ratifiziert sei und im Grunde genommen kein Weg daran vorbeiführe.

Am 2. Mai tagt das Europäische Parlament. Hat es in der Frage der Einführung des Euro, in der Frage der Herstellung der Währungsunion etwas zu entscheiden? Es hat nichts zu entscheiden. Es hat nur mitzuberaten. Selbst wenn dort eine große Mehrheit nein sagen würde, würde das an der Einführung des Euro zum 1. Januar 1999 nichts mehr ändern. Da wird das gesamte Defizit deutlich, das dieser Vertrag in Fragen der Demokratie mit sich bringt.

Wir schaffen eine europäische Währung, haben aber keinen europäischen Gesetzgeber, keine europäische Verfassung, keine garantierten europäischen Rechte und verlagern die Funktionen vom Parlament auf die Exekutive in Brüssel. Das heißt, wir heben die Gewaltenteilung in der Gesellschaft schrittweise auf, damit sich dann die jeweilige Bundesregierung und auch die Regierungen der anderen Länder und deren Parlamente auf Brüssel herausreden und sagen können: Wir können in diesen Fragen gar keine nationale Politik mehr machen, weil uns die Möglichkeiten genommen sind. Aber wir haben eben kein demokratisches europäisches Äquivalent. Das ist ein Hauptmangel der Verträge von Maastricht und Amsterdam.

Ich behaupte, der Euro kann auch spalten; denn er macht die Kluft zwischen den Mitgliedsländern der Europäischen Union und jenen, die nicht Mitglieder der Europäischen Union sind, nicht kleiner, sondern größer. Der Weg gerade für die osteuropäischen Länder, für die sich Herr Genscher so eingesetzt hat, in die Europäische Union wird dadurch nicht leichter, sondern schwieriger werden. Er unterscheidet innerhalb der Mitgliedsländer der EU zwischen jenen, die an der Währungsunion teilnehmen, und jenen, die daran nicht teilnehmen. Das ist das erste Mal eine ökonomische und finanzpolitische Spaltung zwischen den Mitgliedsländern der Europäischen Union.

Er unterscheidet aber auch und stärker die Euro-Länder. Ob Frau Matthäus-Maier, ob die Sprecherin der Grünen, ob CDU/CSU oder F.D.P., alle würdigen am Euro, dass sich die Exportchancen Deutschlands erhöhen würden. Wenn das dann so ist, dann müssen doch andere Produktionsunternehmen in anderen Ländern darunter leiden. Anders ginge es doch gar nicht.

Das heißt, wir wollen den Export Deutschlands erhöhen und damit die Industrie in Portugal, Spanien und anderen Ländern schwächen. Die werden verostdeutscht, weil sie diesem Export nicht standhalten können. Das ist eines der Probleme, das zu einer weiteren Spaltung innerhalb Europas führt. Das zweite ist: Es geht selbst innerhalb der verschiedenen Länder um unterschiedliche Regionen. Es haben doch nur die Regionen etwas davon, die in erster Linie vom Export leben. Was ist denn mit jenen Regionen auch in Deutschland, die kaum exportieren? Sie wissen, dass der Exportanteil der ostdeutschen Wirtschaft fast null ist. Sie hat überhaupt nichts davon. Im Gegenteil, die Binnenmarktstrukturen werden durch Billigprodukte und Billiglöhne systematisch zerstört werden.

Deshalb sage ich: Es ist ein Euro der Banken und der Exportkonzerne, nicht der kleinen und mittelständischen Unternehmen, die auf den Binnenmarkt angewiesen sind, nicht der Arbeitnehmerinnen und Arbeitnehmer.

Wir haben es mit einem weiteren Problem zu tun, nämlich dem, dass der Reichtum in diesem Europa wachsen wird, aber in immer weniger Händen liegen wird. Dafür ist Deutschland ein lebendiges Beispiel. Lassen Sie mich nur eine Zahl nennen. 1990, nach der Herstellung der deutschen Einheit, hatten wir in der Bundesrepublik Deutschland ein Sparvermögen von etwas über drei Billionen DM. Das sind 3000 Milliarden DM. Ende 1996 hatten wir ein privates Sparvermögen von fünf Billionen DM, das heißt, von 5000 Milliarden DM.

Im Durchschnitt hat jeder Haushalt in der Bundesrepublik Deutschland ein Sparguthaben von 135.000 DM. Nun können sich die Bürgerinnen und Bürger einmal ausrechnen, wie weit sie unter diesem Durchschnitt liegen. Dieser Durchschnitt kommt dadurch zustande, dass in zehn Prozent der Haushalte der Reichtum so gewachsen ist.

Da sagt doch der Herr Merz von der CDU/CSU, dass es die größte Katastrophe wäre, wenn nach einem Regierungswechsel die Reformen rückgängig gemacht würden. Was heißt denn das? Wollen Sie ein Europa, einen Euro mit immer mehr Kürzungen des Rentenniveaus? Wollen Sie ein Europa mit immer mehr Zuzahlungen für Kranke bei Medikamenten und bei ärztlichen Behandlungen? Das waren doch Ihre Reformen. Wollen Sie ein Europa, in dem zehn Prozent der Bevölkerung sinnlos immer reicher werden und andere immer mehr draufzahlen müssen? Das ist das Ziel Ihrer Politik. Ich finde, diese Reformen müssen unbedingt rückgängig gemacht werden.

Was hat denn die Vermehrung des privaten Vermögens bei zehn Prozent der Bevölkerung um 2000 Milliarden DM in sechs Jahren – das muss man sich einmal überlegen – der Wirtschaft gebracht? Welche Investitionen sind denn davon getätigt worden? Welche Arbeitsplätze wurden denn geschaffen? Weder im Osten noch im Westen hat es etwas gebracht. Der wachsende Reichtum hat nur zu noch mehr Arbeitslosen geführt. Deshalb ist das der falsche Weg nach Europa.

Mit der Demokratiefrage hängt übrigens auch zusammen, dass Finanz- und Geldpolitik kaum noch möglich sein werden. Die Zuständigkeit hierfür wird an die Europäische Zentralbank abgegeben. Sie wird dadurch anonymisiert. Damit wird erreicht, dass sich die Regierungen herausreden können, indem sie es auf die Bank schieben und erklären können, dass sie keine politischen Spielräume haben, weil die Europäische Zentralbank bestimmte Vorgaben gemacht hat. Wer so eine Politik einleitet, zerstört Demokratie, denn Auswahl haben die Menschen nur in der Politik und nicht bei der Bank. Da haben sie nicht zu entscheiden. Das ist die Realität in dieser Gesellschaft und auch in anderen europäischen Gesellschaften.

Unsere größte Kritik richtet sich aber auf einen anderen Punkt; das ist das Wichtigste: Wer europäische Integration will, muss europäische Angleichungsprozesse einleiten. Dazu würde gehören, die Steuern zu harmonisieren, die Löhne und Preise anzugleichen und auch soziale, ökologische und juristische Standards anzugleichen. Es macht ökonomisch einen großen Unterschied, ob es gegen irgendetwas ein Einspruchsrecht gibt oder nicht. In dem einen Fall ist es nämlich teurer als in dem anderen Fall.

Wenn Sie das alles politisch nicht leisten und stattdessen sagen, wir führen eine Einheitswährung ein, um die Angleichungsprozesse zu erzwingen, dann sagen Sie damit doch nichts anderes, als dass Sie ganz bewusst Lohnwettbewerb, also in Wirklichkeit Lohndumping und Kostendumping, organisieren wollen.

Den größten Vorteil hat immer derjenige mit den niedrigsten Steuern, den niedrigsten Löhnen, den niedrigsten Preisen und den niedrigsten ökologischen, juristischen und sozialen Standards; dieser wird sich durchsetzen. Das führt zu einem Europa des Dumpings, des Abbaus nach unten. Wer so etwas organisiert, der – das behaupte ich – organisiert nicht nur Sozial- und Lohnabbau, sondern er organisiert auch zunehmenden Rassismus. Das mag nicht bewusst geschehen, aber es wird die Folge sein. Heute erleben wir das schon auf den Baustellen in Deutschland und in anderen Ländern.

Deshalb sagen wir: Das ist der falsche Weg. Wir hätten hier einen anderen einschlagen müssen. Erst wenn wir die Angleichungsprozesse politisch gemeistert hätten, hätte man am Schluss der Entwicklung als Krönung eine Einheitswährung einführen können. Wer aber die Angleichung über die Währung erzwingt, der erzwingt eine Angleichung nach unten mit all ihren katastrophalen sozialen Folgen. Alle Fraktionen, die heute zustimmen, haften dann auch für die Folgen, die dadurch eintreten, unabhängig davon, welche Motive sie dabei haben.

Es ist davon gesprochen worden, dass eine Währung Frieden herstellen kann. Ich glaube das nicht. Das gilt nur, wenn die Voraussetzungen dafür stimmen. Nämlich nur dann, wenn es gelingt, Spannungen abzubauen, ist eine Währung friedenssichernd. Wenn aber dadurch neue Spannungen entstehen, kann auch eine gegenteilige Wirkung erzielt werden. Das wissen Sie. Sie wissen, dass die einheitliche Währung in Jugoslawien keinen Krieg verhindert hat. Er war einer der schlimmsten der letzten Jahre.

Lassen Sie mich als Letztes sagen: Der Hauptmakel dieser Währungsunion wird bleiben, dass Sie die deutsche Bevölkerung nicht gefragt haben. Sie hätten in dieser entscheidenden Frage einen Volksentscheid durchführen müssen. Dann hätten Sie auch Ihrer Aufklärungspflicht nachkommen müssen. Das widerspricht, Herr Kollege Merz, nicht parlamentarischer Demokratie. Auch Frankreich, Dänemark und Irland sind parlamentarische Demokratien und haben dennoch einen Volksentscheid durchgeführt. Nein, man kann das Volk nicht nur wählen lassen. In wichtigen Sachfragen muss man es auch zu Entscheidungen und zum Mitmachen aufrufen. Anders wird man Integration in Europa nicht erreichen.

P.S.: Meines Erachtens hat Gregor Gysi zwar die Rolle der EZB richtig eingeschätzt, aber nicht berücksichtigen können, dass sie in Mario Draghi zufällig einen Präsidenten bekommen hat, dem das Gemeinwohl vergleichsweise sehr wichtig war. Nicht so sicher wie er bin ich auch, dass die deutsche Bevölkerung, hätte sie daran mitwirken können, für eine fairere Organisation der Wirtschaft eingetreten wäre. Aber ich kann es auch nicht ausschließen.

Büchereien Wien
Magistratsabteilung 13
Weimarer Straße 8-10
A 1180 Wien

DER AUTOR

Peter Michael Lingens, geb. 1939 in Wien, Journalist und Buchautor, verheiratet, sechs Kinder. Erste journalistische Schritte bei der *Arbeiter-Zeitung*. Ab 1965 Gerichtssaalberichterstatter bei der Tageszeitung *Kurier*. 1970 Gründungschefredakteur und später Herausgeber des Nachrichtenmagazins *Profil*. Ab 1987 freier Journalist. Ab 1990 Geschäftsführer, Herausgeber und Chefredakteur der *Wochenpresse/Wirtschaftswoche*. 1993 Wechsel in die Chefredaktion der Tageszeitung *Der Standard* bis zur Anklage in einem Prozess wegen angeblicher Anstiftung zum Amtsmissbrauch. Nach dem Freispruch Professor für Journalistik an der Donauuniversität Krems und Kolumnist bei der Tageszeitung *Die Presse* danach bei *Profil*. Neben seiner Kolumnistentätigkeit verlegte Peter Michael Lingens zusammen mit seiner Frau Eva Lingens das von ihm gegründete Jugendmagazin *Topic*. 2016 Start des Blogs www.lingens.online. Seit 2017 Kolumnist bei der Wiener Wochenzeitung *Falter*.

Publikationen u. a.: „Auf der Suche nach den verlorenen Werten", Paul Neff Verlag, Stuttgart 1986; „Wir Tennisnarren", Orac Verlag, Wien 1985; „Begegnungen", Kremayr & Scheriau, Wien 1995; „Wehrloses Österreich?", Molden, Wien 2000; „Ansichten eines Außenseiters", Kremayr & Scheriau, Wien 2009.

Foto: Katharina Gossow

FACHBÜCHER

ÖKONOMIE, WIRTSCHAFT UND POLITIK ZUM LESEN.

Michel Reimon, Eva Zelechowski

Putins rechte Freunde
Wie Europas Populisten ihre
Nationen verkaufen

Russlands Präsident Putin setzt auf Europas
rechtspopulistische Parteien mit dem Ziel die
Europäische Union zu schwächen.

128 Seiten, € 16,90

Joseph Gepp (Hg.)

Die Krise verstehen
Ökonomie: die Debatten, die Theorien,
die Denker, die Lehren.

Das Buch hilft die üblichen Floskeln, die viele
Wirtschaftsdebatten immer noch dominieren,
als solche zu erkennen und zu deuten.

216 Seiten, € 19,90

W: faltershop.at | T: 01/536 60-928 | E: service@falter.at | L: In Ihrer Buchhandlung

FALTER VERLAG
DIE BESTEN SEITEN ÖSTERREICHS